瑞吉欧幼儿教育精选译丛
SELECTED TRANSLATION
REGGIO EMILIA APPROACH

"十二五"江苏省重点出版规划项目

瑞吉欧幼儿教育精选译丛
SELECTED TRANSLATION
ON REGGIO EMILIA APPROACH

丛书主编 李 薇

我们都是探索者

在城市环境中运用瑞吉欧原则开展教学

[美] 丹尼尔·沙因费尔德 凯伦·黑格 桑德拉·沙因费尔德 著
屠筱青 戴俊毅 译
李 薇 审校

南京师范大学出版社
NANJING NORMAL UNIVERSITY PRESS

图书在版编目(CIP)数据

我们都是探索者:在城市环境中运用瑞吉欧原则开展教学／(美)沙因费尔德,(美)黑格,(美)沙因费尔德著;屠筱青,戴俊毅译.—南京:南京师范大学出版社,2014.12(2025.8重印)

(瑞吉欧幼儿教育精选译丛/李薇主编)

ISBN 978-7-5651-1644-5

Ⅰ.①我… Ⅱ.①沙… ②黑… ③沙… ④屠… ⑤戴… Ⅲ.①幼儿教育学 Ⅳ.①G610

中国版本图书馆 CIP 数据核字(2014)第 062942 号

The Translation is an authorized translation of the Work originally published in English in Year 2008 by Teachers College Press, under the title "We Are All Explorers: Learning and Teaching with Reggio Principles in Urban Settings"

© 2008 by Teachers College, Columbia University

First published by Teachers College Press, Teachers College, Columbia University, New York, New York USA. All rights reserved. No part of this book may be reproduced or transmitted in any form or by any means, electronic or mechanical, including photocopy, or any information storage and retrieval system, without permission from the publisher.

CHINESE SIMPLIFIED language edition published by NANJING NORMAL UNIVERSITY PRESS Copyright © 2014.

本书简体中文版由南京师范大学出版社在中国大陆地区出版发行。

著作权登记号 图字:10-2017-376 号

说明:封面图片来自中国孩子的画

Images on cover are all original drawings from Chinese children around age 3 to 6.

丛 书 名	瑞吉欧幼儿教育精选译丛
书 名	我们都是探索者:在城市环境中运用瑞吉欧原则开展教学
作 者	[美]丹尼尔·沙因费尔德 凯伦·黑格 桑德拉·沙因费尔德
丛书主编	李 薇
翻 译	屠筱青 戴俊毅
审 校	李 薇
策划编辑	万 斌 张泽芳
责任编辑	张泽芳
封面图片	贾玉倩
出版发行	南京师范大学出版社
地 址	江苏省南京市玄武区后宰门西村9号(邮编:210016)
电 话	(025)83598919(总编办) 83598412(营销部) 83598312(邮购部)
网 址	http://press.njnu.edu.cn
电子信箱	nspzbb@njnu.edu.cn
印 刷	江苏扬中印刷有限公司
开 本	787 毫米×960 毫米 1/16
印 张	17.5
字 数	267 千
版 次	2014 年 12 月第 1 版 2025 年 8 月第 8 次印刷
书 号	ISBN 978-7-5651-1644-5
定 价	48.00 元
出 版 人	张 鹏

南京师大版图书若有印装问题请与销售商调换

版权所有 侵权必究

总　序

瑞吉欧幼儿教育（Reggio Emilia Approach）对中国的幼儿教育工作者来说已经不陌生。现在您拿着的这本书是南京师范大学出版社从众多的有关瑞吉欧幼儿教育的出版物中为大家精选的瑞吉欧幼儿教育丛书之一。这个精选系列为什么要选这几本书？它们有什么特色？中国的读者可以从中得到什么？归根结底，瑞吉欧幼儿教育对中国的教育和教育工作者有什么意义？在此我试图以这几个问题为线索，把我们在筛选和翻译这套系列丛书时的一些思考和心得呈现给读者，以此作为和幼儿教育同行进行阅读前的一次交流罢。

本套精选译丛为什么要选这几本书？它们有什么特色？

瑞吉欧幼儿教育的思考和实践起始于第二次世界大战后意大利中北部罗马那·艾米利亚省的瑞吉欧·艾米利亚市。自从1991年美国《新闻周刊》把戴安娜学校作为瑞吉欧·艾米利亚市幼儿教育的代表来介绍世界上一些他们认为是最好的幼儿教育时起，即在全球范围内掀起了对瑞吉欧幼儿教育极大的关注。尤其是瑞吉欧教育实践支持儿童通过多种认知"语言"来表达他们的想法、理解、兴趣，而这些"语言"的记录包含了多种直观的视觉映像，当人们初次和它们相遇时，这些丰富生动的视觉映像往往先声夺人。其实瑞吉欧幼儿教育在那之前已经开始引起外界的注意。

这套精选译丛试图通过不同的角度，用瑞吉欧教育家们自己的话语，从纵向（历史的）和横向（政策指南、理论、实践）的维度为读者全方位地了解瑞吉欧幼儿教育提供一个机会和资源。

《瑞吉欧·艾米利亚市属幼儿园和婴幼园①指南》是该市公办幼儿教育（市立婴幼园和幼儿园）的指导性文件，这份文件是2010年颁布的。这本小册子不仅说明和界定了市属幼儿园和婴幼园的身份和目标、运营的基本要素和教育原则，它同时也是瑞吉欧市立幼儿教育数十年发展过程，包括理念、管理方法和管理过程的一个简洁而清晰的总结。除了对教育原则简明扼要的说明以外，这份文件也专门用一个章节来说明幼儿园和婴幼园运营的方式，强调整个社会中与幼儿教育相关的各方权利人的参与。即便是文件本身的产生也是在同一理念和过程中进行的，以实现文件内容与整个社会的衔接和共享。文件中界定的数个不同层次的"委员会"和"协调组"对教育理念、实践和政策的审视、回顾、更新是一个开放且持续的过程。因此，决策、管理和发展是一个开放和循环的过程，而非简单的行政决定。"指南的目的都在于重视儿童、家长和教师的权利并给予其话语权。这是为了达到一种高质量、参与性的教育，推动并深化一种意识，即幼儿园和婴幼园的角色在于产生出一种教育的文化，而非仅仅提供教育的服务。"

为了帮助读者把这份文件（以及瑞吉欧幼儿教育）放在历史的框架中来更好地了解其发展的来龙去脉，承蒙瑞吉欧儿童组织对本译丛的支持并提供了《瑞吉欧幼儿园和婴幼园：历史和现状》的内容，我们将其附录于这个文件之后以飨读者。通过这个附录，读者可以一窥瑞吉欧幼儿教育产生和发展的历史、文化、政治和社会背景。这样的视角不仅是有益的，也是必要的。

在这里不能不指出的是，因为本书的性质（指导文件），它关于教育原则和理念的第二部分只是简练的叙述，而没有深入的展开和阐述。读者可以参照本译丛的《对话瑞吉欧·艾米利亚：倾听、研究与学习》，以获得对瑞吉欧幼儿教育的深入理解。

在这个丛书的翻译过程中，恰逢中国教育部在2011年颁布了《3—6岁儿童学习与发展指南》。在对比阅读中读者可以看到产生于两个不同文化的文件的异同。相信这种对比阅读对加深两个文本的理解都会是有益的。

《对话瑞吉欧·艾米利亚：倾听、研究与学习》这本书收集了卡丽娜·里

---

① 婴幼园（Infant-Toddler Centres）亦译作婴幼中心，特指瑞吉欧为3个月至3岁婴幼儿办的市立机构。

纳尔迪（Carlina Rinaldi）从1984年到2004年的20年间一些重要的著述、演说和访谈。里纳尔迪曾和瑞吉欧创始人劳瑞兹·马拉古奇（Loris Malagozzi）在工作中有多年的亲密合作和学习经历。1994年马拉古奇突然去世后，里纳尔迪接替了马拉古奇对瑞吉欧市立幼儿园和婴幼园的领导工作。本书的跨度正好是马拉古奇在世的最后十年以及"后马拉古奇"时代的头十年。它反映了里纳尔迪自己对瑞吉欧幼儿教育的阐释、理解和发展。它是瑞吉欧教育家们自己对幼儿及幼儿教育的价值、伦理、学习的理论和概念、教学方式的为数不多的重要著述。作者在2006年将这些内容结集出版时对多篇演讲、论文和访谈加了历史背景的注解，这是理解正文不可或缺的信息。本书章节多采用演讲和访谈的形式，相信从事幼教理论工作的同行会在此书中发现其理论价值。

《除了蚂蚁，什么东西都有影子》是瑞吉欧出版物中的一本经典之作。这本图文并茂的书是在马拉古奇亲自参与下编辑、出版的。它从瑞吉欧教师对幼儿学习过程的连续的、常规的记录档案中汇集了不同年龄幼儿在不同的时间和空间对影子表现出的好奇、惊讶、疑问、研究、表征、认知、概念、理论……它的丰富性揭示了儿童与生俱来的对世间事物的学习能力，也反映了瑞吉欧教师对儿童这种能力的信念和认真研究的过程和态度。这本瑞吉欧最早的出版物也反映了瑞吉欧的教师在验证、丰富他们对儿童的理论假设——"儿童的形象"所做的深入翔实的研究。这样的记录是不可能从任何事先设计和完全由成人主导的教学中产生的。这本书已经被多国翻译，深受幼儿教育工作者的欢迎。

《我们都是探索者：在城市环境中运用瑞吉欧原则开展教学》是这个丛书唯一一本不是瑞吉欧出版的书。它记录了美国芝加哥市公共协会，这所城市中为来自贫穷家庭幼儿提供教育的机构，在十年时间里如何在瑞吉欧教育理念和原则的启发下，在他们特定的文化和社会环境中创建他们理想中的幼儿教育的过程。它诚实地记载了他们把瑞吉欧幼儿教育的种子栽培在自己的土壤里所经历的教训、反思、心得和收获。这样的历程犹如探险——有理想，有目标，但是没有现成的路径。它告诉那些被瑞吉欧的理想和实践所激励的人们：发生在瑞吉欧的瑞吉欧幼儿教育是不可复制的，但是当人们理解了她的真谛，形成了自己的理想，是可以再创造的。公共协会的教师说："瑞吉欧并非是你应当按照一种固定的方式去做的事情。它是一种思考方式以及一种与儿童一起开展工作的方式。一旦你改变了你思考儿童的方式,你就会开始运用瑞吉欧幼儿教育思想来同他们一起开展工作。"①难能可贵的是,这本书对大量的儿童学习记录档案和教师的学习记录档案进行分析整理,用许多课堂中儿童学习的实例结合教师的反思和归纳来与读者分享他们的心理路程和能力的发展。他们不仅把探险的过程与大家分享,而且也把探险所得的"宝藏"与大家分享,鼓励和支持那些有志于"探险"的后来者。这对于生活在瑞吉欧·艾米利亚以外的幼儿教育工作者们来说有着特殊的价值和启示。

除了上述每一本书的特色之外,这套精选丛书还有两个值得介绍的特色。

第一是这套丛书为大家编译了一个贯穿始终的"瑞吉欧幼儿教育精选译丛常用专业词汇解释"。瑞吉欧幼儿教育在实践和思考的过程中发展了来源于民主理念、进步(主义)哲学和社会文化建构主义心理学的,既有传承又有创新的教育实践和概念。有一些相关的词汇之前已有翻译。为了更精准地用中文语言文字来表达一个词汇的内涵而不仅仅是字面的翻译,我们这个翻译团队通过讨论,修订和选取了对一些常用词汇的翻译,并撰写了简短的说明。

第二是这套丛书还包括了不可多得的、来自瑞吉欧·艾米利亚的音像资料。在出版社的多方努力之下,有两张由瑞吉欧儿童独立出版的光盘得以和这套丛书配套出版。这两张光盘都来自瑞吉欧儿童所出版的"学习的奇迹"系列。《每一天的"乌托邦":瑞吉欧市立婴幼园和幼儿园里的一天》真实地记录了儿童在园一天的活动,这张光盘作为《瑞吉欧·艾米利亚市属幼儿园和婴幼园指南》一书的一部分,为读者在了解政策、历史的同时提供了生动鲜活的资料和信息。《影子的故事:一次诗意的相遇》将配套在《除了蚂蚁,什么东西都有影子》这本书中,与书相比,这是一个发生在"后马拉古奇"时代的一次项目学习过程的记录。除了内容本身展示了儿童对影子的发现和研究过程,它还显示了瑞吉欧幼儿教育的强大的生命力。在

---

① 见本丛书《我们都是探索者:在城市环境中运用瑞吉欧原则开展教学》第239页。

数十年的过程中孩子们在不断地创造着学习的奇迹。

从编译丛书所想到的

虽然瑞吉欧幼儿教育仍然继续得到来自全球幼儿教育同行的关注而不是昙花一现的时尚,但瑞吉欧人自己却总是强调他们的探索没有终结,他们还在朝着他们心目中的"瑞吉欧"理想行进。他们愿意对话和交流,但无意来"教授"他人。充其量,他们的经验也许可以作为镜子那样来帮助人们反思,更清晰地看到自己,以了解自己的理想。我想这是一条非常重要的信息。如果人们只停留在简单模仿所看到的一些具体的课程记录,而不是真正理解瑞吉欧的教育理念以及它的实践是如何在理念的指导下形成发展的,这样的做法正好从本质上就有悖于瑞吉欧一贯倡导的教育原则。在结束这篇总序之前,编者还有一点思考和中国广大的幼教同行分享。

改革开放三十多年以来,中国一直以开放的心态,吸收国外,主要是西方的幼教理论和实践。在了解瑞吉欧幼儿教育以及所有外来的信息,并使之能对中国的幼教(或者你这个城市/地区、你这个幼儿园)有所助益时,我觉得有一个根本的问题必须回答:"中国的幼儿教育为什么要学习西方的(或者外国的)东西?"和本丛书相关的问题也就是:"我们为什么要学习瑞吉欧?"要回答这个问题,我们不能不对中国(或者你的城市/地区,你的幼儿园)的教育教学现状作反思和审视。首先要了解自己。

在看完了整套丛书之后,我相信读者会对两个方面印象深刻。一是瑞吉欧幼教人总是开宗明义,第一件事就是陈述他们的"儿童的形象",这也就是他们的儿童观,他们所做的一切,从政策的制定,园舍的设计,对儿童教学过程的设计、记录和呈现,家长/社区的参与,到教师、厨师和教辅人员的身份角色确认,等等,所有的理论和实践都是在这个价值取向的指引下发展生成的;二是在开拓他们理念鲜明的儿童教育体系的同时,这个开拓和建树也是与幼儿园/婴幼园、家庭、社区乃至整个城市一起发展切合他们理念的一种"童年的文化"密不可分的,因为在意大利这个信奉天主教的国度里,即使在20世纪40年代后期儿童和妇女的权利也没有得到他们应有的承认和地位的。这两个方面,正如他们的教育一样,仍然保持着动态发展,与时俱进。

很多人最初接触到瑞吉欧幼儿教育时常常感到这种教育好是好,但是不现实,犹如幼儿教育的乌托邦。针对乌托邦的提法,卡丽娜·里纳尔迪认为他们更愿意把自己的理想当作是梦想而不是乌托邦。在访谈中,彼得·莫斯(Peter Moss)问她当瑞吉欧以外的人们说自己的工作是受了瑞吉欧的启发,她如何看待这个现象,她说:"瑞吉欧是一个有喻意的和象征性的地方。和瑞吉欧的联系让人们看到希望,相信改变是有可能的,它让你拥有梦想,而不是成为一个乌托邦。因为乌托邦是很好的东西,但是它是完美的,而梦想却是你可以拥有一个晚上的东西。"①

幼儿教育是复杂而富于挑战的职业。我们的工作不可以没有梦想,梦想是美好的。正因其美好,才使得我们对每天充满挑战的工作保持热情;使我们面对天生充满活力的学习者——儿童保持不懈的好奇和赞叹,对和他们一起进行人生最初也是最重要的学习和成长充满信心和向往。我认为,这套丛书的一个重要的作用,就是帮助我们廓清自己的梦想并朝着这个梦想走下去。

这套丛书的翻译工作有赖于我们这个跨三大洲、三个国家和五个不同居所的团队。团队的同仁在自己繁重的博士留学生涯以严谨的治学态度,高质量地完成了这一项十分有意义的工程。他们是周菁(新西兰)、屠筱青和戴俊毅(美国)、沈尹婧(美国)。来自美国内布拉斯加大学的《儿童的一百种语言》编著者之一卡洛琳·爱德华兹(Carolyn P. Edwards)教授在选书过程中提供反馈和分享了当时仍在排版中的第3版《儿童的一百种语言》词汇表。瑞吉欧儿童的弗朗西斯卡·马拉斯托尼女士在整个过程中一直热情提供各种咨询和沟通的支持。《我们都是探索者》作者之一凯伦·黑格(Karen M. Haigh)教授曾对书中一些背景给予说明。当然,没有南京师范大学出版社最初的推动,这项有意义的工作也不可能发生。在此一并鸣谢。

李薇,2014 年元月
帕沙迪纳(Pasadena),美国

---

① 见本丛书《对话瑞吉欧·艾米利亚:倾听、研究与学习》第 182 页。(主编注)

序

1993年5月初的一个晚上,凯伦·黑格(Karen M.Haigh)展示了数张草图,这些图上画的是芝加哥公共协会儿童发展项目即将在芝加哥郊区建造的一所学校。在座的有丹尼尔和桑德拉·沙因费尔德(Daniel and Sandra Scheinfeld),多位其他同事,以及劳瑞兹·马拉古奇(Loris Malaguzzi)。事实上,我们是弗朗西斯·多诺万(Frances Donovan)邀请来的客人。她是我们这组探险家中的一员,我们这组人刚刚一起去了意大利的瑞吉欧·艾米利亚,以便研究该市的早期儿童教育。她邀请大家用友好而亲切的方式来庆祝劳瑞兹·马拉古奇的来访,这对我们而言是一件绝佳的事情,因为他正是著名的瑞吉欧·艾米利亚(Reggio Emilia)儿童教育方法的创始人。他是到芝加哥来领取国际科尔奖的。

芝加哥这座城市让马拉古奇感到惊讶。高耸入云的建筑以及川流不息的不同种族和社会阶层的人们都令他感到十分讶异。作为他的翻译,我近距离地观察到,他时而对此表现出极大的兴趣和赞叹,时而又怀疑在如此快的节奏和拥挤的空间中能否过上舒适的生活。他在参观每所学校时都受到了热烈的欢迎,对此他十分感动,而此刻他则在温暖如家的环境中美美地享受着众人的陪伴。

他很好奇于凯伦带来的计划。我告诉他凯伦雇佣了一位建筑家,她向那位建筑家展示了瑞吉欧学校的照片,还让其阅读有关瑞吉欧的文章;我还告诉他凯伦因为受到他在瑞吉欧所创立的学校的影响正计划指导建立一所这样的学校。尽管他不清楚这一计划将如何实现,他仍然感到非常高兴。

那一晚为本书所描绘的旅程开了一个好头。当时所提议的学校后来真的建成了,它的名字叫尼亚家庭幼儿中心(Nia Family Center)①,本书中的许多故事就发生在那里。当然,出于安全考虑,这个幼儿园中心使用了玻璃砖而非大型玻璃窗来采集自然光,这对于儿童来说非常重要。

让我们感到非常幸运的是,凯伦·黑格以及芝加哥公共协会儿童发展中心(Chicago Commons Child Development Center)的那些幼儿园恰好为我们提供了一个来自埃里克森学院(Erikson Institute)的经验丰富的观察与研究团队,即由丹尼尔和桑德拉·沙因费尔德组成的团队。他们可以对这一创新项目进行深入的研究,并且将他们的发现呈现给全世界对此感兴趣的读者们。这部用心写就的作品经历了很长时间的沉淀,这让作者们能够对变化进行观察,并且对正在探究的复杂经历提出新的评估视角,在本书中随处可见关于儿童、教师以及家长的各种故事与体验。

这是第一本记载了教师与儿童如何一同学习与工作的书,并且它明确地给出了所参照的瑞吉欧·艾米利亚幼儿园的基本原则。当然,这些原则已经经过了转化,以适应芝加哥公共协会所处的文化氛围和复杂环境。我们第一次看到了为教师提供的深入细致而又不断变化的专业支持所带来的影响,在此过程中教师需要进行学习并挖掘自身的潜能。这让我们有机会来追踪,教师们是如何通过认识到关系的价值从而在更广泛的范围内逐步实现专业发展的。这正是我一直以来欣赏凯伦·黑格的地方,她不仅拥有清晰而富于创造性的头脑,而且有着坚定的决心。

教师们如何学会真正去聆听儿童?有着不同背景的教师们如何能敞开心扉去发现合作的可能性与价值,从而理解他们在与儿童的关系中所扮演的角色呢?教师小组如何在日复一日的生活中共同完成有意义的记录?教师们如何才能做到在遵守瑞吉欧幼儿教育原则的同时又能满足强制性规定呢?幼儿园可以使用什么样的策略令身处城市环境中的家长们感到宾至如归,以及感觉到自己是真正的参与者呢?以上这些是本书所阐述的一部分问题。

马拉古奇在他即将结束访问的时候参观了这座城市的许多地方并且会

---

① 本书描述的幼儿园都是在芝加哥公共协会机构之下,由政府经费支持而服务于低收入幼儿及其家庭。因还有幼教以外的一些服务,故而叫"家庭幼儿中心"。(主编注)

见了很多人,这些人并非全都来自早期儿童教育领域。作为一位敏锐的观察家和聆听者,他被访问期间所遇到的芝加哥人的勃勃生机以及对成功的渴望所深深打动和吸引。他在即将离开前打消了之前的疑虑,并且深信芝加哥将会创建出有益于儿童的事物。

——莱拉·甘迪妮

前　言

这是一本有关早期儿童教育实践与理论的书。它旨在介绍和分析芝加哥公共协会儿童发展项目在 1991 年至 2003 年间是如何基于它自身条件来探索和应用源于瑞吉欧·艾米利亚的教育原则的。本书的重点是芝加哥公共协会幼儿班的教学活动、(教师在其中的)专业发展体验、与家长的关系以及管理结构和流程。到 1999 年秋季为止，面向低收入的拉丁裔和非洲裔美国人社区的 7 个芝加哥公共协会幼儿园的 26 个幼儿园班都已加入了这一行动。本书记录了许多极具天赋的员工所做的工作，并深入挖掘了这些过程的意义和价值。虽然芝加哥公共协会还在它的婴幼儿和课后班中探索过瑞吉欧·艾米利亚幼儿教育原则，但是限于篇幅，本书将只阐述幼儿园班级的情况。芝加哥公共协会的瑞吉欧探索一直持续至今。

本书面向的读者既可以是幼儿园教师和管理人员，也可以是早期儿童教育领域的大学教授和学生。这是一本实践性的书，因为读者可以对本书所传达的丰富的理念加以斟酌并继而创造出适合于他们自己情况的方法；这也是一本理论性的书，因为它提出了指导芝加哥公共协会的瑞吉欧教育实践的潜在原则和流程。

本书描述了一个机构该如何去采纳来自于瑞吉欧·艾米利亚的一系列教育原则。它旨在帮助你建构对于那些原则的理解，由此你可以用你的方式在你自身的环境中应用这些原则。你也许会发现自己可以直接以这样或者那样的方式应用本书中所描述的许多体系和做法。你可以思考如何把这些体系和做法迁移到另一个环境中，进行重塑，或是加以改造，从而帮助你实现目标。一方面，这些体系与做法之间的关系十分重要，另一方面，它们意图推动的学习过程也非常重要。在我们看来，瑞吉欧教育归根结底要探讨的正是学习的过程。

本书收录了对于班级教学序列、学习环境、与家长的互动、员工发展过程以及项目整体组织等方方面面所做的描述。我们常常会把发生在儿童以及成人之间的与学习有关的对话收入其中，这些对话向我们展示了人际互动的过程以及这些参与者所表达的不同意义模式，单个的读者可以将其作为反思的来源，而一群读者则可以使用这些对话来开展讨论。

在本书中，我们向读者提出了很多问题，同时我们也提供了我们自己对于这些问题的解读。我们用各种方式邀请您同我们进行对话，讨论我们所介绍的事例的意义，以及这些事例对你自身的教学和学习过程的启示。

本书的信息来源有几方面。首先是桑德拉和丹尼尔在1996年到2003年之间所收集的素材。这些素材包括在班级中，在校外参观时，在教师合作会议上，在行政会议上，在由家长、教师和行政人员参与的每月例会中，以及在职培训期间所录制的影像记录、音频记录及所做的笔记。桑德拉与丹尼尔还在对教师、分园园长以及对支持教师的协调员进行访谈时收集了其他的素材；其次是幼儿园员工所创建的大量记录，包括展示板、关于儿童学习的小册子，以及以描述、照片和对话的形式记录了项目开展情况的年度出版物；最后是芝加哥儿童发展项目的主管凯伦·黑格在整个研究过程中用录音方式记录下的各种讨论过程。丹尼尔、桑德拉和凯伦三人在四年中常常会面以便合作完成此书。

史宾赛基金会（Spencer Foundation）于1995年向本研究提供了启动资金，普里茨克兄弟基金会（Pritzker Cousins Foundation）的慷慨资助则帮助我们在1996年至1999年间开展了资料收集和最初的写作工作。

本书对涉及的所有儿童、员工和家长的姓名都进行了改动，但是凯伦·黑格是唯一例外，在本书中她被称为"凯伦"。

这是一种与众不同的合作——研究者（丹尼尔和桑德拉）以及社区机构（芝加哥公共协会）通过共同努力来实现对教与学的认识，其目的则是同他人来分享这些认识。研究者与项目员工会定期会面，以便为所要开展的探索确立方向，并且共同努力来将它付诸实践。因此，来自项目内部和外部的视角的融合对于此项研究的开展以及本书的写作都有所助益。我们现在邀请您带着您的视角加入到这场持续的对话中来。

致　谢

首先，我们想要感谢芝加哥公共协会儿童发展项目的所有员工所作的巨大贡献，是他们令瑞吉欧幼儿教育探索变成了现实。我们还要感谢他们对于本书所涉及的研究工作的大力支持与热心协助。

丹尼尔和桑德拉个人想要特别感谢那些以参与访谈，对自己的教室活动进行录音，或是参加特别会议的方式花费了额外的时间来参与研究的员工们。这些人包括：克里斯汀·亚历山大（Christine Alexander），保罗·本顿（Pauline Benton），苏珊·巴迪（Susan Budde），托米·巴特勒（Tommie Butler），简·塞西尔（Jane Cecil），索尼娅·克拉斯（Sonia Class），罗伯塔·科里亚（Noberta Coria），金伯利·柯思伦（Kimberly Cothran），科菲·达克（Kofi Darku），玛利亚·艾斯宾诺莎（Maria Espinoza），尼尔达·费利西亚诺（Nilda Feliciano），罗西塔·费利西亚诺（Rosita Feliciano），卡门·加里（Carmen Garay），格拉谢拉·戈麦斯（Graciela Gomez），伊娃·希尔（Eva Hill），普里西拉·琼斯（Priscilla Jones），卡拉·茱莉亚（Cara Julias），珍妮弗·科尔达（Jennifer Keldahl），大卫·凯利（David Kelly），香农·吉梅尔（Shannon Kimmel），邦妮·吉采乐斯基（Bonnie Kizielewski），约翰·科斯基（John Koski），里马·麦尔霍查（Rima Malhotra），萨鲁德·马丁内斯（Salud Martinez），多萝西·米勒（Dorothy Miller），克劳迪娅·里维拉（Claudia Rivera），桑塔·里维拉（Santa Rivera），奥齐·罗宾森（Ozzie Robinson），琪琪·施罗德（GiGi Schroeder），安妮·塞雷尼（Anne Sereni），玛利亚·维泰利（Maria Viteri），罗莎·比斯卡拉（Rosa Vizcarra），丽兹·沃尔什（Liz Walsh），雷切尔·韦弗（Rachel Weaver），贝莎·威廉姆斯（Bertha Williams），米格达利亚·杨（Migdalia Young）。

我们还十分感谢芝加哥公共协会现任的行政管理人员,这其中包括了丹·梵利尔瑞(Dan Valliere)以及珍妮丝·伍德(Janice Woods),他们在本书终稿的写作过程中给予了积极的支持。我们要对哥伦比亚大学教师学院出版社(Teachers College Press)的员工们致以特别的感谢,尤其是编辑玛丽·艾伦·拉卡达(Marie Ellen Larcada),温迪·维斯(Wendy Weiss),迈拉·克里里(Myra Cleary),以及制作编辑香农·维特(Shannon Waite)。

我们想要感谢对于我们的工作做出贡献的众多研究助理。我们尤其要感谢艾米·亚当泽科(Amy Adamzyk)和卡拉·戴(Karla Daye),她们参与了早期的研究;感谢杰里米·本迪克-基默(Jeremy Bendik-Keymer),他为第5章和第6章奠定了基础并参与制订了本书1999年至2002年那一部分的整体概念框架;感谢艾伦·柯蒂斯(Aaron Curtis)和伊丽莎白·格拉芙(Elizabeth Graff),他们在2006年和2007年的夏天对于本书的草稿进行了修改并因此做出了重要的贡献。最后,我们要感谢苏珊妮·维格纳(Suzanne Wagner)以及南希·维克(Nancy Wicker)所提供的修改意见。

莱拉·甘迪妮(Lella Gandini)和林恩·怀特(Lynn White)在2007年的春天和初夏花了不计其数的时间来阅读和修订本书的草稿。她们每个人都做出了特殊的贡献:林恩的贡献源于她多年在班级里实践瑞吉欧幼儿教育理念的经验,而莱拉的贡献则来自于她多年参与瑞吉欧·艾米利亚的学校教育的经验,此外她还长期担任了美国的瑞吉欧儿童项目联络人的角色,她们的意见对于本书而言十分重要。此外,莱拉在2004年我们联络出版社之前就针对本书的数个章节提出了一些意见。总之,我们对于莱拉在整个过程中对本研究的关注表示深深的感谢。此外,我们还要感谢莱拉和阿米莉亚·甘蓓娣(Amelia Gambetti)(也是瑞吉欧儿童项目的人员)这么多年以来给予芝加哥公共协会探索项目的大力支持。

我们要感谢史宾赛基金会以及普里茨克兄弟基金会对于本项研究的大力支持。特别要感谢埃里克森学院的基里安·麦克纳米(Gillian McNamee)在第一年合作参与了本研究,以及在之后对于本研究的持续关注。最后,我们想要诚挚地感谢埃里克森学院的管理层及员工们自本项目伊始就给予的鼎力支持。

CONTENTS 目 录

总序 …………………………………………………………… 001
序 …………………………………………………………… 001
前言 …………………………………………………………… 001
致谢 …………………………………………………………… 001

第 1 章　绪　论 …………………………………………………… 001
　　背景 ……………………………………………………… 003
　　在芝加哥公共协会幼儿园中探索瑞吉欧幼儿教育原则 …… 005
　　"管道研究":芝加哥儿童对瑞吉欧幼儿教育原理加以应用的
　　　一个实例 …………………………………………… 009
　　"管道研究"中所体现的瑞吉欧原则 ……………………… 016
　　对话对于人类发展的重要性 ……………………………… 019
　　具有挑战性的问题 ………………………………………… 019
　　本书的结构 ………………………………………………… 020

第 2 章　倾听、观察、反思和回应 ………………………………… 023
　　学习去倾听、观察、反思和回应 …………………………… 024

"窗户研究"和教学计划的问题 ·················· 025
对于"窗户研究"的一些思考 ·················· 029
儿童的兴趣 ································· 030
卡门与老师 ································· 033
结论 ······································· 041

第 3 章　和儿童共同"建构"认识 ·················· 043
怎样的师幼互动方式才能促进儿童思考？·········· 043
教师自身的哪些内在过程有助于促进儿童的思考？·· 052
教师如何促进自己与小组儿童间以及小组内儿童相互之间的
　　深入交流？······························ 054
结论 ······································· 063

第 4 章　儿童的表征 ···························· 064
学习过程中的表征 ··························· 066
教师在帮助儿童表征时所起的作用 ·············· 080
探索材料：儿童学习表征的技能 ················ 082
表征、学习和认识之间的关系 ·················· 084

第 5 章　呼应课程 ······························ 086
儿童的发展目标 ····························· 087
呼应课程的周期 ····························· 088
对于三个深度研究的考察 ····················· 101

第 6 章　学习环境：教室、学校、邻近街区和城市 ······ 103
教室环境 ··································· 103
教室以外的学习环境 ························· 114
针对学习环境提出的问题 ····················· 119

第 7 章　班级管理 ·· 122
　背景信息 ··· 123
　半日制的展开顺序 ···································· 125
　从学年之初开始 ······································ 135
　教师间的合作 ·· 135
　满足强制性要求 ······································ 141

第 8 章　入学准备 ·· 143
　专注地进行自主学习的能力 ·························· 144
　会话、思考、书写、阅读和数学能力的发展 ·········· 147
　社会情感发展 ·· 162
　结论 ··· 164

第 9 章　同家长的合作关系 ································ 165
　家访 ··· 166
　每月例会 ··· 167
　接送时间 ··· 177
　成长档案之夜 ·· 179
　让家长参与到孩子们的深度研究之中 ················· 180
　家长在教室里以及在校外参观中同教师开展合作 ······ 181
　结论 ··· 182

第 10 章　教师的职业发展和支持 ···························· 184
　教师的职业发展目标 ·································· 185
　教师在日常工作中所获得的职业发展和支持 ··········· 187
　为教师提供的特别的职业发展经历 ···················· 204
　对应的过程 ·· 217
　结论 ··· 220

第 11 章　本探索项目的工作是如何组织的 ………………………… 221
　　协调员会议 ……………………………………………………… 221
　　和园长的合作 …………………………………………………… 229
　　各交流场景之间的联系 ………………………………………… 231
　　一个学习的群体，一种学习的文化 …………………………… 233
　　结论 ……………………………………………………………… 238

第 12 章　所得的经验 ……………………………………………… 239
　　瑞吉欧幼儿教育的精髓 ………………………………………… 240
　　对反思—行动—反思循环的回顾 ……………………………… 242
　　推动和支持教师的思考和行动 ………………………………… 243
　　为教师提供的其他支持 ………………………………………… 246
　　给计划向教师们介绍瑞吉欧幼儿教育思想的领导者的建议 …… 246
　　为什么要探索瑞吉欧幼儿教育？ ……………………………… 249

附录 1：芝加哥公共协会的瑞吉欧·艾米利亚幼儿教育探索项目简史，
　　　　1991—2003 年 …………………………………………… 251

附录 2：瑞吉欧幼儿教育精选译丛常用专业词汇解释 ………………… 254

参考文献 ……………………………………………………………… 258

第 1 章
绪　论

请想象你是一位幼儿教师，并在教室一隅听到了几个孩子的对话：

拉塔莎：当绿灯变成红色的时候，汽车都得停下来。因为它总是变来变去的，我觉得应该有什么人住在里面。

肯特瑞尔：有硬币掉进里面去了。它们从上面（天上）来，是它们让它变来变去的。

德温：有根电线穿进去了，然后绿灯的时候你就能走，红灯的时候你要停，黄灯的时候你就要慢些走。

这位教师见证了一个奇妙的时刻：三个孩子对于交通灯的动态变化以及这些变化如何影响汽车的移动产生了兴趣。不仅如此，每个孩子都对"是什么让交通灯颜色发生变化"这一问题阐述了各自独特而富有想象力的理论。

> 大家对这段对话有何感想?
> 它是不是就这么无果而终了?
>
> 还是
>
> 通过教师的循循善诱,
> 并借助孩子们的兴趣和好奇心,这段
> 对话引发了丰富的、多角度的探索活动?

后一个问题正是本书即将讨论的内容。本书所记录的是芝加哥一个为市内低收入家庭儿童提供服务的早期儿童发展机构如何在它特有的环境中探索一种早期儿童教育方式,也就是为大家所熟知的瑞吉欧幼儿教育,这种教育方式是在意大利的瑞吉欧·艾米利亚发展并繁荣起来的。

在瑞吉欧·艾米利亚幼儿教育中,教师为儿童营造丰富的学习环境。当儿童参与到环境中的时候,教师倾听并观察儿童所表达出的兴趣、感受与想法。基于这些观察,教师会重视、利用儿童的想法,并同儿童一起去建构对世界的理解,而且这种互动不仅仅出现在教室的情境之中。在由3—5个儿童构成的小组中蕴藏着许多学习的机会,儿童可以从他们彼此之间,以及与教师的合作和对话中获益。在他们共建对于世界的认识的时候,他们会分享并协调各种不同观点。儿童会运用多种方式,特别是言语的和视觉的方式来表征他们的见解,他们会对这些表达方式进行回顾,以此来思考和拓展他们的探索活动。这一过程往往是在同别人的合作中完成的。

教师会系统地记录下儿童的对话以及表征(即那些语言或视觉的表征)。他们在开例会的时候,会使用这些记录来解读儿童萌生的兴趣和想法,并借此来思考拓展儿童学习机会的可能性。

儿童希望被倾听的渴望会由教师来实现。教师会在内心留出空间去思考儿童所表达的情感、想法和兴趣,并就此同儿童进行交流。借助教师的头脑,儿童能够体验到这一思考过程,并因其动机、感知和思想源于自身而获得价值感。

与其他幼儿教育不同的是,瑞吉欧幼儿教育并没有固定的课程。相反,它的课程设置是在教师和儿童一同对儿童的学习兴趣作出回应的过程中逐渐成形的。

在我们看来,这一教与学的方法在极大程度上尊重了儿童、儿童的权利以及儿童学习的愿望。儿童在这一过程中为自己的一生打下了基础。他们会综合多种不同想法并将共同构建意义,同时将由此带来的愉悦感加以内化。他们会变成自发的学习者,主动探求自己的学习兴趣并敢于应对挑战,从中体验并发展自身的能力。他们进行着探索、实验和相互交流,以此来促进他们的认知、语言、社会性和情感发展,其中包括了学前儿童所应具备的各种技能。在受瑞吉欧幼儿教育启发的学习环境中,儿童是机智灵活、认真专注、积极投入、乐于合作的,并且是善于表达的。儿童高质量的作品会被精心陈列在教室的墙上和走道上等显眼的地方。儿童、家长、教师和参观者们都可以清楚地看到儿童的这种学习经历的价值、深度以及意义,并且感受到自身参与到了这一逐渐推进的教育过程之中。

背　　景

本书源起于 1991 年至 2003 年间芝加哥公共协会(Chicago Commons Association)的儿童发展机构,该机构主管是凯伦·黑格(Karren M.Haign)。从过去到现在,这个机构一直主要面向低收入的拉丁裔和非洲裔美国人社区提供服务。机构主要的经费来源是开端计划(Head Start)(开端计划是由联邦政府出资,有多种服务项目的、专为低收入家庭 3—5 岁儿童服务的早教机构——主编注)、州立幼托园、州政府补助的儿童保育机构,以及少量的私人基金。

在凯伦探访过瑞吉欧·艾米利亚的市立幼儿园之后,芝加哥公共协会于 1991 年开始了"探索瑞吉欧"项目(Reggio Exploration)。自 1993 年起从每个幼儿园抽取一个班级,总共有 7 个班级开始了教育实践,到 1998 年逐步扩展到芝加哥公共协会所有的 40 个幼教班级(参见附录 1)。在本书所述时期之后,芝加哥公共协会的教职员工们坚持不懈地继续探究瑞吉欧幼儿教育,并向大众公开了他们的学习体验。

芝加哥公共协会的目标并不在于复制由瑞吉欧·艾米利亚所发展的实践操作,而是去探索这些实践背后的教育原则(即去思考它们的意义并以它们为指引,使其适应芝加哥的社会、文化环境,并且对开发新的原则和过程保持开放的态度)。值得一提的是,瑞吉欧·艾米利亚当地的学校也仍然在不断发展新的视角,力求创新。在日复一日的实践中通力合作,重新审视和转变自己的方法,而不断改变和革新正是瑞吉欧幼儿教育的内涵所在。

当凯伦·黑格在瑞吉欧·艾米利亚学校参观的时候,她发现内心最深处的教育理念在这些学校得到了充分的体现。她惊异于这里的学习环境,那种对儿童深深的尊重,儿童所显示出来的能力,以及教师在讨论他们工作时所表现出来的深思熟虑。

瑞吉欧·艾米利亚市属的早期儿童教育系统是由 21 个学前教育中心(服务 3 至 6 岁的儿童)以及 13 个婴幼中心(服务 3 个月至 3 岁的儿童)构成的。尽管中心接收来自社会各个阶层背景的儿童,但是他们对于有特殊需要儿童的家庭、单亲家庭以及家中没有祖父母照看儿童的家庭给予优先照顾。

许多被认为对于幼儿教育至关重要的人,以及教师和家长们都参与到了学校生活中。这些中心鼓励大家交流想法,它们开放、民主的风格鼓励教职员工、家长与儿童积极参与,主动探索,并通过对话互相交流目标和想法。

这些中心为儿童量身打造了宽敞的、多样的、丰富的、美好的、光线通透的学习环境,以促进儿童的合作探索并提升每位参与者的幸福感(Gandini,1998)。

每个瑞吉欧·艾米利亚学前教育中心有 3 个或 3 个以上的班级,通常根据年龄层次来分班,每个班有两位搭班教师,在三年中一直负责这个班的儿童。每个幼儿园在视觉艺术以及/或者其他领域,例如音乐、舞蹈或者设计方面还设有一位艺术教室教师(studio teacher)。这位艺术教室教师被称为艺术教师(Atelierista)(有视觉艺术或表达性艺术背景的负责艺术工作室的教师。通常为其他教师的课程开展和课程记录提供支持;支持儿童和成人在建构知识的复杂过程中发展各种表达性"语言"。——主编注),她会与其他教师共同制订计划,开展合作,以促进儿童的学习体验。使用多种方式进行交流对儿童表达他们的想法起着至关重要的作用。

在芝加哥公共协会幼儿园中探索瑞吉欧幼儿教育原则

在我们开始介绍芝加哥公共协会 12 年间对于瑞吉欧理念的探索之前,我们先关注一下凯伦在 1991 年去瑞吉欧·艾米利亚的旅行中初次接触到的 11 条教育原则,这些始终是芝加哥公共协会探索瑞吉欧幼儿教育时最为重要的原则。

儿童的形象（*Image of the Child*）[①]

"强壮的、丰富的以及有能力的"这些词语常常被瑞吉欧市属幼儿园用于描述儿童,与此相反的一个观点则将儿童视为柔弱的、依附的、能力不足的。瑞吉欧的这一儿童形象会引导成人在与儿童相处时鼓励并激发儿童的长处和能力,而不是在根本上视儿童为弱势群体。教师认为儿童是有能力的、有兴趣的、灵感丰富的,他们想要成长并且渴望与同伴以及成人交流。

儿童的形象是师幼关系中不可或缺的部分,其中,教师的目标是充实儿童探索世界和创造意义的能力。教师要做的是肯定儿童的好奇心,质疑他们的想法,并提升他们在同外界接触以及构建理解的过程中所产生的愉悦感。逐渐地,因为这样的儿童形象深深植入教师的头脑、心灵和行动中,儿童便会自己担负起这种形象并且成长为对有意义信息（学习内容）的主动提问者和自主建构者。

倾听/观察—反思—回应（*Listening/Observing-Reflecting-Responding*）

教师**倾听**并**观察**儿童的行动、互动、对话、陈述、情感表达以及表征。他

---

① "儿童的形象"是瑞吉欧幼儿教育的核心理念之一。它表述了瑞吉欧幼儿教育对儿童的哲学观,亦即儿童观。此儿童观对他们一切教育的实践起到引领的作用。对瑞吉欧幼儿教育的理解也必须始于此。（主编注）

们的倾听与观察为的是发现儿童的兴趣和想法、好奇心、强项、感觉以及其意义。他们会**反思**自己所聆听到的、所观察到的内容,进而为儿童创造学习机会,提出挑战,并提供推动学习过程的各种框架,以此作为**回应**。这一系列的倾听/观察—反思—回应循环可能发生于某几个时刻,或者在数日、数周,甚至数月中发生。与儿童的互动往往包括了数次循环(例如,在某次循环最后,当教师作出回应后,儿童紧接着作出反应;教师进而会继续倾听/观察,从而开始一次新的循环)。

档案记录(*Documentation*)

记录是倾听与观察的一方面内容。教师通过笔记、拍照、录音并转录为文字、拍摄录像、口述速记、收集儿童的作品来记录下儿童学习的时刻。这些记录为教师解读儿童的兴趣、感觉和想法提供了关注点。教师会把这些记录带到他们的计划会议上,同时这些记录会被张贴在教室的墙上或保存在大家方便拿取的文件夹中,以随时为教师、儿童和家长提供反思的素材。经过一段时间之后,有些记录会被用于正式交流,例如陈列展板、幻灯片播放以及印制在诸如小册子和海报之类的出版物中。

通过合作来构建认识(*Co-Construction of Understanding*)

人们通过合作与对话来认识事物(例如,教师与儿童、儿童与儿童、教师与教师等的合作与对话)。最初的瑞吉欧原则被命名为"通过合作来建构知识"(co-construction of knowledge)。我们偏好使用**认识**(understanding)这个词是因为它更容易让人联想到知识建构中与个人经验的联结,包括个人的感觉,并且还因为它包含着我们周围的事物是如何——关联这层含义。

多重角度(*Multiple Perspectives*)

瑞吉欧教育方法鼓励儿童和教职员工从多重角度来交流和思考某个问题或调查目标。这样做能够拓宽以及/或者加深他们的思考领域。关于这点有一个为人熟知的瑞吉欧·艾米利亚的例子,一个孩子站在梯子上观察一个物体,而另一个孩子则站在地面上来观察。比较这两个孩子的感知,我们会发现他们对于这个物体的描述是截然不同的。

表征(Representation)

儿童在接触世界或者回忆的时候都会表征他们的观察和想法,并互相交流。儿童表征的一个重要方面是他们进行表征时会使用**多重符号系统**(交流方式),比如说,混合使用口语、绘画、黏土、电线、涂色、手势以及诸如此类的方式来交流。正是因为如此,关于瑞吉欧·艾米利亚幼儿教育原理的书籍以及巡回展才被命名为"**儿童的一百种语言**"(*The Hundred Languages of Children*)。

回顾(Revisiting)

儿童会回顾并重新考察他们的研究经历和对象,他们还会回顾自己与他人的表征。启用新增的视角和材料,回顾总是能够促进儿童加深对于过去经验的理解,开始新的观察,进而超越原先的理解和表征。教师为了更好地倾听和观察儿童,在检查和解读儿童学习的记录和重新考察课堂过程和环境的时候会进行回顾。

学习环境(The Learning Environment)

瑞吉欧幼儿教育方法对于学习环境的强调始于教室空间,教师们精心构造了教室空间来邀请和引导儿童进行探索,加强小组合作,鼓励儿童对事物进行表征,并力求凸显儿童的想法和个性。他们会不断改造学习环境以便于儿童的探索和学习。学习环境还包括了**其他教室**、**教学楼**里的公共区域、校园、社区甚至整个城市,要充分利用这些环境来为儿童的探索提供丰富的机会。

教师间的合作(Teacher Collaboration)

教师不但在互相之间而且还会与其他教职员工一同反思他们的观察与记录,然后共同商定如何给予儿童回应,并考虑各种可能的结果;他们还会合作举办一些活动，共同参与班级的管理。

呼应课程（*Emergent Curriculum*①）

呼应课程综合了前文所述的 9 条瑞吉欧幼儿教育原则。它是儿童在教师的逐步引导下对某个特定领域进行探索时，由儿童的兴趣、想法、发现以及新奇感所推动的一个拓展学习过程。这一学习过程的焦点与形式常常源于教师对儿童所关注的活动和使用的表征加以观察记录并从中获取提示，也源自于儿童自身的学习体验。尽管呼应课程可能是由教师所设定的许多目标（例如加强儿童的观察力或者言语技能）指导的，但是它并不是由一系列既定的活动或者预先设定的结果构成的，因为它是不断从儿童所表达出来的学习能量和动机中推断而来的。呼应课程之所以能够形成，在于它依靠教师的反思和推动，基于教师对儿童世界细致入微的了解，从儿童的角度出发，并将此与教师的兴趣和儿童的学习相联系。芝加哥公共协会使用**呼应课程**（emergent curriculum）这一术语来指代儿童**深度学习**（in‑depth studies）所发生的这一过程。在瑞吉欧·艾米利亚，与呼应课程同义的术语是持续的项目设计教学②（projettazione）（Rinaldi，1998，2006），与深度学习同义的术语是项目学习（progetto，即英文中的 project）。

---

① "呼应课程"这一教学实践和概念源于美国（Jones，1971；Nimmo & Jones，1992），指以与儿童经验相关的问题、兴趣为课程计划出发点的课程过程。它并不是一个具有预设内容或主题的"课程"，而是教师在对儿童在游戏和互动中所反映的经验、兴趣和想法的不断观察与分析判断的基础上做出教学计划和实施，继而又以观察、分析判断为基础做出下一步的计划和实施这样一个循环往复、螺旋式的，与儿童所反映出的经验、问题、兴趣和认知相呼应的教学过程。它的内容紧扣具体班级的儿童和教师的生活经验和问题，可以涉及任何认知领域，而非来自概念化的某年龄阶段儿童的发展特点。它的理论基础是进步主义教育和社会建构主义。与瑞吉欧的理论基础极为接近。美国的幼教工作者常用此概念来解读瑞吉欧的幼教实践。但两者的社会、文化来源是不同的。（译者注）

② Projettazione 来源于意大利语。Projettare（动词）指在工程技术中的设计、计划或预测。名词 Projettazione 用在教育的情境中指在具有弹性的教学计划，初始于对教学工作的假设（这包括教师的发展，和家长、社区的关系等因素），但在实际的开展过程中服从于修改和方向的改变。该概念在瑞吉欧教育中是针对预设教学（Programmazione）提出的。预设教学意味着那些事先预设好的课程、内容和过程。（译者注）

家长参与（*Parent Participation*）

家长参与强调的是教师与家长所建立的关系有助于儿童发展,而它的特征在于**对话**(*dialogue*)与**合作**(*collaboration*)。正如"儿童的形象"是师幼关系的推动力一样,树立有胜任力的、有趣的、有丰富思想的家长形象正是学校建立与家长关系的核心所在(参见第9章)。

"管道研究":芝加哥儿童对瑞吉欧幼儿教育原理加以应用的一个实例

我们请您一同来看看"管道研究"(Pipe Study),这个有关儿童进行深度研究的实例发生在1998年4月。在本书中会反复提到这个"管道研究"。在此处,它为我们提供了一个样例,展示了芝加哥公共协会对瑞吉欧原理的探索应用。在你阅读本研究的时候,请注意一下其中所展现的瑞吉欧原理。

在儿童的深度研习中,教师受邀从以下主题中作出选择,并与儿童共同进行深度研究:城市、朋友、家庭以及"大学校"(许多儿童在下一年即将进入的学前班所在的当地小学)。

"泰勒小屋"(Taylor House)(一个班级的名字——主编注)的班级团队(教师和助教)选择了"城市"这个主题。他们的决定是基于对儿童近期活动的观察得来的,因为儿童在过去的一段时间里一直在用积木搭建房屋来表征一些社区中在建的房屋。

在社区中漫步

对于这座城市的研究开始于在一个社区中的漫步,儿童们被要求尽可能多地注意他们的所见所闻。儿童对他们所见到的鸟类、屋顶、窗户、公车站牌、停车计时器以及麦当劳发表评论。教师记录下儿童的想法和所见所闻。在散步之后,教师会把这些笔记读给儿童听,以帮助儿童回顾、重新思考,并且拓展他们的见闻。

在每周例会的时候,两位教师以及另一个班级团队、工作室助理(studio

coordinator)、教育协调员(education coordinator)以及分园园长共同分析儿童的观察结果①。她们注意到儿童在漫步时的观察结果可以划分成两类：抬头可见的事物和低头可见的事物。教师们想要鼓励儿童在下一次社区漫步的时候观察得更细致，于是她们制订了一个计划，把儿童分成"向上看"小组和"往下看"小组。各小组内既有大龄儿童，也有低龄儿童，既有言语表达能力强的儿童，也有言语表达能力稍弱的儿童，这样儿童可以最大限度地激发彼此思考问题的能力。

"向上看"与"往下看"小组的散步。教师给了"向上看"小组的儿童望远镜以便他们可以看清上面有什么，而给"往下看"小组的儿童则是放大镜，这样他们就可以探索下面有什么。在散步的过程中，"向上看"小组注意到了以下事物，比如一个站在梯子上的人、窗户、天空、路灯杆、烟囱、小鸟；而"往下看"小组则发现了花朵、草地、消火栓、水瓶盖以及煤气管。在他们返回学校后，教师请儿童把他们在散步时所见到的事物画下来。

对儿童画作的反思。在研究"往下看"小组儿童的绘画作品时，教师注意到在几幅作品中都有平行线模式。教师与儿童一同回顾这些图画，并记录下儿童的语言，教师认为这些图画表征的是各种吸引儿童注意的管道。比如，乔纳森说：

> 你会在地下发现煤气管道。它们看起来一圈一圈的。它们在地底下……煤气管道的两边长满了草。这是泥土，那边有另一根煤气管道，这根管道伸进墙壁里面去。

教师帮助乔纳森把他的想法写在他的画作上(参见图1-1)。随后教师让乔纳森画另一幅画，关于"这些管道是如何运作的"。乔纳森一边说，教师一边记录下来。

---

① 教育协调员的角色主要对应于瑞吉欧市立学校的教学协调员(Pedagogista)。教学协调员直接协助学校的教师开展工作，帮助解决教师的问题并为教师的教学过程提供建议(Edwards, et al., 1998)。艺术教师(Atelierista)，是一位具备视觉艺术背景的教师，为儿童和老师的学习过程与视觉沟通提供支持(Gandini, Hill, Cadwell, & Schwall, 2005)。在瑞吉欧·艾米利亚的幼儿园里，每个园区都有一位驻校艺术教师。而在"芝加哥公共协会"的项目里，一至两位艺术教师共同负责7个园区，主要面向教师开展工作。

这是房子,那里有管道和排水管,如果有真的油污从那里出来的时候,你就打电话叫救护车、消防队和警察。你打911就好了。油污是从地底下的管道里冒出来的,这儿就是地下的煤气管道。

在他说的时候,教师把他的想法都写在了他的画上(参见图1-2)。

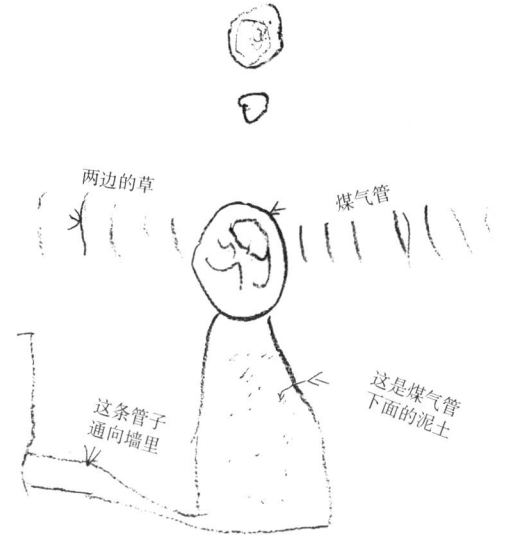

图1-1 乔纳森注意到了外边的煤气管道。他在草地区域画了3个煤气管道的盖子,然后画了其中一根煤气管道如何延伸到地下以及大楼的墙内

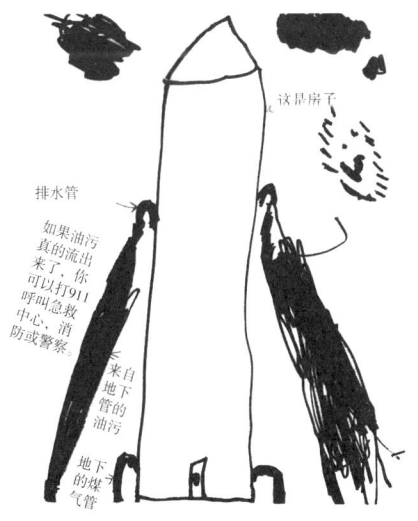

图1-2 乔纳森的第2幅画表现了煤气和油污是如何在两种管道中移动的,从地下到房子里。他还注意到排水管是排出油污的,他认为这是危险的

教学楼里的管道散步

在下一周例会的时候,基于乔纳森对"管道"主题的记录以及其他儿童的画作和评论,教师决定继续关注对管道的总体探究。

作为"管道研究"的第一步,先让对其感兴趣的儿童绕着教学楼逛了一圈,以让儿童有机会看到各类不同的管道。

大卫:它在这里绕圈然后从这里伸进去。

尼克:就是它了。它看起来像是一根水管,这根管子伸到这个洞里,一直伸进里面去。

萨尔瓦多:它进到这个洞里去。我看到那里面有什么东西,它拐了个弯,又拐了个弯,然后它就一直留在墙里面。你看,它伸进墙里去了。

这个小组走进了浴室。教师向儿童提问,询问他们刚才见到了什么样的管道,这些管道从哪里来,又通向哪里。

尼克(指着水池下的管子):这些是装水的。当我们打开这个(排水口),水顺着这些管道流下去进到墙里面。然后进到这个管道里进到地底下。

萨尔瓦多:你看,正像我(在教室里)给你看的。你看这根管道,它在地底下,穿过学校通到下水道。(注意萨尔瓦多正把他过去的探索经历和现在的观察联系起来)

讨论的话题逐渐转移到了坐便器上。

老师:当你冲水的时候,水都流向哪里呢?

杰西卡:冲水的话,水会流到地板里面去。

萨尔瓦多:水流到这里,马桶的这个部分。你看到这个小洞,这就是它冲水的地方。

老师:那然后水流到哪里去呢?

萨尔瓦多:我们来冲一下水吧,这样你就能看到水去哪儿了。

尼克(当他们观察正在冲水的马桶的时候):它看起来像龙卷风呢。

萨尔瓦多:水流进墙壁里面,然后就开始往下流了。

最后,这个探索旅程转移到了锅炉房。

乔纳森：这些是更大的管子，它们是热的。

萨尔瓦多：热空气。

乔纳森：还有水从那儿下来……然后它让什么东西变热了。我不知道这是哪种管道，(但是它)会把水排到下水道。

老师：那里的那根管道是什么？

萨尔瓦多：工人们把它造出来的。老师，看，那边上面，它和另外一个管道连起来了。它一路连到那个上面。看，它穿过了墙壁。它伸到了地底下。

管道区域：进一步探究管道和流动

在下一周教师例会的时候，教师研究了儿童在教学楼管道散步时所记录的对话。基于儿童所表现的高昂的热情，教师决定给整个班级一个机会让他们更直接地探索管道。教师收集了各种管道，长的、短的、铜的、塑料的、可折叠的、不可折叠的，并且在教室里设置了一块管道探索的区域。儿童把玩这些管道，在地上组装管道，还在管道里注水（参见图1-3）。

图1-3　儿童在探索热水如何流过不同类型的管道时互相合作并进行实验

在记录管道区域的活动时，教师注意到杰米手握着一根管子举过头顶，仿佛正在洗澡（参见图1-4）。教师询问杰米并证实了她们的猜想（参见图1-5）。她们带到下一周例会的记录包括了杰米的照片以及其他模仿了洗澡的孩子的照片。这引导小组提出下一阶段探索的主题。

淋浴设备研究

5个孩子参与了对淋浴设备的探索。每个孩子要画3幅连贯的画来回答一个问题:"淋浴设备是怎样工作的?"在第一轮画作完成之后,教师分别与每个孩子回顾了他们的画作,孩子们向老师解释了他们的图画。有时候在和教师讨论画作的时候,孩子会把他们突然想到的内容补充到原来的图画中去。教师会把每个孩子的解读写到画纸上,为的是让孩子能反思他们的想法,并且在以后的日子里有机会回顾和思考他们这些想法。图1-6是乔纳森的3幅画。

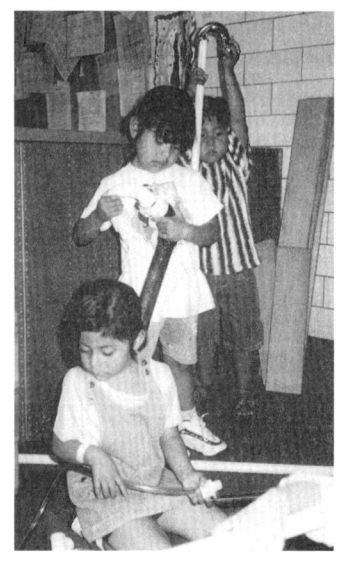

图1-4 在教室里新布置的管道区域,儿童尝试把管道以不同方式连接起来

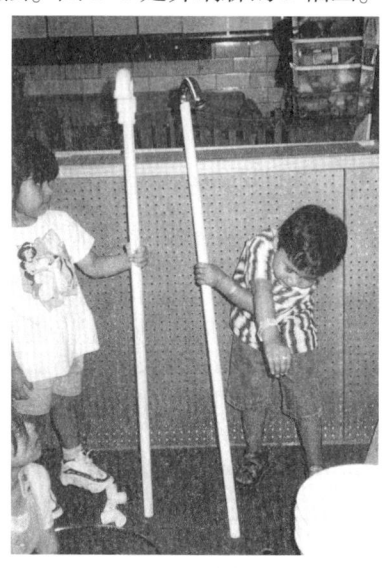

图1-5 两个孩子通过探索,搭建了淋浴设备,杰米用动作演示了水的流动

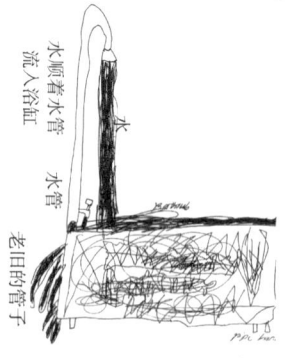

这是乔纳森的第一幅图。

这是乔纳森在回顾了第一幅图之后所画的第二幅图。

这是乔纳森在回顾第二幅图之后所画的第三幅图。

图1-6 乔纳森的连贯的淋浴设备图(文字是教师记录的)

下面是乔纳森和教师关于第三幅图的对话。圆括号里的注解是乔纳森在回答教师提问时在图画上增加的内容。

乔纳森：这是淋浴设备。水从下面上来然后出来。水从这里来（水龙头）。水往下流到浴缸里。

老师：水怎么排出去呢？

乔纳森：（在浴缸里画了个下水口）

老师：那然后水流向哪里呢？

乔纳森：（从下水口往外画了根线连到浴缸支脚）

老师：那再然后水往哪里流呢？

乔纳森：从这里出去。（从浴缸底部画了根线一直连到一个杯子）水流到这个杯子里。然后他们会把水装到瓶子里卖给别人。

下列问题是我们联系瑞吉欧原则对"管道研究"反思的一种方式，或者说对任何其他的深度研究亦是如此。

- 在教师的行动和与儿童的关系中体现出教师对"儿童的形象"持有怎样的内在看法？比如，在你看来，以上对话中教师是如何看待乔纳森的能力的？
- 教师的倾听、观察、反思以及回应是如何塑造儿童的学习过程的？
- 教师们收集了哪几类记录，他们又是如何使用这些记录的？
- 在你所见到的，儿童之间、师幼之间有哪些合作认识事物的实例？
- 他们形成了对事物的哪几类认识？不同观点是如何融入这些认识的？
- 儿童运用何种方式来表征和交流他们的想法？同样的想法是如何通过多种方式来传递的？
- 儿童回顾他们的表征的好处是什么？
- 教师们是如何利用环境的不同方面来激发和促进儿童的学习的？
- 在这一系列活动中，教师之间的合作起到了什么作用？
- 这些活动实现了哪些幼儿阶段学习的标准？

"管道研究"中所体现的瑞吉欧原则

在"管道研究"中,我们可以看到诸如**倾听/观察—反思—回应**、**记录**、**教师合作**以及**儿童的形象**之类的瑞吉欧原则频繁地交互作用。例如,教师们收集了儿童在社区散步后的画作(倾听、记录),并在每周例会时一同回顾这些作品(合作、反思)。教师因而具体询问了儿童在画作中所画的神秘的平行线的意义(回应、倾听),他们把儿童对画中管道的解释记录下来,并建议乔纳森接着再画出"管道是如何运作的"(回应、倾听、记录)。随后教师把这些记录带到了下一次例会上,此后大家决定把关注点放到对"管道"的探究(合作、反思)上。他们计划给这一群充满兴趣的儿童一个机会,在教学楼里进行一次有关管道的散步(回应)。教师用录音记录下管道散步时儿童的对话(记录),然后把录音转化成文字并带到她们下一周例会上去(合作、反思)。每一次,教师都通过他们的言语和行动传递给儿童这样的信念,那就是在他们眼中儿童对这个世界有着浓厚的兴趣,有能力、思想丰富、乐于交流(儿童的形象)。

在本研究中,**通过合作来构建认识**体现在五种不同的方式中。

1. 教师和儿童通过合作来认识他们的兴趣所在(比如,教师回到儿童中和他们一同讨论图画中平行线的意义)。

2. 教师和儿童一起通过合作来认识研究的对象(比如,教师与乔纳森之间关于他第三幅图的互动)。在这一来一往的对话中,教师通过提问,不断向儿童提供新的视角(比如,"水怎么排出去呢?")。

3. 教师促进儿童的合作过程,并亲身参与其中(比如,在管道散步时的对话)。

4. 儿童通过合作来认识他们自己(比如,儿童在管道区域的共同探索,参见图 1-3,1-4 和 1-5)。

5. 在每周例会时,教师通过合作来理解儿童的表征,并设想应该如何为下一步研究搭建台阶。

注意在以上有关合作的例子中,有 3 个关注的是回顾儿童所表达的内容,而通过合作来认识事物的过程是通过对话来实现的。

对话指的是两个或以上的个体向彼此表达个人对某事物的看法,在表达他或她自己的想法时,每一方都聆听、思考并就对方的观点作出回应;双方通过他们的互动,联结彼此的想法并加以发展,以期对所关注的事物形成新的认识。

对话涉及对多种观点的采纳。这是由人类所处情境的本质决定的,因为一千个人眼中就有一千个哈姆雷特(Bakhtin,1986,1990;Holquist,1990)。对话的力量在于它促进了多种观点的表达,并促使参与者通过合作来认识事物,因而,相比于让任何一位参与者独自思考可能形成的认识,经由对话所形成的认识更加丰富和一致。之所以如此,是因为参与者会分享不同的观点,并通过思考他们所提出的不同观点间的关联来产生新的想法。

儿童在教学楼的不同场地探索管道时候的各种对话为我们提供了一个实例,即各种不同观点如何帮助儿童更加全面地了解研究对象。如果你重温他们的对话(发生在管道散步时),你会发现不止一个例子符合下列观点。

- 路径("它在这里绕圈然后从这里伸进去。")
- 穿透程度("这根管子伸到这个洞里,一直伸进里面去。")
- 管道里流动的物质("它看起来像一根水管。")
- 移除妨碍流动的阻塞物("当我们打开这个排水口,水顺着这些管道流下去进到墙里面。")
- 连接到更大的载体("它在地底下,穿过学校通到下水道。")
- 轮廓("它看起来像龙卷风呢。")
- 尺寸("这些是更大的管子。")
- 温度("它们是热的。")

请注意在实际的对话(管道漫步的章节)中,儿童是如何在彼此的观点上建立新的观点,何时对彼此的观点加以整合,从而更为全面地理解了楼房中的管道。

从以上案例中可看出,儿童所分享的各种观点很容易被整合起来从而拓宽认识的范围,从这个意义上来说他们的观点是互补的。然而有时候,儿童的某个观点会与别人已经表达的某个观点相冲突。因此,瑞吉欧幼儿教育理念包括了让儿童面对多种矛盾观点的挑战。矛盾的观点可能来自于两个儿童,正如我们在梯子案例中所见到的(参见本章早先介绍的"多重角度"),或者来自于儿童的观点和教师所引进的一个观点(参见第3章,"去市中心"以及"宝宝可以做些什么?")。在指出这些矛盾之处时,教师所扮演的是被称为 provocatore 的角色。这个词直接译为英文单词是挑衅者"provoker"。由于挑衅(provoke)这个词在英语中常见的意义是有关于愤怒、激惹,或者恼怒的(具有负面意义的词——主编注),"芝加哥公共协会"的员工们决定选择将这类教师的挑衅(provocation)称为一种质疑(或挑战,具有正面意义——主编注),"challenge"在项目中所使用的有关**质疑**(challenge)更广泛的意义是指促进某人就问题进行更为深入的思考。来自于教师的质疑为教师和儿童,以及儿童之间的对话提供了一个重要刺激源(参见第3章)。

"管道研究"是一个明显的以呼应课程为依据的深度研究的样例。在这个研究中,我们看到的是一个涉及倾听/观察—反思—回应的循环往复的过程。事实上,这个呼应课程是一个不间断的对话过程。儿童和教师长期持续地倾听、观察、解释与回应彼此的行动和意义。

显而易见,深度研究这一方式是运用瑞吉欧原则的一个实例。同时,瑞吉欧原则在学校生活中的每时每刻都适用。比方说,它们会在教师同正在进行自主游戏的儿童的对话中体现出来(参见第3章,"怎样骑自行车?""去市中心"以及"甲虫战士")。它们适用于用餐时间,过渡时间,甚至其他任何在校时间。我们在第2章、第3章以及第7章中会看到此类应用的实例,在第6章中我们还会进一步讨论这个主题。

学习环境有助于促进我们以上所描述过的其他过程。例如,一个精心安排的教室环境会激发儿童的兴趣并且促进小组合作,使得教师能腾出时间分别和各个小组一同工作并收集记录。一个精心安排的环境是通过展示儿童的作品来传达和提升儿童的形象的,而这又会使得我们前文所提到的回顾过程得以实现。关于学习环境的重要性以及构建这一环境背后的原理,我们会在第6章中加以讨论。

对话对于人类发展的重要性

对话是儿童之间、师幼之间、教职员工之间(参见第 10、11 和 12 章)以及教职员工和家长之间(参见第 9 章)交流过程中的一大特色。相应地,它渗透并影响到了瑞吉欧教育方法的方方面面,同时还给整个学校及其教育带来了文化上的统一性。这对于儿童和成人的发展均具有重要的影响。我们认为人类发展在很大程度上可以被理解为是一种不断发展的参与对话的能力,具体来说就是:

- 意识到并且能够将自己的看法作为观点表达出来,既包括感觉,也包括看法。
- 觉察到每个人的想法观点各不相同。
- 对他人的观点保持开放的态度,愿意仔细聆听,既包括他人的想法,也包括他人的情绪体验。
- 意识到任何人的观点,包括自己的,总是有局限性的。
- 能够将自己与他人的观点并置并商讨,一方面能够挑战、拓宽并加深某人自身的观点,而另一方面,有助于形成更为深刻的理解。

通过对话而实现的另一个人类发展的方面,那就是个体发现事物之间的联系,并在他或她的脑中形成对现实世界更全面的认知模型的能力。这种能力对每个人都至关重要,因为它关乎于个体如何适应与对待他人,以及如何适应与对待社会的集体决策,这些决策涉及社会与其个体成员的关系,与其他社会的关系,以及与自然环境的关系。

具有挑战性的问题

无论是过去还是现在,在我们的教育过程中所谈到的许多关键问题对于本书而言起到了组织架构的作用。这些问题包括:

- 如何才能进入到儿童的世界,并去理解儿童的深层兴趣呢?这有可能实现么?我们该如何来做呢?
- 当我们确定了儿童的兴趣之后,该如何协助儿童基于自己的兴趣进一步发展呢？
- 教师如何才能提高并帮助儿童发展他们的对话与认识事物的能力呢？
- 如何才能把儿童自己的学习计划和教师的教学计划有效地结合起来呢？
- 我们对于家长参与所期待的目标是什么？我们为什么要实现这些目标呢？我们怎样才能有效地鼓励家长参与以实现这些目标呢？
- 如何从整体上引导和支持教职员工的专业发展呢？
- 如何从整体上建构和组织幼儿园并为幼儿园注入活力呢？
- 所有的这一切是否能在城市中的贫困群体和政府资助的幼儿园机构中实现呢？

本书的结构

接下来的7章内容集中于教学过程。第2—6章分别讨论了本章所介绍的瑞吉欧原则。

第2章(倾听/观察、反思以及回应)探讨了教师如何倾听儿童所表达的兴趣、感觉和想法，并作出回应的过程。它记录了在一名儿童对当地一所小学的研究中，两位教师如何逐步学会去倾听儿童并作出回应。随后这一章对儿童的"兴趣"意味着什么展开了讨论，并邀请读者来思考一段师幼之间的对话，这段对话表现了教师各种不同程度的倾听与听而不闻。

第3章(与儿童通过合作来认识事物)阐述了3个问题：师幼互动如何促进儿童的思考？教师之间的哪些行为过程有助于他们促进儿童的思考？教师如何促进他们与儿童小组之间以及这些小组内部的深入的对话？对这些问题的讨论由6段师生间的对话而展开。

第4章(儿童的表征)介绍了儿童如何通过创建各种表征方式来建构和传递他们在探索世界过程中所形成的认识。这其中包括了诸如画画、三维建构以及语言表达等形式。这一章还阐述了儿童是如何获得他们在创建表达方式的过程中所使用的那些素材的知识和技能的。

第5章(呼应课程)描述了儿童花数周或数月来进行深度研究的过程。

这一章使用呼应课程循环这一概念来展示教师如何推动深度研究的发展。在呼应课程形成的过程中，这一循环会反复几次或多次，它由倾听/观察、记录、解释、预测决定、计划、假设、辅助，然后又是倾听/观察等等组成。

第6章(学习环境)讨论了如何建构或利用课堂、学校建筑、学校场地、社区以及城市的环境来激发儿童的兴趣，并支持儿童积极参与彼此之间，与教师之间，以及与环境之间基于兴趣的学习过程。

接下来的两章(第7章和第8章)阐释了在探讨在美国环境中应用瑞吉欧方法时常常会出现的两个问题。

第7章(班级管理)讨论了教师日常教学中如何以瑞吉欧方法为指导来引导和协调活动。具体来说，这一章讲述了关于实施和整合的五类教师行为：随时准备好倾听、观察，并给予儿童回应；辅助儿童的学习；记录儿童的学习；对儿童的低落情绪作出反应；从整体上协调好活动以及每日常规，使得各项工作得以顺利开展。这一章还讨论了班级内的教师合作过程以及一个探索使用瑞吉欧方法的班级如何创造性地应对联邦、州以及当地政府的要求。

第8章(入学准备)提出的问题是芝加哥公共协会所实行的瑞吉欧方法如何能促进儿童的发展，为儿童上学前班和以后的学习做好准备。这一章讲述了儿童需要自我调节，集中注意的学习能力方面的问题；表达、思考、阅读、书写以及数学和社会情感方面的技能发展。

第9—11章关注的是在促进教学过程的三种背景下应用瑞吉欧·艾米利亚原则：与家长的关系，教师的专业发展与支持以及芝加哥公共协会机构的整体组织。

第9章(与家长合作)所探讨的是一个探索应用瑞吉欧方法的学前项目如何能够促进与家长的关系，从而验证并支持瑞吉欧原则。这一章讨论了可以实现与家长的对话和合作这一理念的六种背景：家访，由教职员工和家长共同参与的每月例会，接送孩子的时间，档案分享之夜，家长参与儿童的深度研究，以及家长与教师合作参与教室活动和校外考察。

第10章(教师的发展与支持)仔细介绍了有哪些结构和流程帮助芝加哥公共协会的教师们在他们的教与学的过程中实践瑞吉欧原则。本章介绍了11种与教师职业发展有关的活动:每周例会,持续发生的教与学体验,收集并使用记录,班级合作,教师研究研讨,每月例会,从业经验,观摩学习,专业会议,瑞吉欧·艾米利亚教育家的来访,以及对瑞吉欧·艾米利亚进行访问。

第11章(机构的组织架构)聚焦于五个问题:谁来负责引导、支持、激励给予教师们指导和支持的协管员和分园园长?机构主管的角色是什么?机构的行政结构是怎样的?教师、协管员、分园园长以及其他人员如何被整合为一个学习团体?儿童和家长如何参与这个学习团体?

第12章(经验总结)介绍了在芝加哥公共协会的背景下探索瑞吉欧方法所取得的认识。这些认识可以分成三大类:瑞吉欧方法的精神,在芝加哥探索瑞吉欧方法的现实状况,以及促进/支持教师的思考和行动。本章的末尾对打算要向教师们引进瑞吉欧理念的教育领导者提出了一些建议。最后,本章提出的问题是:"为什么要向瑞吉欧·艾米利亚学习?"

在第9—12章中,我们考察了"平行过程"这一概念。具体来说这是一种观点,即将瑞吉欧原则融入成年人的学习和合作过程之中将同时有助于将这些原则运用于成人同儿童的关系之中。

附录记载了这个机构(芝加哥公共协会)在过去12年间每一年内所取得的进展。将事件置于其历史背景中的方式使得读者们有机会更清楚地了解本书所描述的诸多事件,它也能让读者推断出这个探索瑞吉欧理念的项目在不同时期的发展状况。

第 2 章
倾听、观察、反思和回应

> 当儿童感觉到他们不被聆听的时候,他们就什么也不想说了。
> ——萨基尔·史帕格里,园长,瑞吉欧·艾米利亚市立幼儿园,
> 摘自于她1994年在瑞吉欧·艾米利亚的某个演讲

当教师倾听一个儿童的时候,她会密切地关注儿童所说内容的意义,并观察儿童想要表达什么或者想要做些什么;她以一种完全认同和赞许的方式,将儿童的动机、兴趣、感受、体验、想法、能力以及所取得的成绩反馈给他们;她会和儿童一起深入探讨他们所要表达的意义,并且她能清楚地意识到自己的观点同儿童的想法之间的差别;她是儿童积极的伙伴,会常常就她所观察到的儿童的言语、行动和发明创造向儿童提出建议或是问题,并在此基础上加以扩展。借助这一过程,教师会尽量对自己为何以某种特定方式来回应儿童有一个清醒的认识,即使他们的回应只是一种本能反应也是如此。

在由教师所建立的这样一种倾听的关系中,儿童会认为他们是被聆听的,而且教师的回应会反映这种倾听。儿童体验到他们所表达的兴趣、动

机、情绪、想法与能力都受到了教师的重视并为教师所接纳，而且这些同时也正是教师对他们作出回应的缘由。因此，儿童体验到在教师的心目中自己是真实存在的，是健全的、有价值的和值得珍爱的。

倾听、观察、反思和回应是一个连贯过程的不同方面，换言之，教师根据她所听到和观察到的来对儿童做出回应，儿童则对教师的回应做出应答，教师因而有机会去进一步倾听和观察儿童。最重要的是，这是一个交流的过程。儿童并不总是通过言语来表达他们的意思，他们可能通过行动、手势或者面部表情这类非语言的方式来表达。尽管如此，这仍然是一个交流过程。

如果以上过程以深度研究的方式延续数日或者数周时间的话，教师对儿童的回应往往是受到与其他员工的对话，或者是每周例会（参见第1章，"呼应课程"与"管道研究"）的启发而做出的。当一个教师意识到自己错失了某个回应儿童的机会时，她总是可以在第二天或者下一周重新向这个儿童提出一个后续问题。这更让儿童确信自己是被聆听和认真对待的。

学习去倾听、观察、反思和回应

教师职业发展过程的第一步在于学习倾听、观察儿童们如何去表达他们的能力和兴趣（参见第10章）。教师职业发展过程有两个重要方面：其一是发展作为倾听者、观察者、解读者的技能，举例来说，学着去解读儿童在行动中或者在画作中所表达出来的他们深藏的兴趣；其二则是教师对"教学计划"这个问题要有深入的认识。

教师为儿童设计的教学计划源于他们自身在学校和家庭中所获得的体验，源于他们接受的教育和培训，以及诸如"开端计划"，州政府补贴的幼儿机构，以及州立幼儿园所提的要求。教师倾向于将这些教学要求视为计划的"当然之选"。教学计划问题的症结在于，如果教师过于关注自己的教学计划，就会严重妨碍他们倾听并回应儿童的"学习计划"（也就是儿童的兴趣和学习动机）。当教师的教学计划阻碍他们倾听儿童的时候，我们鼓励教师将自己的教学计划搁置一边。然而，这并不意味着教师不应该有教学计划。凯伦·黑格（"芝加哥公共协会"的主管）在给教职员工们的以下声明中对此做出了重要的区分：

> 教师有自己的教学计划本身并无可指摘。问题只是在于教师要理解，教学计划不一定是儿童想要的。而教师如果想当然地认为自己的安排就是儿童想要的，那会导致儿童兴味索然。**教师如果只按照自己的教学计划行事，儿童可能会无心于学习**。这样的学习与儿童以及他的生活严重脱节。我们想要鼓励儿童在学习方面投入更多精力，但如果只有教师对学习的内容感兴趣而儿童不感兴趣，那极有可能会摧毁儿童的学习动机。我想说的是，这个问题知易行难。

"窗户研究"和教学计划的问题

以下介绍的"窗户研究"为我们提供了一个样例，向我们展示了参与瑞吉欧探索项目的教师是如何逐渐学会倾听儿童表达自己的兴趣。这个故事向我们展示了早期阶段教师如何不断地在他们自己的教学计划和儿童之间权衡考量，并加以区分。

第一阶段：大学校

在1998年4月初，ETC中心的两位搭班老师选择和孩子们一起进行了一项"大学校"研究，这是对许多即将上小学学前班的孩子下一年将要去的一所当地学校开展的研究（参见附录，第7年）。这两位老师制作了一份表单，罗列了她们希望孩子们去了解的与幼儿园有关的所有内容。这种做法源于她们早先在参与瑞吉欧项目之前所接受的培训，此外，她们还深受传统的"开端项目"方法的影响，这一项目的目的是帮助儿童向小学学前班（5岁）过渡。

她们将儿童分大组和小组对这个"大学校"话题进行讨论，根据她们最初罗列的想要孩子们学习的内容进行提问。

整个班级参观了"大学校"的外部环境，还画了图画。第二天早上，老师们让儿童画下他们所认为的即将参观的大学校的内部环境。老师们要求孩子们思考一下他们在参观学前班教室的时候想要问的问题。

这个班级到"大学校"的内部进行了参观，包括一些学前班教室。其中一位老师报告说："当我们进去的时候，孩子们对于所见到的学校的样子激动万分，在看到那些窗户和楼梯的时候尤其兴奋，但是我们(老师)却只关注于我们想要问的关于学前班的问题。"

从"大学校"回来之后，老师们与整个班级就这次参观进行了一次谈话。她们向孩子提出了两个问题："你们喜欢'大学校'的哪些地方？你们不喜欢'大学校'的哪些地方呢？"

在讨论之后，孩子们分小组进到画室，根据他们参观的印象把学校的样子画出来。当他们在作画的时候，他们的小组对话被录音记录下来。

> 从以下的对话中，你能发现孩子们的哪些共同的兴趣或想法？

洛伦佐：我想要画一所"大学校"。

赛琳娜：老师，看我画的，一扇窗户。

伊萨克：看，老师。这是一张纸。老师，我还要一张纸。

洛伦佐：我画好了。我可以回教室了吗？

伊萨克：窗户，窗户，窗户。老师，我正在画一所学校。

伊萨克：我看到许多钟、椅子，还有小柜子。

赛琳娜：老师，再给我一张纸。

伊萨克：我画了一所学校，一扇窗户，还有一扇门。我不想要再画什么了。

那天晚些时候，老师想让孩子们进一步就"大学校"展开讨论，而孩子们对这个话题却毫无兴致："我不想要说这个""我很忙""我们还要再讨论这个吗？"

老师们感到有些沮丧，她们把孩子们的图画和对话的录音文稿带到了每周例会上。她们为孩子们准备了那么多重要的学习内容，而孩子们基本上都不感兴趣。参加每周例会的有这两位教师、一位艺术教师、一位教学协调员、另一个班级的两位教师以及分园园长。例会团队决定一同看看孩子们的画作以及相关的对话记录,看看她们是否能从中分辨出孩子们的兴趣模式并加以发展。这是一个重要的转折点。无论是在孩子们的画中还是评论里,她们都注意到窗户和楼梯频繁地出现。于是她们决定在接下来要与孩子们重点探索这些主题。

第二阶段:窗户焦点

随后的一天,老师对孩子们说:"我们从'大学校'回来的时候,注意到你们都在画窗户和楼梯,并且还谈论它们。"孩子们这时的热情反应证实了她们的猜想。

两位老师在这之后的第二天下班以后又去了大学校,并制作了许多学校和社区的窗户与楼梯的幻灯片。

几天之后,她们向孩子们展示了这些窗户的幻灯片,并且把这些窗户和教室里的窗户进行了比较。孩子们对让他们分小组画出他们喜爱的窗户这一提议兴致盎然。最终,学习的发展顺序转向了孩子们的"学习计划"。

老师随后对孩子们提出了一些关于窗户的问题。

> 以下对话对于教师下一步行动有哪些提示?

老师:为什么窗户很重要?

珍妮特:如果没有窗户的话,你不能呼吸,你会死掉的。

卢西奥:透过窗户可以看到街上,可以看到植物、草地,还有瓷器。

吉纳:它们可以移上移下。

老师:窗户的用处是什么?

艾利克斯:用来看的。

杰奎琳:是你可以看到外面的方法。

阿莉莎:用来看人的。

露丝:用来看汽车的。

罗伯特：所以孩子们可以看见。

安吉尔：因为我妈妈打开了窗户。

卡门：我爸爸打开了窗户然后我得到了一面旗子。

阿丽莎：你可以打开窗户然后得到空气。你可以看到飞机、汽车、花朵，还有房子，还有人和商店。

老师把以上对话的记录带到了每周例会上。在研究这段对话的过程中，她们注意到许多孩子对于透过窗户可以看到什么很感兴趣。于是，她们决定不仅要让孩子们画出她们喜爱的窗户，还提议让孩子们把他们透过窗户所看到的东西也画下来。

第三阶段：画窗户

孩子们在学前班楼里的几个不同地方对窗户进行了研究。第二天他们凭借记忆画下前一天透过窗户所看到的东西。在画图的时候，孩子们互相讨论，向对方展示自己的画作，并分享自己的感受。老师把这些对话用录音记录下来。在互相交流的时候，孩子们分享他们画了些什么，并且互相提问。图2-1是阿丽莎的画（参见图2-1）。

图2-1　儿童画下他们透过窗户所看到的事物。他们很喜欢小组工作的方式。阿丽莎（5岁）的画表现出她对于楼梯和窗户的兴趣——一些孩子们在参观大学校之后最先表现出这种兴趣

几天后，老师选了几个年龄稍大的孩子进行了一次"窗户狩猎"。她们给了孩子们一些剪贴板、画纸和记号笔，并把他们安置在学前班楼内的窗户前面。孩子们的对话被录音记录下来，老师们还拍下了孩子们图画的照片。第4章(参见图4-6)里吉纳的多角度图画是一个有趣的例子。

对于"窗户研究"的一些思考

儿童在谈论"大学校"时候的意兴阑珊提醒了教师，她们选错了方向。在那之前，想要让儿童关注学前班教室活动的教学计划一直主导着她们。尽管教师们达到了她们向儿童介绍学前班的目的，但她们并没有顺利实现想要和儿童一起研究"大学校"的目标，直到她们仔细了解了儿童真正的兴趣之后才达成这一目标。

当教师让儿童们画出他们的经历时，他们的兴趣显现了出来。教师密切关注了儿童的画作，并且还记录了儿童画画时的对话。通过倾听和观察，教师才真正开始了和儿童之间的对话。

在第二阶段，教师向儿童确认自己是否正确理解了他们的兴趣，并制作窗户和楼梯的幻灯片，给儿童播放幻灯片，以及邀请儿童画出他们喜爱的窗户。通过这些方式，教师做出了回应。倾听和回应的过程延续到了随后的对话中。卢西奥说："透过窗户可以看到街上，可以看到植物、草地，还有瓷器。"片刻之后，教师借着卢西奥的观点继续提问："窗户的用处是什么？"接下来的对话围绕着这个问题展开，并就儿童对窗户的兴趣做出了进一步的解读，即他们对能够透过窗户看见什么感兴趣。在第三阶段，教师提议儿童在画下窗户的同时也把他们通过窗户所见到的事物画下来。这一挑战为儿童们所喜爱，而且对他们来说这既让人愉快又可轻松胜任。

每周例会团队的观察与反思起到了很重要的作用，她们帮助两位教师更好地思考儿童的兴趣，同时提升了她们的敏感度。通过这样的过程，团队的所有参与者都提升了她们理解儿童兴趣的能力以及基于这些兴趣来安排活动的能力。这恰恰证明了对儿童的言语和行动加以记录，并且与同事合作对这些记录进行回顾的重要性。

在这次经历的几个月之后，教师们作了几次公开演讲，讲述了"窗户研究"以及她们从中所学到的经验教训。对这一经历的不断回顾和反思提高了她们和同事们的学习成效(参见第10章,记录)。

此类工作,连同1998年春天在其他教育中心由教师引导儿童参与的深度研究工作成为了"芝加哥公共协会"在瑞吉欧探索上取得进展的重要转折点。

儿童的兴趣

兴趣是以某些特定方式来深入探索世界的某些方面的持久性动机。以下是儿童兴趣的一些方面,当教师想要解读和回应儿童兴趣的时候,可以借鉴参考。

表面兴趣与深层兴趣的差异

当我们谈论儿童的兴趣时,有时我们仅仅是在谈论兴趣的表面表现。我们可能会说,某个儿童对卡车、汽车、宝宝、家庭、过家家游戏、恐龙以及诸如此类的事物感兴趣。但是我们尚未找出那些事物有哪些特质吸引了儿童,我们没有弄明白儿童想以什么方式将自己与这些事物关联起来。我们对赋予表面兴趣外在形式的深层兴趣的认识,也有待深入。

更多的观察和反思往往可以帮助我们发掘深层兴趣的模式。比方说,对儿童关于管道对话进行回顾让我们知道儿童对于管道的深层兴趣在于管道的走向。

乔纳森:这根管道伸进墙里去。

大卫:它在这里绕圈然后从这里伸进去。

尼克:这根管子伸到这个洞里,一直伸进里面去。

萨尔瓦多:它进到这个洞里去。我看到那里面有什么东西。它转啊,转啊,然后它就待在墙里面。你看,它进到墙里去了。

同时,孩子们好像还对管道伸进什么东西里(比如,墙),管道以某些特定方式延展开去,以及管道如何从视野中消失("它拐了个弯,又拐了个弯,然后它就一直留在墙里面")感兴趣。

此外,孩子们对于管道内流动的物体也很感兴趣。

乔纳森：你在地下找到了煤气管道。

乔纳森：排污管，那种会排出很脏的油污的管子。

尼可：它看起来像是一根水管。

尼可：这些是水管。当我们打开[下水口]的时候，水从管道流下去，流进墙里。水流进了管道，流到了地底下。

随后，这些孩子们在教室里的探索活动中开始专注于研究水是如何在老师提供给他们的那些管道中流动的，并最终对水如何从淋浴头流出，落到浴缸中然后又往下流产生了探索的兴趣。

这些观察让我们做出了一个涉及儿童对管道的兴趣的猜想，那就是他们的深层兴趣在于流动（即沿着某一路径的运动）以及流动路径的变化。他们似乎还对流动的目的性感兴趣，好像流动其实是某种人为的结果。正如约翰逊（Johnson，1987）所指出的那样，这可能源于儿童自婴儿期开始就有的一种基本体验。

设想一下"要到达某个地点"这一常见的目标。自从我们第一次学会爬行之后，我们通常会想要抵达某个目的地……没有比物理运动更为有效的方法能满足我们想要去某个特定地点这一目的的了。在这类情况下，我们都有一个目的……往往是通过移动我们的身体从起始点 A 经由一系列中间的空间位置，抵达终点，从而实现这一目的。（p.115）

一种深层的兴趣可能会从儿童多种不同的表面兴趣中显现出来。儿童对于沿着某个路径所发生的运动的兴趣或许会通过儿童对赛车沿着轨道移动，沙鼠在迷宫中的跑动轨迹，以及沿着某一路径爬过山坡或岩石的蚂蚁感兴趣而表现出来。

最后，我们也许可以做出以下论断，那就是儿童对于管道，管道内流动的物体，以及墙内管道走向的兴趣，向我们揭示了一个隐藏于表面兴趣之下的更为广泛的深层兴趣，即对于视线之外但却流动着的物体的兴趣。

个别儿童的兴趣与儿童共有的兴趣的差异

有些兴趣（表面和/或者更深层的）是一个或者几个儿童有的，而另一些兴趣则是班级中许多儿童所共有的。在另一个儿童中心的"大学校"研究中就出现了后一种情况的实例。当儿童关于"大学校"的讨论向前推进的时候，教师发现儿童并未像她们所想的那样，对于学前班课程的具体细节表现出浓厚的兴趣。相反地，儿童更关心的是来年要升入学前班时他们将要和幼儿园的朋友们分离的问题。按照计划将在秋季离园的年龄大些的儿童在意的是他们要和一些升入其他学校的朋友们分离，也在意离开那些年幼的儿童，其中有些是他们的弟弟和妹妹。他们还对那些即将与他们进入同一所学校的朋友们感兴趣。而那些年幼些的儿童则担心会失去他们年长的朋友们。换言之，儿童关注的是友谊和分离这些大家共同的问题。这一发现促使教师邀请儿童参加一个关于"朋友"的研究。这个活动得到了整个班级的热烈响应（与此研究有关的儿童画作请参见第 4 章）。

个体探索兴趣对象的不同方式

同儿童兴趣有关的另一个方面是儿童倾向于用什么样的方式去实现他们对于兴趣对象的探索（例如，观察、谈论、直接接触、画画、用黏土来表征、搭建积木、戏剧表演等等）。儿童想要以怎样的方式来参与其中也属于兴趣的一部分，而且在理想的情况下，参与方式也会随着时间的推移而拓展和深化。

对于兴趣的意识程度

最后，儿童对于自身兴趣的有意识程度可能大相径庭。一种情况是儿童可能具有某种时常被某些特定的主题、对象或者事件所吸引的倾向，但这种倾向还未固化为他们有意识的兴趣，还未成为他们可以清楚表达，甚至于完全确认的自身的兴趣。我们常常可以看到这些隐性的兴趣在教师提供学习刺激之后变得明显起来。很可能随着管道研究的深入，许多儿童对于管道的兴趣会由一种隐性的、前意识的倾向性转变成一种更易觉察的、明确的兴趣。另一种情况，则是儿童能够充分地意识到他们的兴趣。

卡门与老师

接下来发生在老师和孩子之间的这段互动给了我们一个近距离观察孩子兴趣的机会。同时,我们也可以看到教学计划的两个侧面,即老师的教学计划与孩子的"学习计划"。这是一个学习过程在两者间不断摇摆的具体实例。一方面,儿童反复地暗示她对老师的教学计划并不感兴趣,而老师却依然坚持她自己的教学计划。这体现的是老师和孩子各自的计划间的鲜明对立。另一方面,这个实例似乎又很好地展现了老师如何敏锐地倾听孩子以及师幼之间的互动。这两者可能共存吗?会作何感想。

在你阅读以下文字的时候,不妨问问这样的问题:

> 教师的教学计划是什么?
> 儿童的"学习计划"是什么?

卡门(4岁)独自坐在椅子上,在她的腿上放着一盒贝壳,老师走到卡门身边,拉了一把椅子与她并排而坐,卡门抬头微笑地看着老师。

老师:你想用贝壳来做些什么东西吗?(在说话的同时,老师看着卡门,但卡门并没有抬头看)

卡门:呃(继续看着这些贝壳)。看看这些……(另一个孩子走过来暂时引开了老师的注意,卡门充满期待地等候着)

老师:那你想要做什么呢?

卡门没有回答。老师和卡门现在都看着贝壳。

老师:你想要做些什么呢?

卡门:(给老师看其中一个贝壳)你看到这些水滴么?

老师:水滴?我看见许多条线。

卡门放下了这个贝壳又拿起了另一个,展示给老师看。

老师(握住卡门摊开的手掌,手掌上放着贝壳):这个长得一样吗?(这似乎是指"这个贝壳和之前的贝壳是不是长得一样")

卡门:呃,嗯。

老师:为什么一样呢?

卡门:因为我喜欢漂亮。

老师:它们漂亮吗?(她从卡门手里接过了贝壳)看。这两个贝壳都有的是什么?它们一样的地方在哪里?

卡门开始把那个贝壳和其他贝壳放到老师伸出的手中。

老师:它们为什么看起来一样?

卡门(把贝壳放到老师的手掌中):因为……

老师(听起来不再那么急迫,但依然十分坚持):我可以看看吗?为什么它们看起来一样呢?

卡门仔细地看着这个贝壳,把它放进了盒子里,然后又把它捡起来。她不对老师做出任何其他的回应。

老师:这两个是蓝色的吗?你为什么认为它们看起来是一样的呢?

> 教师的教学计划看起来是什么样的呢?

卡门(拾起了一个贝壳放到老师的手中):这是一个大的。

老师:是的,那是个大贝壳。(她在帮助卡门把贝壳放到她手掌上时赞同了卡门认为这个贝壳是大的这一观点)看这个(用她的笔指着其中一个贝壳)。那看起来像什么?

卡门:我不知道。

老师:一朵花。(她把自己头脑中的答案告诉了卡门)

卡门(看着并指向那个贝壳):它是咕咕怪物。(注释:咕咕怪物是一个颇受儿童欢迎的在户外玩的追逐游戏,咕咕怪物会追逐其他人,有时候孩子们会让老师来扮演咕咕怪物)

老师(靠卡门更近一些):它是什么?

卡门:咕咕怪物弄的。

老师:咕咕怪物做了什么?

卡门:他逃跑了然后碰痛了自己的脑袋。(她在空中举起了自己的手臂然后看着远处,仿佛在想象一个逼真的场景,她笑了)

老师:他逃跑了还碰痛了自己的脑袋?他在这里撞到自己的脑袋的吗?(她指着贝壳里的一个洞)

卡门:是的。

老师:嗯,我明白了。

卡门:我看到了另外一个小洞。(她指向另一个贝壳)

老师:嗯。这个贝壳有许多个洞。(她将手掌上的贝壳转向卡门并用她的笔指给她看)这个贝壳有洞吗?(她指着手掌中的几个贝壳)

卡门:没有。

老师:这个,大的这个贝壳,有洞。你能找到另一个(有洞的)么?

卡门:看那个小宝宝。这是个小宝宝,他在睡觉呢。

老师:他在睡觉?是的,那是个小贝壳。

卡门(把小宝宝贝壳放在老师的手心里):他想要他的爸爸和妈妈。

老师:他的爸爸和妈妈在哪里呢?

根据到目前为止所发生的情况,你会推测卡门的兴趣是什么呢?

卡门(指着老师手中的两个贝壳):就在这里。

老师:这个小宝宝有没有兄弟姐妹呢?

卡门:呃!看!这是他的妈妈和爸爸(她指着两个新的贝壳)。

老师:妈妈来了这里,爸爸也来了这里。

卡门:孩子也来了这儿。

老师:这是谁?(她指着一个贝壳)

卡门:孩子。

老师：什么孩子？男孩还是女孩？

卡门：一个男孩。

老师：一个男孩。

卡门(握着另一个贝壳)：看。他们给它涂了颜料。

老师：他们给它涂了颜料？他们涂的是什么颜色？那是什么颜色？

卡门：我不知道。

老师：是紫色么？是不是跟这个颜色一样呢(指着她自己衬衣上的紫色)？还是说它的颜色和你身上的衬衣一样呢？

卡门：衬衣。

老师：你的衬衫，是的。它的颜色是白色的，你衬衣的颜色。是的。

卡门举起了另外一只贝壳。

老师：这只是什么？关于这只贝壳，你想要告诉我些什么呢？

卡门(很肯定而又轻蔑地说)：他们给它涂了颜料！

老师：你怎么知道他们给它涂了颜料呢？

卡门(把贝壳交给了老师)：因为是咕咕怪物干的。

老师(从她手中拿起了这个贝壳)：咕咕怪物？谁是咕咕怪物呢？

卡门(开玩笑地)：是你啊。

老师(开玩笑地)：我？！

卡门：是的。

老师(开玩笑地)：不——

卡门(在老师手掌上放了另一个贝壳)：是的。我来做咕咕怪物。

老师(抬起了她的手掌，手上放满了贝壳)：你有多少个？这儿，你已经有多少个了？嗯？

卡门从盒子里拾起了一个贝壳并对它吹了口气。这个行为她重复了两遍，每次都抬头看看老师对她吹气的反应。

老师：为什么你对着那里面吹气？

卡门：因为——(她握着贝壳，当老师靠向她的时候，她仍然看着贝壳)看见吗？为了把小宝宝弄出来。

老师:你认为应该朝着那里吹气的吗？当你朝那里吹气的时候发生了什么？

卡门(把贝壳举到嘴边并往上吹气):因为小宝宝出不来。(她想要去帮助这个小宝宝)

老师:你想要把那些黑色的小东西弄出来是吗？(她紧紧地挨着卡门,指着贝壳上的某个东西)

卡门(沉醉在自我的世界里,继续对着贝壳吹气,贝壳中因此传出了某种声音):老师,快看呀！(她轻轻拍打着老师的肩膀)

老师(和另外一个孩子说完话之后朝着卡门弯下腰,正巧听到了卡门吹气后发出的声音):喔！

卡门(把贝壳递给了老师):现在你来吹吹它。

老师(接过了贝壳,并对着它吹气):哪里？我必须要对着这个小洞吹气吗？(老师试着再吹一次)贝壳发出了奇妙的声响！

卡门:让我来做一次。(她拿回了贝壳,朝它吹气。她的脸上洋溢着喜悦的表情)发出了奇妙的声响。

老师:奇妙的声响？

卡门:现在你对着我耳朵里吹气。

老师:你想要我对着你的耳朵里吹气？(她捡起一个贝壳,举着它靠近卡门的耳朵,然后朝着里面吹气)

卡门(捂住她的耳朵):我听到了。

老师:让我想想。现在你来对我做这个。

卡门取了一个贝壳,举着它靠近老师的耳朵,然后对着里面吹气。

老师:哦！我听到了。(虽然另一个孩子打断了老师和卡门的互动,但即使当老师背对卡门的时候,她依然伸手搭着卡门)

卡门目不转睛地看着老师手中的贝壳。

老师(转回身来面向卡门):看这个贝壳。这个贝壳有洞。喜欢这个贝壳吗——有一个洞？

卡门:我不喜欢没有洞的。(她从老师手中拿过了这个贝壳并放回盒

子里,似乎想要结束这一探索活动)

老师:当贝壳上没有洞的时候,你就不喜欢它了吗?

卡门:是的。(把另一个贝壳放进盒子里)

老师:好吧。

> 你是怎样理解卡门所说的
> "我不喜欢没有洞的"这句话的?

关于老师和卡门的想法与问题

以下是关于这一互动的一些观点。

在7个不同的时间点,老师试图引入她自己的教学计划(找出事物在特征、数量、颜色等方面的相同和不同之处),而每一次卡门都无视老师的想法或者问题,并从她自己的"学习计划"中引入了一些东西。

老师每次都通过倾听和回应卡门所重申的**卡门的"学习计划"**来化解矛盾。老师每一次的肯定随后都为卡门所证实。除此之外,老师经常会将卡门的想法/兴趣以某种方式加以拓展(因而十分明确地肯定了这些想法和兴趣)。

老师想要引入她的教学计划的意图是如此强烈,以至于在有许多迹象表明卡门对此并不感兴趣,并已经多次成功地用自己的言语来对她(老师)做出回应之后,老师依然坚持那么做。事实上,老师的教学计划似乎持续到了互动的结束,当时她要求卡门比较贝壳上面洞的数量。

> 你是如何来解读老师坚持要
> 提出自己教学计划的做法的?

从儿童发展和教师发展的角度来看,此处所展现的是一个双重过程。卡门表达了一些她对于贝壳的个人见解,而老师则试图倾听、领会和回应这一过程。

对话的两个方面

在这一互动的中期和后期,老师每次都会自我调整,每当她看到卡门对她的教学计划不感兴趣时她立刻对卡门的"学习计划"做出反应。在这一互动的末期,老师一直能保持倾听并做出回应,偶尔才会想要回到她先前的教学计划。

> 在卡门毫无兴趣而老师却坚持要回归自己的教学计划的这种情况下,以上互动过程是如何成功进行的?

大部分时候,在这一互动背后存在着一种相互依存的关系。所谓"相互依存"指的是人与人之间的一种情感共享的感受,这种感受使得每个人反思并接纳另一个人的感受,因而人们感觉到彼此间的关系是令人愉悦的。这种情感共享可能是与彼此相关的(比如,爱,互相欣赏)以及/或者是对某个物体,事件或想法的一种共同感受。

这让我们开始思考老师和儿童以及儿童之间交流的两个方面:认知方面与社会情感方面。**认知方面**指的是由每一方所提出的想法以及这些想法之间的关系。**社会情感**方面指的是人们由信息的内容,选取的特定词汇,某条信息与先前对话之间的关联、语气/语调、身体语言、微笑等等所引发的个人或共同的感受。例如,老师的身体姿势(以某种角度坐在卡门身边,经常性地靠近卡门,和她配成一对)以及老师声音和表情中带有的微笑(表达她和卡门在一起的愉悦)。卡门开玩笑似的反应以及卡门所表达出来的快乐,既反映了她们之间令人愉悦的相互依存感,同时也营造了这一感觉。

对话的认知与社会情感方面并不是脱离彼此独立起作用的,它们是相互渗透的。

卡门的兴趣

> 你认为在以上场景中卡门的兴趣是什么？

无论从哪个方面讲，我们都认为她的兴趣同关系有关。卡门对于贝壳的兴趣就包含着她和贝壳的关系。她希望通过她的感官以一种优美的方式来感受这些贝壳。

或许卡门想要根据她对贝壳产生的影响来感受这些贝壳：她谈论了咕咕怪物对贝壳躯体的影响。而后来证明咕咕怪物其实是她自己。她对着贝壳吹气让它发出声音，然后倾听贝壳的回声。

卡门还对把贝壳视作她自己与父母关系的表达方式感兴趣。例如，她将贝壳视为爸爸妈妈的宝宝。这可能反映了她对于婴儿和父母关系更为广泛的兴趣。

卡门非常在意老师对她同贝壳有关的体验加以肯定。这一兴趣贯穿了整个互动场景。她喜欢与老师进行互动，她想要分享她的感官体验、赞许以及愉悦感。当她们在彼此的耳畔对着贝壳吹气（由卡门发起），分享由此带来的感受从而确认各自的感觉，并且在这一交换过程中分享由互动带来的整体性的愉悦感时，这种愉快的互动体验似乎就到达了顶峰。

总而言之，相较于对事物之间抽象的、概念性的关系，卡门对于她和人与事物之间的关系要感兴趣得多。从根本上讲，她的兴趣在于通过探索她自身和其他事物之间的关系来发现自我（Bakhtin，1986，1990；Holquist，1990）。

> 你会采用什么方法促使卡门去反思她的体验和想法，进而拓展她的兴趣呢？

结　　论

当教师倾听和回应的时候，儿童开始变得活跃起来，并全情投入，这会激发他们的认知和创造过程，并增强他们的自信。当儿童之间互相倾听的时候，也会产生类似的效果。

与教师的倾听、观察以及回应相联系的是一种特殊的儿童形象：那就是，教师将年幼的儿童看作是天生的提问者。他们希望通过与这个世界的直接互动，以及建构对于他们所体验的世界的认知来探索这一世界。除此之外，他们还有着强烈的动机想要与他人交流探索的结果，并期望从成人或其他儿童那里获取关于他们的发现的反馈。他们的交流方式形式多样：交谈、绘画、手势、角色扮演等等。以上这些都推动了儿童与教师以及同伴之间的持续对话。这些对话提供的交流途径越多，效果越好。

对于儿童而言，与这个世界的最重要的互动类型就是探索与这个世界之间的关系。他们探索与家庭、教师以及朋友的关系，他们探索物体、动物以及自然的方方面面是如何对他们的身体动作做出反应的。他们是探索者和研究员。

"窗户研究"和"卡门"的故事教会我们的重要一课是教师必须要努力设法搁置她们给儿童安排的教学计划，唯有这样教师才能更为全面地看清作为自主学习者的儿童身上的各种可能性。教师的教学计划往往是根深蒂固的。在"窗户研究"中，孩子们几乎完全丧失了兴趣，直到教师开始反思儿童画作的内容和他们所记录的对话内容时，才有所好转。当教师开始倾听、观察、反思以及回应儿童的时候，儿童们就开始变得专心致志而且精力充沛了。在教师与卡门的互动中，我们既看到了教师一直想根据其教学计划让卡门找出事物间的异同，同时，教师具有在感觉、关系以及隐喻层面对卡门真正感兴趣的内容做出回应的能力。后者有助于推动教师和儿童进行温馨且多方面的交流。尽管卡门发出了无数的信号，她对于教师的教学计划并不感兴趣，教师有时候仍然坚持按照自己的教学计划行事。

这些对于教师内在的教学计划，以及这些计划可能成为教师倾听儿童障碍的可能性的初步认识，是教师在学习实现瑞吉欧理念的历程上迈出的重要一步。

与此同时,我们想要重申在本章之初所提到的观点,即教师有着自己关于儿童学习的教学计划是一件很自然而且合理的事情。然而,重点在于教师不能假定儿童的"学习计划"(兴趣和动机)和她的教学计划是完全相同的,而且教师不能让自己的教学计划阻碍自己去倾听儿童。卡门与教师的对话向我们提出了一个具体问题,即如何在不影响教师倾听、观察以及回应儿童学习动机(参加第8章)的情况下,去执行教师的教学计划,比如语言和数学教学计划。

在下一章中,我们会具体探讨当教师一旦明确了儿童的兴趣之后可以做些什么。具体而言,教师如何基于儿童的兴趣来促进儿童思考过程的发展,并鼓励儿童与教师和其他儿童之间进行思想上的对话和探索。

第 3 章
和儿童共同"建构"认识

在本章中,我们关注的是,儿童在与教师或者其他儿童的互动中思考能力提升的过程。我们会探讨三个重要问题。

1. 怎样的师幼互动方式才能促进儿童思考?
2. 教师自身的哪些内在过程有助于他们促进儿童的思考?
3. 教师如何让自己与小组的儿童进行深入的交流,以及如何让小组内的儿童相互之间进行深入的交流?

怎样的师幼互动方式才能促进儿童思考?

以下的三个场景展示的是教师如何在儿童自发的游戏活动(不同于在深度研究中典型的、结构更为明确的小组活动)中推动儿童的思维发展。在每个案例中,教师想要做的是认同儿童的兴趣,理解儿童的思维,并帮助儿童拓展其思考范围。教师通过提出质疑来帮助儿童建立事物间的联系,并将这些联系融汇成更为全面的认识框架。

建立联系指的是注意到或者推断出事物间的关系,比方说,顺序关系,因果关系,功能关系,或是相似、差异或者包含关系。

> 当你阅读第一个场景的时候,请找出教师是如何帮助万斯建立联系,并将这些联系融汇成一个更为全面的概念体系的。

如何骑自行车

万斯(在装水的桌子①边玩耍,转头叫道):老师,我能告诉你一件不寻常的事。

老师(当她走向万斯的时候):你想要告诉我什么不寻常的事?(她紧挨着万斯坐下)

万斯(当老师耐心等待的时候,万斯先停顿了片刻):当我告诉别人怎样骑自行车的时候,你把你的脚放在踏板上。(万斯一边上下蹬腿,一边仍然在水桌边玩着,同时他还时不时看看老师,和老师进行着对话)

老师:那当他们把脚放到踏板上的时候,你打算做些什么呢?他们是像那样放他们脚的吗?(老师把她的手平放在水桌的边缘,把脚放在踏板上)然后他们就知道如何骑车了吗?你必须要做些什么?

万斯:然后他们就能骑了。(万斯的手仍然在玩水,但他移动双腿来展示踩踏板的动作)

老师:好的。所以说如果我像这样把我的脚放到踏板上……(老师再次把手平放并固定不动,以此表示放在踏板上的脚)

万斯(转头看着老师的手势):慢慢地踩踏板。(他上下笔直地移动自己的手做出踩踏板的动作)

---

① 外形像桌子,但中间如水槽盛水的"水桌"。专为幼儿玩水用。(主编注)

老师：哦，所以我必须要踩踏板。

万斯：嗯哼。

老师：那我怎么知道要做些什么呢？

万斯：简单。

老师：怎样？

万斯：就好比沿着街道骑下去。（万斯一边说话，一边用手模仿踏板动作在水盆内部移动）

老师（试图再次让万斯更全面地表达他的想法）：看起来，你的手是这样动的，看。（她根据万斯用非言语方式表达的信息，上下移动着她的手，以重复他先前的手部动作，只是动作更加缓慢，更加有意识）上上下下。这就是你想要做的？万斯点头表示同意。

老师：那如果我想要非常快地移动呢？

万斯：你必须要慢慢地踩。（万斯演示着，一边重复老师刚才使用的向上—向下的周期运动，一边缓慢地移动他的双手）

老师：我想要非常快，而我必须要慢慢地踩？

万斯点头称是。

> 在你看来，当万斯说为了要快速移动，你必须要慢慢地踩这句话时，他想表达的意思是什么？

老师：那如果我想慢慢移动呢，我要做些什么？

万斯：就只要再慢一点点。

老师：如果我想要慢慢移动，我只要慢一点点？

万斯点头称是。

由"如何骑自行车"这一场景引发的思考。在这一互动过程中，教师帮助万斯建立了两种类型的联系：

- 骑自行车的步骤。
- 因果关系（让自行车动起来，以及变快和变慢的动作）。

在帮助万斯建立联系的过程中,老师使用了两种提示方式。

• 陈述,即用言语或者做手势的方式将万斯所表达的想法反馈给他,并以此来让他进行更为深入的思考。

• 提问,这通常以一种条件性的形式出现:

"当他们把脚放到踏板上的时候,你打算做些什么呢?"

"如果我像这样把我的脚放到踏板上……(然后)……"

"那如果我想要非常快地移动呢?"

请注意,教师通过提问既提升了万斯的语言表达能力,又促进了他的思考能力。比方说,她通过使用像"如果"以及"何时"这样的条件性联系词,来教他表达条件关系的语言。

教师倾听和回应了万斯的兴趣。她认真地对待他的兴趣和想法,并且还想要更多地了解他在想些什么。

教师促使万斯对自己所说的内容进行更为深入的思考。她的问题让万斯在自己原有陈述的基础之上进行拓展,详细说明了观点之间的联系,并从因果关系和顺序关系的角度来思考这些联系。教师还通过她的问题引入了供万斯进行思考的新视角,例如,速度(快或慢)。

教师通过提出澄清性的问题来帮助自己理解万斯的想法。在互动的伊始,她改变了思考的角度,想象她自己在听从万斯的指导,换句话说,她问万斯她要怎样做才能骑自行车。这使对话的焦点更加具体、直接和个体化。

在整个交流过程中,万斯通过口头语言和身体语言将自己和老师联系起来,而教师又用同样的方法将万斯的想法反馈回去。她的反馈为她和万斯进一步拓展思考范围提供了思想平台。

他们彼此都在互相学习。万斯在学习如何向另一个人解释他的想法的同时(特别是关于如何加入更多的细节),他也学习了如何在对话中倾听彼此并推动对话。教师则了解了万斯的想法,例如,为了更快地移动应该缓慢地踩踏板。同时,她还学习了如何去促进儿童的思考。

这次讨论的结果是,万斯和教师共同创建了一个关于如何教人骑自行车的流程。这一流程要比万斯一开始具有的想法似乎更广泛、更复杂、更完整。这一建构过程趋于形成一个概念体系,这其中包括了元素之间的关系以及关系之间的关系(参见第4章)。

去市中心

德西蕾和埃德温娜坐进了她们的"小汽车","小汽车"由放在一扇门背后的两个小格箱组成,这扇门上有上下两扇玻璃窗且朝着小格箱方向开启。因此,她们可以坐在小格箱里(汽车的前座),并通过门上的窗户看到教室的其他地方。德西蕾正抱着一个用毯子裹着的娃娃(她的"婴儿"),很显然她打算带着这个娃娃一起去旅行。

老师(走近两个女生,站在她们活动区域的边上):那是你们的车?

德西蕾和埃德温娜坐在玻璃门背后的两个小格箱里点头称是。

老师(对埃德温娜说):你和德西蕾打算去哪儿?

埃德温娜:彩虹商店(芝加哥市中心的一家服装店)。

老师:这家店在哪里,德西蕾?

德西蕾:市中心。

老师:市中心。彩虹商店就在那里吗?喔! 它在哪条街上?

德西蕾:麦德逊。

老师:噢,麦德逊街,市中心……好的。(转向埃德温娜)你们打算开车去市中心,去麦德逊街吗?

德西蕾:不,我在开车,她在车里。

老师(对埃德温娜说):这是你的车,但是是她(德西蕾)在开车?

埃德温娜:不,是我在开车。

德西蕾(依然抱着她的娃娃):我在开车!

老师(对埃德温娜说):她说她在开车。(转向德西蕾)那如果你在开车的话,你的娃娃打算干什么呢?

德西蕾:她的摇椅①。她要她的摇椅,但是我没有。

老师:她要她的摇椅,但是你没有带上它。那她怎么才能坐在她的摇椅

---

① 实指美国婴儿乘车必用的安全座椅。(主编注)

里呢?

埃德温娜:这是她的摇椅(提起了一个塑料的洗碟盆)。

老师:那是她的摇椅。

德西蕾开始把娃娃放进这个"摇椅"里。

老师:好的,让我看看她怎么能进到摇椅里。(老师一直耐心等待着,从德西蕾开始安放娃娃,用毯子包裹住娃娃,直到她把娃娃放进摇椅里)一辆童车!(老师确认娃娃已经被完好地放进了童车里,然后她跟着昆西离开了,昆西一直想要让老师看看他的新发明)

德西蕾和埃德温娜做好了她们的准备工作,开始驶向市中心。

由"去市中心"这一场景引发的思考。老师和这两个女孩子一同探索了她们的兴趣所在,并提示她们补充了一些有关目的地的细节。老师把她对于女孩们所说的话的理解反馈给她们:"哦,麦德逊大街,市中心……好的,你们要开车去市中心。"这促使女孩们做出了进一步的回应。

女孩们在讲述她们旅行的细节和解决婴儿安全问题的过程中,同老师一起创造了一个更为丰富、更为复杂的概念模型,这个模型是关于如何开展她们想象中的市中心之旅的。比方说,现在在她们上路的时候头脑中已有了明确的目的地,而且她们有关行驶路径的想法也更为清晰。

> 在这个场景中,教师所推进的是什么类型的想法?

教师的提问促使儿童建立了几种关系。

- 通过询问事物的位置,老师同她们确定了彩虹商店是在麦迪逊大街上的,而这两者又都坐落在市中心。

- 然后教师创造了一个两难问题:"如果你们在开车,那婴儿怎么办呢?"她的问题是关于"功能性适应"的。这是一种关系,这种关系要求某个整体的两个或多个部分彼此协调,并有助于实现整体的功能。她给女孩提出的问题是,同时开车和怀抱婴儿是互不协调的。"摇椅"这个答案成就了功能性适应。

此外的概念体系涉及一个成功地前往市中心的计划。教师在提出质疑时,使用了条件性语言形式,即"如果……那么……"——"如果你们在开车,那婴儿怎么办呢?"教师的问题促使埃德温娜想到使用洗碟盆作为摇椅。

甲虫战士

昆西请老师来看他的"甲虫战士"模型。(甲虫战士是电视连续剧《力量突击队》中的一个人物)昆西用空心砖搭造了一个甲虫战士。它和昆西差不多高而且比他更宽。昆西两手上各拿着一个铙钹,并时不时地让它们互相敲击。

老师(就昆西的动作问道):那是做什么用的?(她指着相互敲击的铙钹)

昆西(再一次敲击铙钹):这可以产生能量。它产生的声响进到了每种颜色里去。(他指着模型顶上的一条由红色和黄色塑料环组成的链条)

老师:哦,它发出了进到每种颜色里去的声响。

老师:我真的非常好奇,(能量)从哪里发出去呢?

昆西(他一边把红黄塑料环组成的链条塞进模型顶部的一条缝隙里一边说):当你听到有人说话的时候,能量就出来了。(他继续把塑料链条放到模型顶部)一,二,三,四,五,六,七,八,九,十。那会乱成一团的。

老师:那会乱成一团?

昆西:是的。因为现在能量正在全部释放出来。

老师:现在能量全部都出来了?

昆西点头。

老师:哦,那是之前当你把能量送进去的时候发生的事情。是那时乱成一团的。那能量从哪里出来呢?

昆西:下面,下面,下面,从两个洞里出来。

老师:下面,下面两个洞?这两个洞在哪里?

昆西：它往下面，从那里往下然后从这里出去。(他把他的手指放在模型底部两个洞的旁边)

老师：喔！那有很多能量。那还有很多东西在动呢。

昆西：看，看。(昆西走到甲虫战士背后，并通过发出射击的声音来演示能量)

老师：当能量释放出来的时候。它是很快地出来还是很慢呢？

昆西：很快地。(他发出更多的敲击声)能量出来了。

老师：我还有一个问题。当能量释放出来的时候，能量是静止的还是运动的呢？(她指着模型顶部的红黄塑料链条)

昆西：它是黄的，红的，红的，黄的，黄的，黄的，黄的。(当这么说的时候，昆西一边指着链条的每一段，一边命名颜色)

昆西(走到甲虫战士边上)：我得修我的钥匙。

老师：哦，你要去修钥匙？

昆西：是的，我要去钥匙铺。(他走开去完成他的任务去了)

由"甲虫战士"这一场景引发的思考。教师从多个方面促进了昆西的思考。她问了他一系列问题，这反映了她对他所搭建的东西的兴趣。在对话的每个阶段，她都会换个方式重新表达昆西告诉她的话，并让他(或明确或隐晦地)进一步阐述其想法，或是在认可他刚说的话的基础上向他提出新的问题。通过这一互动，昆西在头脑中创建并用言语表达了甲虫战士的组件以及各组件间的关系，包括甲虫战士产生能量的过程，能量传递的过程，如何引发能量释放以及能量如何流出。他们所共同建构的是一个由元素和元素之间的动态关系构成的复杂整体。

教师的提问促使昆西做出了功能性联结(例如，"这可以产生能量，它产生的声响进入了每种颜色中")以及因果联结(例如，"当你听到有人说话，能量就出来了")。他还描述了能量流动的路径(昆西："下面，下面，下面，从两个洞里出来")。

探讨这三个场景的一些视角

请注意运动在以上这三个场景中的重要性：骑自行车，开车去市中心，甲虫战士的能量流动。正如第 2 章中所提到的,运动和流动似乎是许多学前儿童的一个重要的深层兴趣。

这三个场景说明教师既可以在现实情境下(教某人如何骑自行车),也可以在想象情境下(甲虫战士)促进儿童的思考和表达能力。此外,在这三个场景中,教师的提问促使儿童使用他们的想象把那些他们实际并不可见的事物联系起来。他们需要想象骑自行车,前往市中心某个特定地点,以及能量在组合起来的积木内流动这些动态过程。

儿童也在学习如何参与到对话中去:去回应他人的想法和问题,去表达他们自己的想法,去通过多种符号系统(语言、手势、表演、声音等等)来详细说明或者重新表征这些想法。通过这一过程,教师帮助儿童建构并用言语表达一系列互相联系的关系。

通过仔细分析这几个场景,我们可以发现,教师可以同时身处儿童所创造的情境之内和情境之外。她会融入到儿童中去,用儿童的思维方式来思考。与此同时她又承担了好奇的外部观察者的角色,热衷于通过儿童自己的解释来了解儿童的世界。通过观看这三个场景的录像,我们可以看到,这种内部/外部并存的状态是如何通过教师恰好亲自站在儿童当时游戏区域的边缘地带体现出来的。

请注意在同万斯和昆西有关的场景中,儿童希望教师能够分享并肯定他们自己的想法、理论以及想象出来的事物。换言之,她不仅仅扮演了一个教室管理员的角色,同时还是这些儿童的认知共建者。总地来说,她传递给儿童这样的信息,即她是平易近人的,并且愿意和他们一同探讨他们感兴趣的事情。

重视儿童的头脑

迄今为止,我们都是站在教师如何帮助儿童发展思考和表达能力这一角度来分析这几个场景。接下来我们要从另一个方面来探讨这些互动过程。这就是,教师如何通过对儿童的动机、感受和想法表现出巨大的兴趣和愉悦来体现对于儿童头脑的重视。儿童体验到的是教师想要去接纳他们的动机、感受和思想。这对于儿童对自身头脑的体验是一种强有力的回应。通过教师对儿童头脑的持续重视,以及儿童感受到的运用他们的头脑对挑战做出回应这样的过程,儿童会发展出重视自身头脑的能力和倾向。他们会认真地对待自己的学习动机,并会在运用自己的头脑进行推理和反思的时候体验到愉悦感。

在以上这三个场景中,教师用六种方式传达了她对于儿童头脑的重视。

1. 严格地基于儿童的兴趣和提议做出反应。

2. 鼓励儿童表达自己的想法,并对他们的想法表现出真诚的好奇心。

3. 通过语言和手势将她对儿童的想法的认识反馈给儿童。

4. 通过提出引发思考的问题与引入新视角来促使儿童拓展他们的想法并将想法联系起来(但不偏离儿童为这一互动所设定的焦点)。

5. 在她自己的思考过程中反思儿童的想法,并将这一过程反馈给儿童。

6. 分享儿童所感受到的运用他们自身头脑时的愉悦感。

总体来说,与重视儿童头脑有关的这六个方面传递给儿童的信息是,教师是在倾听、思考、内化并珍视他们所表达的动机、思想和热情。这些信息日积月累的结果就是,儿童增长了探索和享受自己的兴趣、感受和思想的内在能力。这不仅仅是智力能力方面的发展,还包括儿童体验到自身作为自我调节的主体,在这个世界上带着合理的目的和他们的自我效能感去思考、感受和行动(主体感参见第 5 章中的"儿童的发展目标"以及第 8 章中的"主动参与的学习者的身份")。

教师自身的哪些内在过程有助于促进儿童的思考?

在这个教师试图让儿童参与到思考过程中去的时候,为何她没有"受困"?是什么使她能够和儿童进行持续而深入的对话?根据我们的判断,教师内在的四种思考/感受过程有助于促进儿童的思考。

1. 相信儿童拥有有趣的想法,并且想要理解他们的想法。举例来说,在如何骑自行车这个场景中,当教师被问到她的目的是什么的时候,她回答道:"我想要去理解他的想法是什么,他的观点是什么。"

2. 认为儿童是有能力进行联结的。这体现在她对所有的孩子提出问题,以此让他们把自己的想法加以拓展并联系起来,并使它们成为一个更为详尽和相互联系的观点体系。

3. 相信儿童具有同他人交流他们想法的动机。例如,在甲虫战士的场景中,当教师被问到在她看来什么对昆西很重要时,她回答道:"表达他的观点,和成人分享这一观点,以及有能力告诉别人它做了什么或者他想要让它做什么。"

4. 在自己的头脑中创造一片可以让儿童的想法成长的空间。这位教师在她的头脑中创造了一片空间,这片空间由儿童的兴趣点决定。然后她想象自己把儿童最初的想法寄存在那个空间的某处。这片空间比儿童的想法所占的空间要大一些。这给了教师机会去想象儿童的想法可以朝哪些方向延伸/拓展。这片空间现在变成了与儿童共享的空间。通过与儿童的对话,她试着去设想在这片空间内如何拓展儿童的想法以及想法之间的关联。在这么做的时候,她问自己儿童正在形成的想法是什么,而且随后她会将这些想法反馈给儿童。

因此,比如说:

——在如何骑自行车这个场景中,她想象自己是在接受万斯的指导,并试着创建一种让她能真正骑上自行车的可行方案。

——在去市中心的这一场景中,她从女孩们想要准备开车去某个地方的这一想法入手,通过问女孩子们打算去哪里,要去的地方在哪儿,以及她们如何确保婴儿的安全性这样的问题,来试着勾画出一幅更完整的图景。

——在甲虫战士的场景中,她试着勾画出一幅能量如何产生、转化,如何在甲虫战士体内传送,以及如何释放的图景。

当她和儿童一起在她的头脑中创建关于儿童正在形成的想法的模型时,她会向儿童提出问题,以此来传递可供思考的新的视角。通过她的问题与儿童的回应之间的持续互动,他们共建了一种更为细致和复杂的认识。注意,在所有的场景中,逐渐形成的认识系统都是以一种事件序列的方式组织起来的。在这种序列中,每个事件都引发了后一事件,或者使得后一事件成为可能。

教师如何促进自己与小组儿童间
以及小组内儿童相互之间的深入交流？

以下每个场景都涉及小组内儿童之间的对话,这些对话都是围绕着某种特定类型的问题或话题而展开的:贾内尔和砖块是一段与解决问题有关的对话,失踪的餐刀涉及一次解决人际冲突的尝试,而"婴儿能做什么"则是一段探讨事实如何的对话。在我们介绍这些场景的时候,我们请您和我们一起来关注以下这些问题:

> 教师做了什么来促进儿童之间深入的对话?
> 这些对话过程建构了何种类型的认识?

贾内尔和砖块（解决问题）

儿童正在收集可以在教室里用的各种材料。贾内尔带了一块砖头来,这让全班都激动不已。他很自豪地向班级呈现,这块砖头也得到展示和检视。可是,这块砖头引发了一些安全问题。有几次它砸到其他孩子的材料上去了,还会被扔到空中,或者掉到地板上。在以下的讨论中,老师就贾内尔的砖块所带来的问题帮助一群4岁的孩子展开了深入的对话,以期找到解决方案。

老师:你可以把这个砖块放在小柜子里吗？你觉得呢？

贾内尔:不,它会把它弄坏的。那块砖头会把它弄坏的。我们可以把它放在这里(在桌子上)。它可以待在这里。我可以按住它一会儿。

马迪尔(也把他的手放在砖块上):它可以在这里待上一会。

贾内尔:我可以用这个(纸)遮住它,然后我们就能把它放在桌上。马迪尔可以把手放在它上面,把(这张纸)按住。

玛瑞莎(加入了这个对话,她面露疑色地摇头,对用纸来防止任何人发现这块砖块的提议表示怀疑):那会让人受伤的。这可能会砸到别人,因为他们会把它举起来。

马迪尔同意玛瑞莎的看法，认为砖块不能放在桌子上。

贾内尔：你可以把它放地上，藏在那里，然后你可以像这样踢它。（贾内尔演示了一遍）

贾内尔（重新回到先前的想法）：你可以这样包住它，然后你应该像这样按着它放到这里。

马迪尔：你必须站在桌边才能像这样按住砖块。

贾内尔：你可以站在这里然后像这样把砖块按住。

老师：你认为砖块会待在那里吗？

玛瑞莎：不，那会让人受伤的。它可能会砸到别人的脑袋上，因为他们会把它举起来。

贾内尔：但是我们应该踢这块石头（砖块）。我们可以把它放在地上，我们可以像这样踢它。（他演示起来）它在地上，所以它不会砸到别人的脑袋的。

玛瑞莎（面露疑色）：它不应该在这里，因为这样的话你必须要道歉，为这个砖块砸到别人而道歉。

老师：你们觉得我们有没有可能在这个楼里找到一个既能存放这块砖头，又能确保安全的地方呢？（每个人都同意在画室里找一个地方。他们走进画室，去寻找一个完美的地方来"藏匿"砖块）

贾内尔：我们就应该把它藏在这里，在这堆链条里。

玛瑞莎：人们会看到它的，这藏不住。

贾内尔：在它上面盖上纸，盖严实了。我喜欢这里。

玛瑞莎：它应该被放到桌子下面，放在另两块石头旁边。这样人们就看不到它了。

贾内尔：我有个计划，另一个计划。我们应该用纸包住它，然后用那边的盒子盖住它。

玛瑞莎：你可以把它放在桌子下面！

贾内尔：看，我们可以这样盖住它，拿着这个盒子，然后像这样把盒子罩在上面。然后我们像这样用纸巾盖住它。

玛瑞莎:我们可以回来看看,是不是有人发现了砖块。看看这块砖头是不是还在那里。

贾内尔:我们应该离开房间,等下再回来看看砖头是不是还在那里。

> 你认为老师在推进这段对话中所做的最重要的事是什么?

由"贾内尔和砖块"这一场景引发的思考。教师和三个孩子之间的讨论是一段真正的对话。换句话说,这个小组一直在关注同一问题,他们分享各种观点,倾听彼此的意见并做出回应,而且同时还会受到他人思想的影响。他们还陈述了他们各自的理由,对彼此的观点提出质疑,并且真诚地合作以找出解决方案。

教师在这个场景中进行了三次干预。

1. 首先,他针对这个问题提出了一个可能的解决方案,并征求意见:"你可以把这个砖块放在小柜子里吗?你觉得呢?"这个问题引发了大量的讨论。请注意教师是如何使用"你可以……"来提出这个问题的。这让人感到问题是开放性的,允许各种可能的回答。因为这一问题还包含着一层含义"这能解决问题吗",所以它还为批判性思维提供了基础。

"你觉得呢?"这句话,既传达了教师眼中儿童作为有能力思考的人的这种形象,又为他们的想法赋予了价值,让他们意识到他们自己的想法,并且进一步强调了什么想法都不为过。同时,这个问题还隐含着让儿童与同伴以及教师一起来进行思考这层意思。

2. 然后,教师向小组提出了问题,让他们批判性地思考贾内尔提出的解决方案:"你认为砖块会待在那里吗?"这个问题足够开放,因此它既能引发肯定的回应,也可能引来否定的回应。这为玛瑞莎提供了一个质疑贾内尔观点的机会。贾内尔做出了回应,但玛瑞莎并不接受贾内尔的辩解,并且用预言来支持她的观点。

3. 最后,教师提出建议,让小组思考更多的可能存放砖头的地点:"你们觉得我们有没有可能在这个楼里找到一个既能存放这块砖头又能确保安全的地方呢?"

这段互动中涉及认知方面和社会情感方面的有哪些呢?(参见第2章,对话的两个方面中有关卡门与教师互动中的认知与社会情感方面的部分)在互动的大部分时间里,贾内尔和玛瑞莎似乎都非常坚持各自颇为迥异的立场(从他们不断重复自己的观点可以看出)。

玛瑞莎不断地提到贾内尔提出的解决方案可能导致的可怕结果,由此可以看出她非常坚持自己的立场。由于贾内尔对于玛瑞莎的质疑只作了小小的让步,而作为回应,玛瑞莎变得更加强调自己的立场,气氛变得紧张起来。之后,教师建议他们在整个学校大楼这一范围内寻找可能的解决方案。这似乎创造了更大的空间感,无论是在物理空间上还是在心理空间上,而且这可能促成了最终的转变过程。在此过程中,双方都作了重大的让步,因而达成了暂时的解决方案。

失踪的餐刀场景(解决冲突)

这个场景围绕着午餐桌边发生的一次人际冲突展开,桌边坐着教师和七个孩子。

> 这次教师起到的作用是什么?

艾布里爱乐(一边手伸过桌子去拿萨拉盘子旁边的一把塑料餐刀,一边宣称道):喂,那是我的!

萨拉:不,这是我的!

艾布里爱乐:不是的!

萨拉狠狠地瞪着艾布里爱乐。

艾布里爱乐(对老师说):看,老师,她拿了我的刀。我把它放在这里的(她自己的盘子附近),然后萨拉拿走了它。我就把它放在那里的。

老师:那你需要和萨拉谈谈。

艾布里爱乐(对萨拉说):我不喜欢那样。我不喜欢。(她砰地放下了刀)我自己去拿一把!(当她起身离开餐桌的时候,她扭头怒喊道)老师,萨拉坏!

老师:为什么她坏呢?

艾布里爱乐:她拿了我的刀。

老师:也许她不知道那是你的,艾布里爱乐。

萨拉眉头皱得更紧了。

约瑟菲娜:艾布里爱乐,艾布里爱乐,你在伤害她的感情啊。

艾布里爱乐捂住自己的耳朵,不想听见约瑟菲娜正在说什么。

老师:艾布里爱乐,约瑟菲娜正在和你说话。

约瑟菲娜(靠近艾布里爱乐):你正在伤害她的感情。

艾布里爱乐:但她拿走了我的刀。

约瑟菲娜:她可能并没有注意到……她可能没有注意到那是你的刀。

艾布里爱乐:不——

约瑟菲娜(在搜索了她面前的餐桌之后):老师,我有两把!(举起了两把刀)

老师:那是两把刀吗?

约瑟菲娜:是的。

老师(点头表示认同并会意地微笑):也许有一把是艾布里爱乐的?

艾布里爱乐:不,啊啊啊啊啊(对着萨拉)。你从那里拿走了它。

约瑟菲娜(倾身靠近艾布里爱乐并拿起两把刀中的一把):这是你的,你看看。(约瑟菲娜把刀放在艾布里爱乐旁边)

艾布里爱乐:我不会拿这种刀的。不,那不是我的。(她拿起了刀,用她的纸巾擦拭刀锋,然后看着约瑟菲娜)看!(然后转向老师)老师,看,它现在干净了。

艾布里爱乐(想要用这把刀来切她的香蕉,她看着老师):老师,我需要有人帮忙切香蕉。

萨拉(对着艾布里爱乐):你想要我帮你吗?

老师(对着艾布里爱乐):请别人来帮助你。

萨拉(从艾布里爱乐手里拿过刀,把香蕉皮给去掉了):切好了。切好了,艾布里爱乐(语气欢快)。

艾布里爱乐:太感谢了。

萨拉(摇摇头,摆摆手,她仿佛是在庆祝这一时刻以及与艾布里爱乐的紧张关系的结束):谢谢你。

> 教师做了什么来促进儿童之间深入的对话呢?
> 教师在这个场景中所扮演的角色与她在
> 贾内尔和砖块的场景中有何不同?有何相似之处?

由"失踪的餐刀"这一场景引发的思考。这个场景之所以有一个好的结局,部分是由于约瑟菲娜换位思考的介入以及她发现了失踪的餐刀。

当艾布里爱乐向教师抱怨萨拉的时候,教师将这一互动转化为两个女孩之间的对话:"那你需要和萨拉谈谈。"换言之,她将这一情境的焦点放在孩子之间的互动上,而非她自己和个别孩子的互动。

教师通过让艾布里爱乐去检验她有关萨拉的假定("为什么她坏?"),以及随后试着向艾布里爱乐提供一个思考萨拉的可能意图的不同视角("也许她不知道那是你的,艾布里爱乐。"),试图维持这段对话。

当约瑟菲娜提出她的观点而艾布里爱乐拒绝接受时,教师尝试着让艾布里爱乐对约瑟菲娜做出回应:"艾布里爱乐,约瑟菲娜正在和你说话。"

然后约瑟菲娜在她面前的餐桌上搜寻了一下,找到了一把多余的餐刀:"老师,我有两把!"教师的回应则强调了约瑟菲娜的发现同当前互动的相关之处:"那是两把刀吗?""也许有一把是艾布里爱乐的。"

最终,当艾布里爱乐让教师帮她(用那把可恶的失踪的餐刀)切香蕉时,教师利用了这个机会让艾布里爱乐去和另外一个孩子发生联系:"请别人来帮助你。"这为萨拉提供了机会去主动缓和她自己与艾布里爱乐之间的紧张气氛以达成和解。

总而言之，教师的每一个举动都是为了鼓励儿童去和别人交谈，去倾听彼此，去反思自己的假定，并考虑他人的动机与感受。诚然，这一对话探讨的是一个何为事实的问题，但还发生了些什么呢？以下是教师在观看了这个场景的录像片段后给出的评论。

我想要她们学会如何自己用语言来解决冲突，因为这是她们一生都需要的……我试着去重新界定这一问题，从而使得她们可以靠自己来解决这个问题，而不是由我来给她们答案，并告诉她们该如何做。

婴儿能做什么？（关于事实的问题）

第三个场景发生在2002年，它是在新城市中心开展的一项年龄研究的一部分。这个研究的起因是一个孩子声称一个人只有到了8岁大才能骑两轮的自行车。这提醒了老师，孩子们常常谈论并区分婴儿能做什么和大人能做什么。因此她们邀请感兴趣的孩子们参与了一个关于"不同年龄的人们可以做什么"的研究，五个孩子响应了这个邀请。在对话伊始，老师提出了以下问题："婴儿能做什么？"卢塞罗是对这个问题最侃侃而谈的孩子。

婴儿什么也不会做，婴儿晚上醒了就开始哭。他什么也做不了。他所有能做的就是睡觉和吃东西。他太小了。

第二天，老师带着这个小组到附近参观了芝加哥公共协会中心的婴幼儿班级。当孩子们回来之后，他们交流了自己的体会，并且根据观察画了画。这之后的一天老师召集这个小组进行了进一步的讨论。

老师：还记得吗，你们说过，所有的婴儿只会睡觉或者吃东西这样的话。当我们有机会去拜访他们之后，你们现在是怎么想的呢？

卢塞罗：这些婴儿比那些只会睡觉和吃东西的要更大一些。

老师：那只会睡觉和吃东西的婴儿有多大呢？

卢塞罗：很小的，像这样大（用他的双手比划着）。

老师：我们所看到的婴儿，他们会玩吗？

乔纳斯：他们会玩球还会跳。

阿曼多：是的，他们还会唱歌。

乔纳斯：不，阿曼多，婴儿不会唱歌。

老师：为什么不会呢，乔纳斯？

卢塞罗：他们不会唱歌因为他们嘴巴小。

黛西：不，卢塞罗，他们不会唱歌是因为他们甚至还不会说话。

卢塞罗：那个我知道，黛西。但是婴儿仍然会走路。

老师：我们昨天看到的所有的婴儿都会走路吗？

黛西：不是的。有一些婴儿还是太小了。

老师：还有人能告诉我你们在婴儿房间看到些什么吗？

卢塞罗：我看见有一个老师正在喂一个婴儿，因为他太小了，自己还不会吃。

黛西：我看到一个老师在孩子跳舞的时候在唱歌。

阿曼多：是的，孩子们在跳舞。

黛西：有的婴儿看着窗外。

老师：你觉得这些婴儿在看着窗外的什么？

黛西：因为外面的树上有小鸟，还有一只小老鼠。（孩子们在去中心的路上看见了一只老鼠）

卢塞罗：是的，但是那只老鼠看到我们的时候逃走了。

乔纳斯：那是因为它被吓坏了。

老师：为什么？

卢塞罗：也许是因为它只喜欢看到婴儿，不喜欢大孩子。

由"婴儿能做什么"的讨论引发的思考。教师做了什么来促进儿童之间深入的对话？教师用一句质疑开始了这场讨论："还记得吗，你们说过，所有的婴儿只会睡觉或者吃东西。当我们有机会拜访他们之后，现在你们是怎么想的呢？"当卢塞罗回答"这些婴儿比那些只会睡觉和吃东西的要更大一些"时，教师利用这个机会引导孩子们根据婴儿的"大小"将婴儿分类，"那只会睡觉和吃东西的婴儿的有多大呢？"在讨论进行到一半的时候，教师针对儿童的想法提出了两个问题。当乔纳斯说"……婴儿不会唱歌"时，她问道："为什么不会呢，乔纳斯？"这引发了一些热烈的讨论。隔了一会，她又质疑了卢塞罗的婴儿会走路的说法："我们昨天看到的所有的婴儿都会走路吗?"最后,她问了孩子们一个问题,即"你觉得这些婴儿在看着窗外的什么?"这传递出的是,她重视他们进行深度思考的能力。

整体来看,这个场景包含了许多对话的特征。参与者将注意力集中在了一个问题上面。他们分享不同的观点,他们倾听他人并做出回应,他们陈述理由,他们寻找原因,他们质疑他人的观点并以之为基础加以拓展。教师提出的所有问题,都以这样或者那样的方式让孩子们始终把焦点放在"婴儿会做什么"这一关键问题之上。

这一对话过程建立起了何种类型的认识?在教师所提问题的协助下,孩子们逐渐想到了将婴儿期分成两大类的这种可能性。

"非常小"的婴儿:

- "只会睡觉和吃东西"。
- "仍然太小了,不能自己吃东西"。

"大一些"的婴儿:

- "……玩球……跳"。
- "……走路"。
- "……在跳舞"。
- "……在看着窗外"(看着鸟和一只老鼠)。

同孩子们去参观婴幼儿房间之前对于婴儿所作的分类相比,很有可能在对话结束的时候他们所设想的分类方法要精细得多。

还有可能,孩子们对于学习过程有了更深的认识。比方说,他们体验到在仔细考察和反思他们的观察结果之后,他们对某些事情的看法发生了变化。他们还体验到了在他们与他人分享自己的观察所得之后,他们从别人身上学到了东西,而且当交锋结束的时候,他们有了更为丰富的记忆和新的认识。

对于这三个小组场景的评论

在这三个场景中,所有的教师干预实际上都激发了儿童的思考。绝大多数的干预都是以开放性问题的形式出现,其目的在于引发更多的想法或是让儿童对他们所表达的某个观点加以拓展。此外,在大部分或几乎所有的情况下,教师并没有事先预设一个所有可能的答案的范围。因此,不论对于教师还是儿童而言,每个问题都能引发思考。在某些情况下,教师并未去着意提问,而是将儿童的注意力引向某条信息,因为这样的信息有助于儿童去思考眼前的重要问题。最后,每个教师在设计问题时所选取的语言都是为了鼓励儿童去思考,以及为其思考提供鹰架支持。

结　　论

尽管本章所列举的六个场景各不相同,我们仍然可以从中找到教师所使用的促进儿童学习策略的共同之处。

- 倾听儿童的想法,并通过提问和陈述,对儿童所表达的给予反馈。
- 通过提出引发思考且具有开放性的问题来向儿童提出质疑,这些问题内容丰富且意思明确,而且它们能推动儿童进一步发展。
- 树立要与儿童进行对话,以及儿童之间要进行对话这一基本原则。换句话说,要参与并鼓励讨论。在这些讨论过程中,儿童会提出多种看法和视角,倾听别人的看法并做出回应,提出支持观点的理由,并与教师和/或其他儿童一同建构认识。
- 使用多种思考技巧帮助儿童建立广泛的联系,并帮助他们将那些联系整合成为内部一致的认识。
- 明确而且一贯地重视儿童的观察能力、推理能力以及通过推理将观察所得和先前的知识综合起来形成新认识的能力。

在下一章中,我们将进一步探讨,儿童对于各种不同类型表征形式的运用,如何增强他们的观察和联结能力,并为他们与教师以及彼此之间的对话提供核心内容。

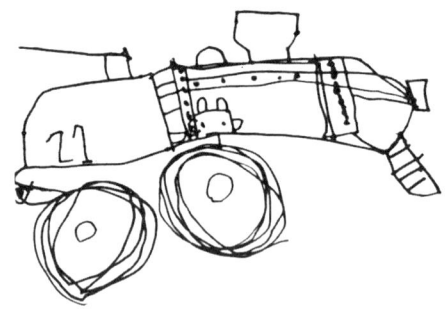

第 4 章

儿童的表征

在本章中我们会探讨儿童如何利用各种表征,例如绘画、三维结构以及口头语言来构建和表达他们对世界的认识。

所谓"对世界的认识",指的是一个人头脑中的观念,包括:

1. 被某人认为是实体的某些事物,例如一只兔子,一个家庭,或者月亮。

2. 构成实体的元素,以及与这些元素有关的特征(例如,兔子的耳朵是构成兔子的一个元素,而兔子耳朵的特征则包括其形状、颜色和质地)。

3. 这些元素之间的关系(例如,空间、因果或者比较关系)。

4. 实体同其环境的关系。

5. 实体同其过去的关系,即影响实体的形式、变化过程以及它同环境的关系的事件。

让我们来回顾一下乔纳森画的淋浴设备(参见第 1 章),并把它和同一研究中托尼所画的淋浴设备进行对比(参见图 4-1),从中我们可以看到对于某一事物的不同认识是如何通过不同的表征形式表现出来的。

图4-1 认识淋浴设备的两种不同视角。左边乔纳森的画作描绘了淋浴设备和澡盆的运作方式。右边托尼的画作强调了开着淋浴设备在澡盆里沐浴的愉悦

在我们看来,乔纳森通过其画作所表达的他对于淋浴设备的认识,由两类紧密相连的关系组成:其一是构成淋浴系统的硬件间的空间顺序,其二是水在这些硬件中的流动过程,它先由竖直管道向上流到喷头,然后喷出进入浴缸,再流进下水道,最后通到一个杯子里。由绘画所传达的认识涉及构成淋浴设备的不同机械部件的属性,这些部件彼此间的关系,以及水如何在这些相连部件中流动。

由托尼的画作所展现出的他的认识,则主要围绕着淋浴者和淋浴设备间的关系展开。画中人脸上带着微笑,表明了他在淋浴过程中心情愉悦。画中很少出现有关机械部件的细节,即便有也与画作所突出表现的人类体验相形见绌。

简言之,我们想要指出的是,乔纳森和托尼的画作所传达的是关于淋浴设备截然不同的认识。尽管这些画作可能并不能完整地表达每个男孩对于淋浴设备的理解,但是它们反映了孩子完全不同的兴趣和视角。这继而能够引发教师思考如何通过提问来暗示思考问题的新角度或鼓励两个男孩一同整合他们的观点,以帮助他们进行更加深入的探索。

乔纳森和托尼的画作的互补性很强。托尼所关注的正是被乔纳森忽略

的地方。与每个人各自的视角相比,将两人的视角合二为一将会提供对淋浴设备更为丰富和全面的认识。

> 你会做些什么让这两个男孩做进一步的探索呢?

学习过程中的表征

接下来,我们会介绍七个案例,这些案例是关于儿童如何创建有助于引导和组织他们的学习过程的表征的。我们的叙述将围绕以下问题展开:

- 儿童对于表征的创建和运用如何有助于他们的学习过程?
- 教师在帮助儿童将他们的表征行为和学习过程联系起来方面起到的是何种作用?
- 这些表征所传达的是何种认识,此种认识又是如何由这些表征组织和表现出来的?

贾思敏和蚂蚁

贾思敏是五个对蚂蚁感兴趣的孩子中的一员。在这个研究刚开始的那一天,老师问这组孩子:"蚂蚁看上去是什么样的?"孩子们很难用言语来描绘蚂蚁,所以她让孩子们根据记忆画一幅蚂蚁的图画。由此她可以知道孩子们是否能够通过绘画更加有效地进行表达,而且这也可以反映出孩子们关于蚂蚁的某些知识(参见图4-2,贾思敏的第一幅蚂蚁图画)。

两天之后,小组回顾了他们所画的蚂蚁图。

哈维尔(指着杰里米的画):那看起来就像是一架飞机!

保罗(指着贾思敏的画):那个看起来像是一只绵羊!

老师:你们想不想到室外去找些真的蚂蚁,然后把它们的样子画下来呢?

所有人:想!

每个孩子都拿到了一块配有纸张和笔的书写板。在第一次户外活动

贾思敏的第一幅蚂蚁图，保罗说："看起来像是一只绵羊！"　　贾思敏的第二幅蚂蚁图，她一边看着一只活蚂蚁，一边把它画了下来。

图4-2　贾思敏的蚂蚁图，这些图反映出她对于蚂蚁身体结构的认识逐渐深入

中，他们没有找到蚂蚁的踪影，所以他们画了想象中的"蚂蚁的房子"。在第二次户外活动中，贾思敏、玛丽塞拉和老师在学校边的人行道上找到了一只活蚂蚁。

老师(对贾思敏说)：你能在它离开之前把它画下来吗？

贾思敏(仔细地观察蚂蚁)：圆圈！它有一个圆圈！

老师：它有一个圆圈？

玛丽塞拉：这是一个圆圈，这是一个圆圈。

贾思敏：耶！看！有圆圈，有圆圈。

老师：好的，在你们的纸上把圆圈画下来。

贾思敏(画下了一个椭圆形的身体，在里面画了一个圆圈)：这是一个圆圈，这是一个圆圈。

(然后她在身体的两边各画了三条腿)

老师(又问她道)：这只蚂蚁有几个圆圈？(老师帮助贾思敏重新找到了那只蚂蚁)

贾思敏(仔细地研究这只蚂蚁)：三个。它有三个圆圈(贾思明在蚂蚁的身体里又多画了两个圆圈，这样一共就有三个圆圈了；参见图4-2)

这幅画反映了贾思敏对于蚂蚁的某些元素，以及元素之间的空间关系的认识(例如，身体、头、腿以及身体各部分之间的关系)。她完成了一项困难的任务，即在一个二维平面上表征一个极小的、三维的而且迅速移动的物体。

在通过观察建构认识的这个过程中,贾思敏的观察和绘画交替进行。画蚂蚁这个任务对于观察过程而言既是一种驱策,又为其提供了参照点。这促使贾思敏与观察对象进行对话,使得她每次重新去观察蚂蚁的时候都能提出新的问题。分发给每个孩子的书写板、笔和纸则为这个过程提供了可能性。

在这一过程中,老师重复贾思敏口头表述的观察结果并引导她把她的发现画下来的这些辅助行为(Scaffolding,亦译作"鹰架①")起到了非常重要的作用。随后她通过提问让贾思敏对蚂蚁进行了进一步的观察,以使得她的表征更为完善:"蚂蚁有几个圆圈?"老师是在教贾思敏如何在她的观察中运用表征并由此成为一个更出色的观察者。

安伯的花朵

这个班级的孩子们研究颜料已经有几周时间了。孩子们自己调出各种深浅不一的色彩,选出他们最喜爱的颜色,并随着他们对于颜料知识的增长探索了各种不同的绘画材料。老师决定带孩子们到当地的一个公园里去研究花朵,以帮助孩子们进一步发展对颜色的认识。

在离开幼儿园之前,孩子们用画笔和水彩颜料画下了他们想象中的公园里花朵的样子。安伯画了一排长长的绿色的花茎,这些花茎互相平行而且间距相等,在每根花茎的顶部还分别有一个颜色各异的圆球。

孩子们是在一个湿冷的清晨去的公园。老师带来了毯子,这样孩子们可以坐在上面观察和描绘花朵。每个孩子都拿到了水彩笔、不同大小的纸张、水以及书写板。

安伯在她的画中充分地展现了她看到的各种明亮的色彩,并对这些色彩的深浅进行了刻画。和她在教室里所画的花朵画不同的是,她不再单独描绘每朵花的形状,而是选择去表达所有花在一起形成的整体效果。她通过使用对比色和重复色以及各种形状创造出一个视觉整体,以及一种从远

---

① "鹰架"(Scaffolding)是源于社会建构主义的一个重要的教学原则。它用建筑用的脚手架来比喻教师或更有能力的人在辅助儿童学习过程时有效的互动关系的性质,即辅助者根据儿童当时的能力水平随时调整所提供的辅助,以使儿童在学习新知识、技能的同时发展其自主性和独立性。(主编注)

处观察一个花园的视角。某些色彩之间的对比增强了观众所感受到的这些色彩的鲜明程度。这是一幅色彩运用的上乘之作。

安伯对于这次经历总结如下:

我们得出游,而且要画一些花。草是绿的。它们长着黄色的花、粉色的花、橘色的花和紫色的花,还有红色的花。那里都是这样的花。我看见很多。很多,很多花。不仅仅是一朵花。

年龄增长

当开始进行"大学校"研究的时候,某个班级的孩子们详细地讨论了进入学前班的年龄以及生日与秋季之间的关系。这引发了一场有关孩子们在不同的年龄可以做些什么的讨论。老师把这场讨论用录音记录下来,转写成文字并带到了每周的例会上。例会上教师决定请孩子们谈谈他们认为在不同的年龄可以做些什么,还让他们画图来充实他们的描述。老师问所有孩子:"你能告诉我,当你还是一个婴儿时,你能做什么吗?"并记录下孩子的回答。然后孩子会画下自己婴儿时的自画像。接下来老师会继续问:"你能告诉我,你1岁的时候能做些什么吗?"老师会按照这一顺序不断提问并要求孩子画下图画,直到问到12岁为止。在完成一系列有关年龄的对话和绘画之后,老师和孩子们会一同回顾孩子们的陈述,并将孩子们最初的陈述转化成图片的说明文字(参见图4-3)。

此处的学习过程将孩子们无数的记忆碎片以及他们的预期整合到老师所提供的年龄增长框架之中。在孩子的头脑中,年龄的增长意味着他们变得越来越大并且有能力做更多的事情。

在以上表征中存在着五种关系类型:

1. 年龄与相应的能力之间的关系。

2. 个头从小变大。

3. 能力由非常有限变得越来越大。

4. 随着年龄增长,绘画内容变得越来越复杂(注意图中的婴儿是以一个小孩子的形象出现的)。

5. 由纵向序列表达的时间发展本身。

在某些情况下,儿童们也会用泥塑来印证他们有关年龄发展的绘画。

这是我 12 岁的样子,我去的是真正的大学校。我们在真正的大学校里要做家庭作业。我们有时候要画数字。我们要画字母。当你 12 岁的时候,你就会去真正的大学校。

这是我。我 4 岁了。我比 2 岁的时候大。我会画画、读书、玩小汽车、去学校、跑得飞快,还能骑蝙蝠侠自行车,那是我的生日礼物。

我。我 2 岁了。我现在会走路了,因为我更大了。玩具,我玩玩具。

我。我 1 岁了。我玩婴儿玩具。因为我还太小,所以我不会走路。

我是一个婴儿。一个人在婴儿时要用奶瓶。

图 4-3 约书亚,4 岁,他画的他自己以及他所想象的他过去、现在还有将来的样子,他根据所画的不同的年龄而改变自己的绘画能力

小鸡的社区

戴恩带了三个鸡蛋来学校。他想要孵化这些鸡蛋,他的想法是将这些鸡蛋放在蝴蝶馆里,蝴蝶们正在那里孵化。同班同学都表示同意。在放好鸡蛋之后,他们等呀等,但什么也没有发生。戴恩的结论是或许这些鸡蛋需要他们自己的房子。这引发了大家给小鸡们造个房子的想法。

有十个孩子对这个研究表现出兴趣。老师请他们每个人都画出他们想要搭建的小鸡房子。以下对话引发了之后的绘画过程。

老师:小鸡想要什么样的房子呢?

戴恩:一个圆圈。

莫妮卡:一个用树枝造的房子。

老师:那我们的圆房子看起来是什么样的呢?它里面有什么呢?

戴恩:一个浴缸,它们有一个沙发,还能看电视。孩子们在附近玩耍,孩子们在搭建小汽车;迷你赛车①(Penny Racers),它跳过了迷你赛车。

老师:为什么你想要造一个圆房子?

戴恩:因为我从来没有造过一个圆房子。(戴恩画了一个圆圈代表房子,一边画一边评论道)它们的电视机是三角形的。孩子们正在吹泡泡。那是麦片。

安娜:我想要画一个小鸡的房子,像一个蛋,一个很大的蛋。

孩子们一边画画,一边共同建构他们的想法。

莫妮卡:我打算做一个很大的蛋,因为我想要给这个房间添置些东西。我要为这些小鸡造一个漂亮的房子。所有的东西。

老师:什么样的东西?

安娜:我要把电视机写(实为画)下来,我还要把沙发写下来。我要搭建厨房和房间了。(参见安娜的画,图4-4)

在这段对话之后,老师向整个班级介绍了这个研究,所有的孩子都受邀画出他们理想中的小鸡的房子。老师同意孩子们使用黏土来建造小鸡的房

---

① Penny Racers 是任天堂的一款赛车游戏。(主编注)

子,因为黏土本身很容易被塑造成三维环形结构,而且大部分孩子之前都有过使用黏土的经历。戴恩在纸上画了一个大圆圈。孩子们把黏土搓成条,放在圆圈的轮廓上。他们把黏土一圈一圈往上垒起来,用叉子固定,弄出想要的形状,又用水来抹平接缝处。每天晚上他们都用湿布遮住这个建筑以使其保持湿润可塑。年龄小的孩子会向年龄大的、更有经验的孩子学习。

全班在群体活动时间进行了讨论。随着这一过程进一步深入,所有的孩子最终都参与到了这个搭建小鸡房间的活动中来。在数周的劳作之后,小鸡的房子被晾干,然后又经过烘烤、上釉以及再次烘烤的过程。

接下来,老师和孩子们讨论了小鸡在它们的房子里还会需要什么。孩子们的想法各不相同。他们首先把自己的想法画下来,然后用泥塑捏出来。他们在并肩工作时常常会进行讨论。他们成功地按照比例塑造了模型,使其大小适合放进房子里。他们制作了一个马桶,有书的书架,沙发,冰箱,水池,以及通向房子的楼梯。制作马桶的亚伦决定在给小鸡们做一个马桶之前,要仔细观察一下真实的马桶的样子。莫妮卡做了冰箱,并在里面放了南瓜和墨西哥卷。

图4-4　安娜计划中的小鸡的房子。这是一幢带有一个厨房和一个房间的"像一个鸡蛋,一个大鸡蛋"那样的房子。她在花园里画了花朵,在房子外面画了一只小鸡。为了让孩子们有更多的想法,老师常常会使用的一种策略是让孩子们去制订计划

两周后,老师引入了另外一个问题:"小鸡们在房子的外面需要些什

么?"她请孩子们先把他们的想法画下来。然后带他们出去散步,以便他们观察学校周围的社区都有些什么。这引起了孩子们以下的讨论。

老师:让我们回想一下我们在社区里散步时的情景。我们看到了些什么?

泰伦斯:人行道。我看到了一条马路。

老师:在社区里,你们需要什么?

泰伦斯:小汽车。

老师:为什么?

泰伦斯:这样他们可以在马路上开车。

老师:为什么?

泰伦斯:因为这样他们(其他人)就能在人行道上走路。这样他们就不会被撞到了。

老师:为什么那个很重要?

泰伦斯:因为这样他们就不会把人撞倒。

老师:小鸡的社区是什么样子的?

泰伦斯:像是地面和街道。

老师:给我具体说说地面和街道的样子。

泰伦斯:这样他们就能在人行道上走而不会在人行道上被撞到。

老师:你觉得小鸡们会有小汽车?

泰伦斯:是的,所以他们可以开车,而且不会被撞到。

老师对此的回应是建议孩子们为小鸡们制作小汽车。在这之前没有一个孩子有过制作小汽车的经验。老师建议他们使用玩具汽车作为模型,但是孩子们都说他们想要造一辆"真正的小汽车"。因此,有一位老师带孩子们去户外查看停在街边的汽车。孩子们注意到有的汽车有两扇车门,而有的有四扇;有的车子的座位是圆形的,有的是正方形的,还有一些则是长方形的(孩子们此前已学习过了所有这些概念)。孩子们在讨论了观察结果之后,用和之前造小鸡的房子时相同的方法一起制作了一辆黏土小汽车。这辆长方形的小汽车包括给"妈妈"、"爸爸"和"宝宝"用的座位、安全带、方向盘、雨刷以及车轮。孩子们能够按比例地制作内部构件,以使这些构件能和小汽车的内部空间相匹配。这使得他们会去尝试他们制作出来的东西。最后,他们用黏土制作了一个独立的带有打开的天窗的汽车顶棚。

老师最后提议孩子们设想一下小鸡在他们的社区里需要什么样子的商店。孩子们提到了眼镜店、食品店、帽子店,还有甜甜圈店。在参观了社区里的商店之后,孩子们一同回顾了他们的发现。

老师:我们去哪里散步?

莫妮卡:我们去看了商店。

老师:我们看到了什么类型的商店呢?

莫妮卡:我看到了一家比萨店。

泰伦斯:我见到了一家理发店。

达马索:我看见我外婆工作(的地方)。

老师:他们在商店里卖些什么呢?

达马索:他们卖糖果、卖地毯。

然后孩子们把他们所看见的都画了下来。老师们建议孩子们在一块长胶合板上画一幅壁画来表现周围的社区,并把它放在小鸡房子的背后,而不是让孩子们用黏土来制作周围的社区。这幅壁画将拓展此项研究的范围,因为它给了孩子们机会去体验其他不同的材料。

为了帮助孩子们创作这幅壁画,老师给孩子们看了张地图以及他们在社区散步时经过的学校周围的航拍图。以这些为参照,老师向孩子们指出了散步途中注意到的商店的位置。然后,她们让孩子们在胶合板上标注出他们想要画上他们所确认的每条街道和每所商店的位置。孩子们画出了学校附近的街道,然后他们在纸上画了操场、麦当劳、比萨店和地毯店。随后,他们先在纸上重画了一遍之前画的东西,然后在胶合板上指定的地方先用铅笔,再用黑色记号笔重新创作了他们的图画。最后,他们给画涂上了颜色。

完成了的壁画以及它的部分陈设(没有办法同时容纳所有的陈设)被放在黏土房子的背后,汽车顶棚和小汽车被放在它的旁边。孩子们很喜欢摆弄这个小鸡的房子(参见图4-5)。

图4-5 小鸡的房子、陈设、小汽车和附近的社区;这是由"小鸡需要什么"这一问题所推动的合作成果

在建构这个表征的过程中,孩子们运用了各种技能:
- 根据想象绘画。
- 以观察结果为背景进行思考/讨论。
- 根据观察绘画。
- 使用各种黏土技术。
- 根据比例来设计和构造。
- 为制订计划而绘画。
- 看地图。
- 通过事先确定不同部分的位置来为使用一大块平面制订计划。
- 从在平面上绘草图到给图上色。

此外,以上各项技能的运用都和口头语言的使用整合在了一起。

由这整个过程所创建的认识具有个人含义。例如,儿童把人类的需要投射到小鸡身上,他们将自己身边的社区融入其中,并与家庭成员所工作的商店相联系。

教师在这一过程的每个阶段都为其提供辅助("鹰架",见第68页注脚,后同)。她们把儿童先前的学习所得,例如有关形状的知识以及以前学过的黏土雕塑和上釉技术,同这一过程结合了起来。

这一渐进的表征建构过程持续了 3 个月时间,它为整合各种探索和想法提供了一个可用的汇聚点。背面的壁画提供了社区背景,并给整个表征赋予了视觉一致性。这项研究在"需要"这个概念上也具有一致性。儿童有关小鸡在它们的生活中需要些什么的想法,为他们决定在每个阶段需要加入些什么内容,比如一幢房子,家具,小汽车,商店,街道,红绿灯和人行道等提供了依据。

吉娜的三重视角绘画

吉娜的画是在窗户研究的最后一个阶段完成的(有关窗户研究的内容请查阅第 2 章)。吉娜和三个朋友决定把她们从二楼窗户看到的东西画下来(参见图 4-6)。

图 4-6 吉娜自己选择在她的绘画中使用几种不同的视角,这包括朝着由三个窗格组成的窗户及透过它去观察的视角,从天花板向下观看的视角,以及由指向所有东西的箭头表现出来的观众的视角

吉娜指着她的画的上半部,说道:"这是卡门房间里面的一扇窗户。有草,有花,有树。这是房子,这是房子旁边的树和另一棵树。"然后她又对画

的下半部分评论道:"这是阿莉莎,我,赛丽娜和詹妮。我们在画卡门房间里的窗户。"最后,她提到了她画的那三个箭头:"这些箭头指向所有东西。"

吉娜的绘画包括了三个截然不同的视觉/空间角度:

1. 她自身观看三扇窗户以及透过窗户观看外面的视角。就像贾思敏所作的蚂蚁表征那样,这部分的绘画记录了她透过由三个窗格组成的窗户所观察到的景物并把它们组织在一起。

2. 一个想象中的从天花板向下的鸟瞰视角,由此看到的是她的小组正在画他们从窗户往外看见的东西。这其中不仅包括她想象自己身处空中,还包括想象从那个视角看过去的小组是什么样的。这似乎表明,吉娜正处于发展多重空间同步视角的一个重要阶段。

3. 将画作作为一个整体观看的观众的视角。吉娜在她的绘画中加入了箭头,以便她作品的观众能够注意到她想让他们看到的各个方面。在她的口头表达中,她提到箭头"指向所有东西"。通过画这些箭头并在她的口头表述中解释这些箭头的作用,吉娜同她作品的观众展开了一场对话。她期待人们会观赏她的画作,并且她希望观众们能注意到其中每个地方。

接下来的两个有关表征的例子与孩子们和朋友以及家庭的关系直接相关。这些例子突出表现的是儿童如何使用表征来表达社会情感方面的认识,以及如何使用表征来强化对于社会关系的相互性的体验。

礼物

班级里的许多孩子对走廊对面的房间里正在发生的事情表现出了极大的兴趣,而且另一边的孩子亦是如此。因此,两个班级的老师想到了让两个班级的孩子们配对交换礼物这个主意。

每对孩子都会先彼此访谈一下,以了解对方喜欢什么以及不喜欢什么。然后,根据在访谈中所了解到的信息,他们会使用各种不同的材料来为对方制作礼物,这些材料包括黏土、彩纸、颜料和彩色笔。

一个男孩给他的朋友画了一辆拖拉机,以便他割草。然后这个男孩用黏土把拖拉机做了出来(参见图4-7)。在另一个礼物研究中,一个男孩做了一个黏土电话给他的一个朋友,因为他的朋友说在学校的时候他很想念自己的妈妈。这个电话是为了让他的朋友和妈妈进行沟通而做的。

在实现给朋友制作礼物这一目标的过程中,孩子们学习了访谈这一概念,以及进行访谈所包括的步骤。访谈让孩子们认识到了同伴的兴趣及其所关心的事。

与每份礼物有关的认识包括三方面:同伴的兴趣,需要和关注对象;对于同伴的好恶、需要以及关注对象和自己的没有关联这一点的认识;对于交换礼物有助于提升他和同伴之间的亲近感的认识。对于那位制作了电话送给他朋友的孩子而言,还包括了其他两种认识:母亲不在和朋友的不安感之间的因果关系,以及使用电话也许可以减轻这种不安感的想法。

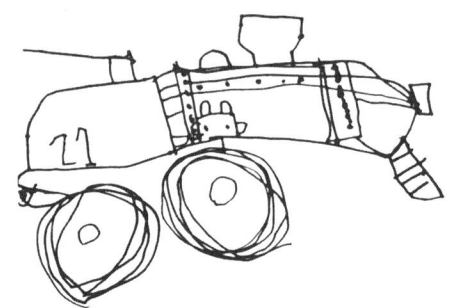 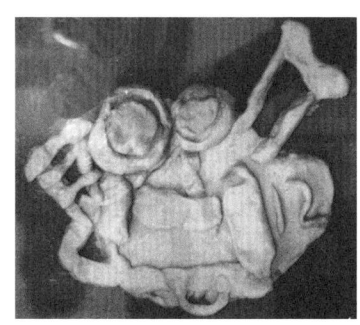

"拖拉机,这是给罗纳尔多的礼物。罗纳尔多打算用这个除草。在罗纳尔多除草之后他打算要浇灌。然后他打算种花。"(凯斯,5岁)

图4-7 善解人意的礼物以及友情,凯斯先是为罗纳尔多画了一辆拖拉机,然后又做了一辆黏土拖拉机

朋友

"朋友"研究源起于即将在下个秋季学期离开幼儿园去"大学校"的孩子们的担忧(参见第2章,"个别儿童的兴趣与儿童共有的兴趣的差异")。作为这个研究的一部分,老师建议孩子们把他们自己和他们的朋友们画下来。老师们记录下孩子们关于这些画作的评论,并贴在这些画上。这些画被贴在孩子们可以经常去看的地方(参见图4-8)。

创作并且时常地回顾这些绘画起到了许多作用。

1. 通过创作这些图画,孩子们可以确认他们彼此间的关系,表达他们对他们之间关系的感受,并且有可能减少一些他们对于升入学前班的担心。

我,凯斯,丹,杰斯克,他们是和我一起玩小汽车的朋友。(哈罗尔多)

我们是朋友。我们在画画,而你在笑,因为你的妈妈在这里。卓琳是你的妈妈。现在,我能从这里出去吗?(伊薇特)

这是我在"大学校"里和贾思敏还有奥多玩游戏。这是我的家。我有一个大家庭。他们是我的朋友。一个大孩子的名字叫布鲁斯。他在"大学校"和贾思敏还有奥多玩。(约书亚)

我们穿着长裙子,长裙子,我们挽着手。因为我们穿着裙子,所以我们穿了黑色的鞋子。我们自己走路。我们玩忍者神龟拼图和电脑。我们是大孩子。(伊薇特)

约书亚,它,我还有你,我们正牵着手。我们要到"大学校"去。我和约书亚打算玩积木,我爸爸会来接我和约书亚。(我)想去我爸爸的房子,他让我去了。(伊萨克)

图 4-8 友谊的意义

请注意,有两个孩子在他们的陈述中提到,他们会和他们的朋友一起进入"大学校"。

2. 通过创作这些图画,以及在这些画作被挂出来之后对这些画作进行回顾,朋友们有机会重新体验他们的友情。

3. 通过张贴画作,友情得到了老师和班级其他人的认可,这对他们的关系是一种进一步的肯定和祝贺。

除了对实际的友情加以肯定之外,这些画作和陈述还传达出了以下这些认识:友谊与这些有关——和另一个人一起做一些开心的事,彼此支持,感觉如家庭成员般亲近,被视作彼此的家人,以及感受到一同成长。

教师在帮助儿童表征时所起的作用

在上述的各个例子中,我们看到了在观察前、观察中、观察后以及由回忆给出的表征。

教师在提高儿童的创造力以及帮助他们使用表征方面所做的一些最重要的事情包括:

1. 让儿童在他们观察某个事物之前先把它画下来。这使得儿童会事先深入思考具体细节,并认识到随后观察所得和最初的表征之间的不一致,由此他们在观察研究对象时会变得更为敏锐。(Roopnarine & Johnson, 1993)过后他们可以将最初和之后的表征加以对比,并反思他们认识的发展过程。

2. 和儿童开展讨论,让他们针对将要观察的对象进行集体探讨。

3. 通过提问和提供工具来为儿童的观察提供辅助。

4. 先把儿童分成小组,让他们能够分享知识并激励彼此进行观察和表征。在此之后,则把儿童分成大组去讨论他们的表征。

5. 让儿童评论他们的表征。

6. 向儿童提问,以促使他们立足于新的视角。

7. 建议儿童回顾他们的表征,这么做的目的在于让儿童反思和拓展这些表征,用新形成的表征来取代它们,或者以它们为基石进行下一阶段的探索。

8. 把儿童的表征张贴出来以便回顾。

9. 借助儿童的表征,将小组内的探讨扩展到全班,并再次收拢回小组之内。

视角的含义

在本章和之前的章节中,我们常常使用视角这个词来指代一种关系,这种关系会在一个人思考和表征研究对象时出现在其头脑中。例如,我们在本章先前的部分中,托尼和乔纳森在他们各自对于淋浴设备的描述中强调的是不同的关系。

视角的第二层含义是观察者和研究对象之间的关系。这可以指人同对象之间的空间关系(就比如吉娜从天花板向下看的那一视角),也可以指观察者探索其对象的目的,对于对象的看法,或者是关于对象的假设。观察者和观察对象的关系通常会影响观察者在表征对象时所强调的元素和关系。

多重表征模式

短语"多重表征模式"(在第1章也被称为"多重符号系统")指的是儿童使用各种不同的表达模式来表征研究对象(例如,绘画、涂色、黏土、电线、手势、戏剧表演等等)。对于多重表征模式突出强调的至少有五个理论依据:

1. 运用多重表征模式为儿童提供了使用其自身的多个方面来感知和表征对象的机会。这将拓展他们的感知范围以及提升他们观察与交流的整体能力。

2. 使用多重表征模式有助于儿童使用多重视角来审视研究对象。例如,颜料和油画笔会引起人们对色彩的关注,使用铅笔会让人注意到线条,使用声音则会使人关注情绪。

3. 在使用多重表征模式来表现同一现象时,儿童使用每一种模式的能力都会有所增强。例如,当儿童将绘画、手势与语言沟通一起使用时,他们的语言沟通能力会增强。反过来,他们在绘画、搭积木以及使用黏土方面的能力也会因为与语言沟通的一起使用而得到强化。

4. 鼓励使用多重表征模式,为那些还不能用他们习惯使用的模式很好地自我表达的儿童提供了特殊的机会。

5. 儿童使用多重表征模式来表达某个特定的对象或想法为教师提供了更好的机会来理解儿童要传达的意义。

探索材料：儿童学习表征的技能

教师和协调员们在1997年时得出结论,通过让儿童先去探索那些用来进行表征的材料,例如绘画材料,即纸、电线、黏土、颜料等等,他们表征自己想法的能力会得到提高。教师开始使用前后两个阶段来增强儿童应用材料的能力:探索材料阶段和使用材料来传达意义阶段。

第一阶段:探索材料

在这一探索阶段,教师通过提问来让儿童对材料的性质和用途产生更加明确的认识。例如:"你用铅笔能够画的最长的线条是什么样的？你能画的最深的线条、最快的线条、最粗的线条、最曲折的线条又是什么样的？"

这些探索本身就是一种建构认识的过程,即理解这些材料能用来做什么以及怎样使用这些材料来做东西。教师鼓励儿童分享彼此的发现。

以下这个探索黏土的例子有助于我们理解可以如何对材料进行深入的探索。

- 第一步:在老师的建议和鼓励下,孩子们会用他们的双手来捏黏土,去感受它的质地,用水把它弄光滑,碾碎它,涂抹它,用手指戳它,把它捏成球,把它揉成团,把它做成蛇,或者把它绕成盘状。
- 第二步:孩子们使用像叉子、塑料刀、擀面杖和棍子这样的工具来探索黏土可以被塑造和印刻成什么样子。
- 第三步:孩子们开始用黏土来塑造实物。他们在黏土做成的板上留言,并且通过制作杯子来体验挖掘、挤压以及用他们的手来重塑黏土的感觉。

在孩子们探索材料的同时,他们被鼓励用言语来表达他们的体验和观察结果。

洛莉:我们倒水,然后我们做了小棍子和球。

凡妮莎:有的球小一些,有的球大一些。

叶塞尼亚:你从上往下摁黏土。我捏它。我可以用铅笔给你画一条线。可以给你画妈妈和爸爸。我为你弄湿了黏土,为了把腿粘在一起。

斯凯尔:刮它,在它上面写字,在上面做记号。烘烤它,刮它,把它给老师和我。

孩子们对每一种材料的探索都有了一系列新的体验,同时他们的技能得以发展。例如,关于用记号笔作画,迪安德尔说道:

我画了飞机、细线和弯弯曲曲的线。我用了所有这些颜色:黄色、橙色、蓝色、棕色、绿色和红色。记号笔闻起来像是巧克力的味道,我喜欢巧克力蛋糕。

在儿童对某种特定材料的探索逐渐推进的过程中,教师会通过提出诸如"你觉得还有其他什么材料能和这个材料一起用吗"之类的问题来鼓励他们做进一步的深入探索。她们还会向儿童提问,以促使他们进一步探索同一种材料的不同使用方式。例如,把短小的电线连接起来形成长条,或是尝试用不同的方式来连接两段电线。回应教师的提问使得这些儿童能够更加创造性地改造这些材料以适应其需求。很快这些儿童就可以熟练地选择材料,并在进行表征和探索的时候组合使用这些材料(参见图4-9)。

图4-9 札西玛依据她对一条死鱼的近距离观察,在工作室里通过裁剪电线做了一条鱼,她参照了一幅鱼的图画,完成后的作品被挂在图6-6所示的那个鱼缸上方

第二阶段：使用材料来传达意义

教师常常会在儿童获得使用材料的技能之后建议他们使用那些技能来进行自我表征。有时候儿童会用不同的材料，比如铅笔和黏土，来为自己创造两种表征。或者，教师会教儿童在同一表征中使用两种不同的材料，比如说，将电线叠加到之前用黑色记号笔画的自画像上。

自我表征并不仅限于自画像。自我表征还包括了对于家庭、住所以及儿童喜欢做的事情的表征。当他们在自我表征中运用过了新习得的材料使用技能之后，要在深度研究的情境下使用相同手段来表达他们的想法并非难事。

表征、学习和认识之间的关系

在本章中，我们详细介绍了儿童的表征在建构和传达他们对于世界的认识中所起的作用。这其中我们一直在探讨表征、学习和认识之间的关系。

我们在本章开始的时候把认识定义为在一个人头脑中形成的一个整体观念，它是由实体的各个元素、这些元素之间的关系以及这些关系之间的关系所构成的。

我们在第一个例子中对比了由乔纳森和托尼的画作传达出的对于淋浴设备的不同认识。我们提出，在乔纳森对于淋浴设备的认识（由他的表征体现出来）中，占主导地位的关系是淋浴系统各机械部件之间的关系以及水流同这些机械部件的整体关系。相反，我们认为在托尼对于淋浴设备的认识中最重要的关系是沐浴者和向下运动的水流之间的关系，特别是沐浴者体验到的由水往下冲到身体上带来的愉悦感。

贾思敏和蚂蚁这个场景让我们对于表征、学习和认识如何能被联系在一起有了初步的认识。我们在这一场景中看见了表征的两个主要方面：作为过程的表征和作为产物的表征。

贾思敏使用绘画作为媒介记录下了她对蚂蚁的观察（像说出"圆圈"这一概念这样的口头表征起到了辅助的作用，并被一起使用），这构成了她的表征过程。这一表征过程是她学习过程的一个必要的部分，这其中包括交替进行观察和表征。我们把这个学习过程描述为和对象之间的一个对话

（参见第12章，"同世界进行对话"）。

安伯的花，吉娜的多重视角绘画以及"小鸡的社区研究"的某些方面，例如为小鸡们制造一辆小汽车，都涉及同儿童的观察有关的表征过程。

有时候，表征过程所针对的并非是观察结果，而是学习者脑中的记忆。在本章中与此有关的例子包括"年龄研究"以及"小鸡的社区研究"中的某些方面。在这些例子中，当学习者在他或她的头脑中把记忆关联起来，然后使用一种或多种表征模式来表达这些记忆的时候，学习就发生了。创建这些表征的过程有助于学习者在头脑中构建认识，反之亦然。

在贾思敏的例子中，作为产物的表征是她最终的画作。如果贾思敏去回顾这幅画，并根据她对蚂蚁进行的进一步观察或是她对那只蚂蚁最初的记忆对这幅画作进行修改，那么这幅画则会再次成为过程表征的一部分。

在第1章和第3章中，我们提出使用多重视角对某一对象进行调查将有助于形成关于这个对象更为丰富而复杂的认识。在本章中，我们认为使用多重表征模式（"多种语言"）来表征研究对象也有助于建构更为丰富而复杂的认识。我们还提出，使用多重表征模式将有助于使用和表征多重视角。

所有这一切都表明，儿童针对其研究对象创建表征时所获得的体验会提升他们的学习能力，而且采用多重视角和运用多重表征模式会增强这种体验。这种能力提升的感受会成为他们整体性的学习主体感的一部分。在下一章中，我们将探讨我们所说的主体感的意义，并且考察儿童的表征在呼应课程中所起到的关键作用。

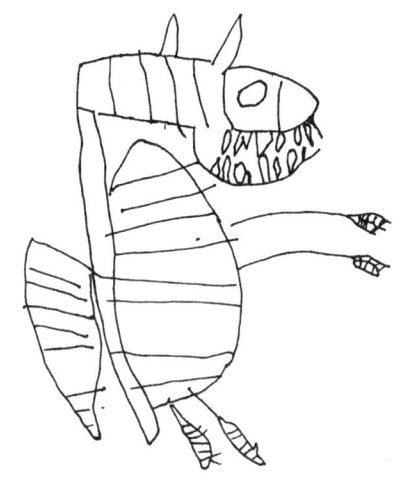

第 5 章
呼应课程

"呼应课程①"涉及一个扩展的学习过程,在此过程中,儿童的学习内容及其演变方向取决于儿童的兴趣和想法(参见第 1 章)。如同我们在"管道研究"(第 1 章)、"窗户研究"(第 2 章)和"小鸡的社区研究"(第 4 章)中所见到的那样,深度研究正是以此过程为基础而展开的。

一个呼应课程所涉及的过程始于教师通过记笔记、拍照、录音、收集儿童的作品等方式(参见第 1 章和第 10 章),对儿童的行为、互动以及表征进行观察和记录。在反思这些记录的时候,教师会对儿童所表达出来的一种或多种兴趣进行解读。儿童可能会在参与由教师所发起的某个活动时表达出他们的兴趣,也可能通过他们在这些活动之后的绘画和对话来表达他们的兴趣。此外,他们也可能在自发的游戏活动情境下,或是通过某个孩子兴

---

① 在以往的译者亦译为"生成课程"。(主编注)

高采烈地带到学校来的某个物品表达出他们的兴趣。

一旦教师解读到儿童的某种兴趣并同他们进行了确认之后,教师便会邀请儿童参与到与那种兴趣有关的活动中去。儿童在这一活动过程中会与教师和同伴进行互动,以共同建构对于感兴趣的话题或者对象的认识。教师会观察并记录下儿童在活动中的表现,并对儿童在参与这些活动的过程中所表达出来的新的兴趣和观点进行解读。以这些解读为基础,他们会设计并让儿童开展进一步的活动。由此,这一过程会通过持续的周期性活动而逐渐展开,教师和儿童会在这些活动中对彼此进行倾听和观察,并做出反馈和回应。

因此,呼应课程是教师与儿童以及儿童与儿童之间一个扩展的对话过程,它会持续数天、数周,甚至数月时间(参见第 1 章)。呼应(亦译作生成——主编注)这一术语,除了指这一课程源于儿童的兴趣和想法之外,还有另一层意义,即在儿童和教师的头脑中由表征所反映出来的认识的逐渐成形。

在引导一个呼应课程的过程中,教师需要在很多时间点上做出选择。例如,当他们解读儿童的对话记录时,他们可能会对儿童的兴趣进行一系列的假设,但是并非所有的假设都可以被同时检验。因此,他们会根据他们所认为的能够引起足够多的儿童产生兴趣的事物,来划分兴趣小组,并且会根据引发教师们对于儿童和教学的好奇心的事物,来做出取舍。

呼应课程要求教师具有进行深入思考和反思的能力。概而言之,意识到自己为何选择或者放弃某个特定的活动以及从经验中学到了什么,对他们而言意义重大。呼应课程为教师提供了一个运用和发展他们的研究和学习能力的重要环境。如果他们明白为何他们会选择某个兴趣点而非另一个,他们就能从由此引发的结果中学习到更多的东西(参见第 10 章"教师的职业发展目标"以及第 11 章"一个学习的群体,一种学习的文化")。

儿童的发展目标

在我们看来,呼应课程这一过程体现了瑞吉欧幼儿教育方法内含的一个重要的儿童发展目标,即儿童主体感的发展。主体感的定义是,体验到自身作为一个积极的自我引导的主体,可以独自或与他人一起构建对个体有意义的学习目标,找到实现它们的策略,亲身实践来实现这些目标,建构认识,并向他人表达这些新发展出的认识。主体感既包括效能感又涉及个体感。它意味着,我带着我自己的目标和想法与他人相处,并且我有能力去实现它们。

与这一主体感有关的具体发展目标包括:提出想法并付诸实践的能力,持续而专注地进行学习的能力,观察技能,推理技能,将认识联系和整合起来形成总体认识的能力,表征技能,以及与他人进行合作和交流的能力(参见第8章)。

呼应课程的周期

图5-1描绘了呼应课程中的一个周期。同第1章所描述的倾听/观察—反思—回应原则相比,这一从教师行为的角度给出的周期是一个更加细化的版本。在呼应课程周期这个模型中,倾听/观察与记录一同出现。反思这一概念被分解为解读、设想/决定、计划和假设。回应这一概念则由辅助(scaffolding,亦译作 鹰架,见第4章相关注脚)这一活动表现出来。

正如所有的模型一样,呼应课程周期也可以被加以调整以适应特定的情境。例如,在某些情况下,教师可以略过正式记录这一环节,而从观察直接进入解读环节。

回顾"管道研究"

我们可以从"管道研究"(参见第1章)入手,来考察教师如何推进呼应课程这一过程。在回顾和总结"管道研究"的时候,我们将指出在这一呼应课程周期中有哪些特别的行为正在发生。在阅读以下分析的时候,请记住下面这个问题:

> 教师的哪些行为促进了研究的深入,为什么?

当有几个让孩子们进行深度研究的宽泛主题可供选择时,老师选择了"城市"这一主题,因为她们注意到,孩子们在玩积木的时候,一直在搭建社区中新建筑的表征(倾听/观察、解读)。她们决定带孩子们到社区中去散步一次(决定/计划)。

老师在散步过程中问这些孩子："你在城里看到了什么?"(辅助/鹰架)并记录下了儿童的回答(记录)。在这个班回到学校之后,她们把笔记读给孩子们听(辅助/鹰架),以此来帮助他们重新思考他们在散步过程中所经历的事情。

倾听/观察:
倾听并观察儿童的活动和交流状况。
⇩
记录:
通过记笔记、录音和文字转录、拍照、摄像、收集儿童的表征、张贴儿童的表征等方式来记录所闻所见。
⇩
解读:
对记录进行反思以推断儿童的兴趣和想法。
⇩
设想/决定:
使用头脑风暴来思考接下来可以用什么方法去回应儿童的兴趣和想法,并从设想出的方法中选择一到两个。
⇩
计划:
将选取的方案扩展为执行计划,包括后勤安排计划。
⇩
假设:
想象儿童对计划中的活动可能做出的回应。
⇩
辅助(鹰架):
通过布置好环境和鼓励儿童融入其中,同儿童进行对话和鼓励儿童相互之间进行对话,帮助他们创建表征以及对偶发事件做出回应,来执行计划好的活动。
⇩
倾听/观察:
在之前周期的基础上,通过倾听和观察儿童对在教师辅助下进行的活动的反应,进入下一个周期。

图 5-1 呼应课程周期

教师随后会把她们的笔记带到每周例会上,出席会议的有她们自己,另一个教师团队,一位艺术教室协调员,一位教育协调员,分园的家庭工作者[①]以及分园园长。这组人通过分析笔记(解读)得出的结论是,孩子们可

---

① 如第 1 章的介绍,本书记录的是在为来自低收入家庭的儿童提供服务的教育机构中的教育实践。通常这类机构还提供幼儿教育以外的服务,如提高家长育儿知识技能的"家庭工作者"就是提供这类服务的专业人员。(译者注)

以从更加深入的观察中获益(决定)。因此她们决定再带孩子们去散步一次,以便他们更加专注地进行观察。每个孩子或是被分到"向上看"小组或是被分到"向下看"小组(计划)。

在散步之后,教师让儿童把他们在散步途中的所见画下来(辅助),并把儿童对自己绘画的说明写在画上(辅助/记录)。她们把这些画作收集起来(记录)并带到了每周例会上去。小组成员注意到这些画作可以被分成两大类:"自然景物"和"在城市中发挥功用的事物"(解读)。教师们在小组其他成员的帮助下,以头脑风暴的方式思考各种可能的回应方式(设想),并做出了如下计划:先关注"在城市中发挥功用的事物",并同个别儿童一起回顾属于这一类的一些画作,以便进一步探索儿童对它们的看法(决定/计划)。

在和儿童回顾他们的画作时,教师听写下了儿童所作的进一步的解释(辅助/记录)。这些画作涉及排气管、消防栓以及水瓶盖子。

在接下来的每周例会上,该小组分析了教师和儿童进行回顾的结果(解读)。她们观察到大部分画作或者听写记录都与某种形式的管道有关。由于这看上去是一种普遍的兴趣(解读),她们决定把管道作为一个主要的研究对象(决定)。她们制订了一个带感兴趣的孩子到学校大楼里去进行一次"管道散步"的计划(计划)。

在管道散步的过程中,教师问了儿童一些问题,包括"你们看见了什么管道?""当你们冲水的时候,水流向了哪里?""那之后水又流到哪里去呢?"(辅助)。她们用录音记录下了整个对话过程(记录)。

这个小组在下一次每周例会上听了管道散步的录音(解读)。由儿童的观察结果和语音语调所反映出的兴趣强度和思想深度令她们印象深刻,因此她们决定在教室里设置一块管道探索区域。这包括一个装水的桌子和各种管道,以及用于探索这些管道的工作区(计划)。当儿童探索管道的时候,教师会拍照记录(记录)。

教师在拍照的时候注意到,杰米手里握着一根长管子,它与一根他头顶上的弯曲的短管子相连。她们猜测他可能是在用这个表示一个淋浴装置(解读),并就此询问了杰米,杰米肯定了她们的解读。这让该小组决定给儿童机会去画出"淋浴设备是如何工作的"(决定/计划),其结果就是"淋浴设备"这项研究(参见第1章和第4章)。

> 现在你已经了解了教师为了推进"管道研究"
> 而采取的行动,那么你认为在呼应课程周期中的
> 哪些步骤对你而言是困难的?哪些是容易的?为什么?

我们接下来再介绍两个呼应课程的例子,即"手的研究"和"恐龙研究"。

手的研究

孩子们正在探索绘画材料(参见第4章)。他们在用木炭笔画画的时候发现,可以通过把涂抹了木炭的手掌按到纸上获得手印。老师注意到这个发现让孩子们欣喜不已。她们拍下了孩子们按手印的照片并作了笔记(参见图5-2)。

在这个班探索其他绘画材料的时候,老师注意到孩子们常常会用那些材料在纸上画下他们手的轮廓。

自发的按手印和描手形成为了最受孩子们欢迎的活动。这让老师意识到可以开展一个有关手的研究(芝加哥公共协会,2002)。老师们决定和孩子们一起来探讨这种可能性以考察其前景。她们邀请孩子们用白色粉笔在黑色的纸板上画下他们的手的轮廓。在圆圈时间,她们提出了每个人的手各不相同这一看法。这一对话让大家想到了诸如颜色、线条以及印记这些可用来区分不同的手的特征。她们还让孩子们讨论诸如"你最喜欢用手做什么事情?""我们怎么使用我们的手?""如果我们没有手会怎么样?我们会怎

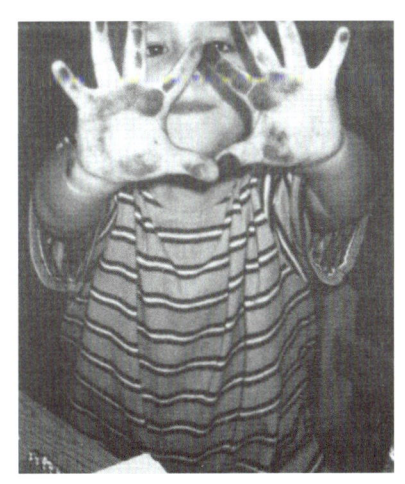

图5-2 发现涂抹了木炭的手可以用来压出手印

吃饭？我们会怎么写字？"这样的问题。她们让孩子们两人一组画下头顶上的投影仪投射出的放大的手的轮廓。两人中的一个会把他或她的手放在投影仪的玻璃板上，这样孩子的手的影像就会出现在投影仪前面的大纸上。另一个孩子则用一支记号笔把投射到纸上的手影的轮廓描绘下来。孩子们喜欢一起尝试在墙上投出大小各不相同的影像。

> 你会加入其他什么活动来深化
> 或是拓展孩子们对于手的探索？

老师随后让孩子在11英寸长、8英寸宽（约27.94厘米长、20.32厘米宽）的白纸上描绘出他们手的轮廓，观察他们手部的细节，并在描绘出的轮廓中把这些细节画下来。为了帮助孩子们发现他们手上的细节，老师们指出这些细节是由线条和圆圈构成的。孩子们很好地画下了手的轮廓，但是在这些轮廓内却没有画出很多细节。即使他们画了东西，也只是一些标准化的线条和圆圈，这些实际上并不能很好地反映他们所观察到的细节（参见图5-3，左图）。

老师们想弄明白是她们高估了孩子识别和画出手部细节的能力，还是她们错误地假设了孩子对于这些细节会感兴趣。她们决定建议孩子互相比较他们的手，看看是否他们的手各不相同。孩子们热情地参与了这个活动，但却报告说他们没有看到任何差异。

> 你认为儿童为什么在互相比较手的时候没有注意到差别呢？
> 此时还能做些什么其他尝试呢？

老师们对于怎样的活动会更有成效有一种直觉。她们给孩子们的手拍照，把照片摆放在桌子上让孩子们来检验，并问他们是否能够认出自己的手来。孩子们都十分兴奋，还问是否能用放大镜来查看这些照片。他们最后都能辨认出自己的手。然后老师们把孩子们划分成小组，以便他们交流自己的发现。孩子们最常提到的观察结果都和胎记、抓痕、线条以及圆圈有关。通过使用照片,孩子们似乎能更好地识别并说出这些细节。

在下一次例会上,老师们意识到了花时间来重复开展活动,放慢节奏,巩固成果,以及随后再进行更为深入的探究的重要性。她们再一次请孩子们画下手的轮廓,并在其中画出细节。她们建议孩子们同时使用他们手的照片和真实的手作为参照。孩子们这次的画作在细节和准确性上有了显著的提升(参见图5-3右图)。

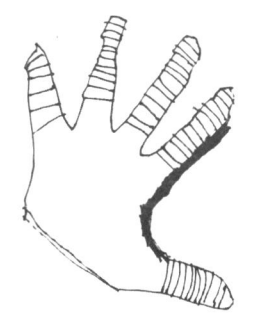
在使用照片作为参照之前在手的轮廓里作画

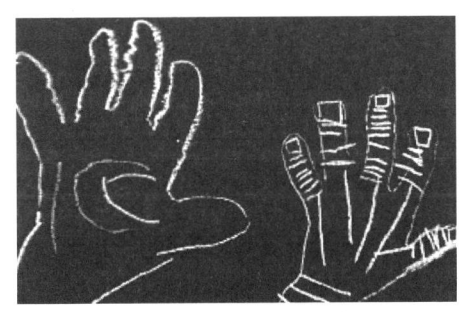
同时使用照片和真实的手作为参照在手的轮廓里画出细节

图5-3 从刻板地描绘细节,转变为近距离观察手部和手部照片,以及与朋友们讨论细节之后更加精细准确地描绘细节

> 你认为这个活动如此成功的原因是什么?

正当老师们在考虑接下来要做些什么的时候,一个孩子问道:"我可以画我朋友的手吗?"老师们注意到许多孩子都表达了这一兴趣。她们请孩子们两人一组把彼此的手画下来。在这个过程中,许多被画手的孩子都在不断地教导他们的伙伴该画些什么。这些"教练"们为了对方能把自己的手准确地画出来都花了大力气。实际上,"教练"往往会对最终成果非常不满意。在这种情况下,孩子们不使用照片也能很好地表现出彼此手部的细节。

在对儿童的作品做了深入思考并注意到他们对于手的兴趣持久不退之后,老师决定进一步向孩子们提出挑战。她们请孩子用任意的方式把他们的手画下来,并建议孩子既可以使用照片,也可以使用自己的手作为参照。

在这一过程刚开始的时候,老师再次指出手是由轮廓、三角形、圆圈和线条所构成的。许多孩子在他们随意描绘自己的手的时候都使用了这些元素。然而,对于他们而言,用任意的方式来绘画仍然是一项艰难的任务。他们可以画出东西来,但是就轮廓和细节的准确性而言,这些画作不及他们之前的那组画作(参见图5-4)。

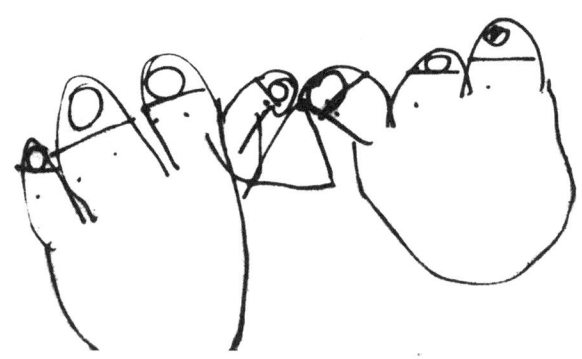

图5-4　在不先画出手的轮廓的情况下,直接画出手的细节,这对儿童而言是一个新的挑战

老师们对于下一步的可能性进行了深入思考。他们决定将"手的研究"拓展到周围的社区中去。她们开始问这些孩子在他们的社区里人们是怎样使用他们的手的。孩子的回答涉及他们的家庭成员在社区中工作的地方以及他们的家庭会去购物的地点。从这些对话中,老师选择了三个参观目的地:一家百货商店,一家烘焙店,一家饭店。在他们参观过这些商店之后,老师和孩子讨论了他们所观察到的人们如何在这些商店中用手工作的情形。儿童用绘画和黏土表达了他们的观察结果。

对于"手的研究"的评论。这个研究的演进过程是由教师们对儿童的兴趣所做的解读,以及她们对于儿童的观察和绘画技能进行的持续评估所决定的。儿童的创意在这项研究的三个节点上把它向前推进。几乎整个班级都参与了这项"手的研究"。这些活动引发了大量的小组互动以及儿童之间的合作,这些都有助于儿童始终保持研究手的兴趣。

进一步使用照片给儿童的发展带来了极大的益处,对于教师而言也是一种重要的学习经历。在我们看来,将手和照片进行配对的这个游戏以一种巧妙的方式让儿童注意到了他们手部的细节。首先,这个游戏强化了儿童去注意细节的动机;第二,为了把他们的手和照片配对,儿童必须要关注他们手部的细节;第三,教师通过精心地拍摄照片传达给儿童的信息是她对他们的手也有着同样的兴趣;最后,与真实的手不同的是,照片是二维的。这使得儿童能够基于对二维平面的观察来创造出二维表征。

恐龙研究

这个研究源自于四个男孩在"怪物研究"中对于哥斯拉(Godzilla)和尖牙(Sharp Tooth)(霸王龙 Tyrannosaurus Rex)的兴趣,这引发了一场关于恐龙的全班讨论。在这场讨论中,老师问了"什么是恐龙?"和"恐龙会做些什么?"然后,老师请感兴趣的孩子在半页纸上用细的黑色画笔画出恐龙的样子。使用小开面的纸张和细的记号笔促使孩子对细节进行了更多的描绘。许多画作上都有人类的特征,例如,葆莉娜画了一张圆脸,上面有头发、牙齿和尖牙(参见本章后面的图 5-7)。

老师和全班一同回顾了所有的画作,然后问道:"恐龙有头吗?它们有头发吗?它们有耳朵吗?"孩子们渐渐对此产生了兴趣。

老师和孩子们开始翻阅教室里有关恐龙的书籍。3 岁的贾斯汀挑选了一本与恐龙有关的书并把它拿给了老师,4 岁的杰克加入了他们的行列。他们三个一起开始热烈地讨论书中所描述的不同类型的恐龙,其中大部分恐龙的名字杰克都知道。这两个男孩一边画了许多描绘不同恐龙的图画,一边继续着他们的对话。

第二天,老师请贾斯汀和杰克与全班分享他们的作品。他们向同伴们介绍并命名了他们所画的各种类型的恐龙,并表演了恐龙移动的方式。他们还向全班展示了他们所用的书中的图画。此时所有的孩子都对此变得非常感兴趣。当杰克指出恐龙的爪子和牙齿的时候,孩子们都围到了他身边。

次日,老师请整个班级都来画恐龙,这一次使用了恐龙的图画书和模型作为参照物。

马里奥是响应这个号召的孩子之一。

他从摆放在架子上的各种不同的恐龙模型中选了一个霸王龙模型玩了

起来,并且让它做出动的样子。老师把他叫了过来,让他在桌边把恐龙画下来(参见图5-5)。

图5-5 孩子们在他们画恐龙的时候使用了大量的参照物,其中包括书籍和模型

他开始画霸王龙,他画的霸王龙的脑袋在纸上的位置和大小比例都十分恰当,并为整个身体留下足够大的空间。另一个孩子拿着书走回她那边的桌子。马里奥看着桌对面的几乎上下颠倒的恐龙图片继续画画,并把他所看到的上下颠倒的画面转化为他一开始作画时的那个视角。老师建议他去把霸王龙模型拿过来。他很快地拿来了模型并把它放在旁边作为参照物。他意识到恐龙模型所对的方向和他在纸上所画的正好相反。他没有重新摆放模型,而是直接把他的画纸翻了个面,这样霸王龙脑袋的黑色轮廓线就透过白纸映了出来。现在,它和模型面朝一个方向了。

马里奥用他的黑色画笔勾画出了从纸张背面映透出来的脑袋的轮廓。他仔细地观察了模型,发现模型上面有三个洞(一个鼻子和两个眼睛),而非两个。他在他的图画上添了第三个洞(一只耳朵)。然后他在恐龙的头上做了一些标记,以此来代表他所注意到的橡胶模型上的皮肤的纹理。他完成了画作,且整幅画在纸上的位置非常恰当。

马里奥向老师展示了他完成的画作,老师问他恐龙的尾巴在哪里。他迅速回到了自己的座位上,再次看了模型,然后在画上加上了从模型背面可以看到的尾巴。

从此时起,画恐龙成为了孩子们在活动时间常做的一件事情,翻看有关恐龙的书籍以及使用恐龙模型进行表演也很受欢迎。老师们在小积木区新添了一系列小恐龙模型。孩子们把更多的恐龙模型和恐龙书籍带到了学校来,教室快要被各种各样的恐龙所淹没了。

当老师们宣布她们会带孩子们去自然历史博物馆观看恐龙展时,孩子们的热情越发高涨。在去参观的前一天,他们惊讶地发现了一套有关恐龙骨架的书籍(共4本),这些书是管理员故意留给孩子们去发现的。这使得孩子们自发地进行了热烈的讨论。此刻他们正在汇总来自不同渠道的信息,并互相交流各种恐龙的细节。

参观的那一天孩子们满怀希望。有四位家长来了学校,老师向他们简要介绍了让孩子在博物馆自己去发现,以及尊重孩子们选择的绘画方式的重要性。老师们把这看作是让孩子们体验自己的学习动机和作为学习者的主体感的好机会。

在博物馆里,孩子们花时间仔细观赏了恐龙展。当他们到了有巨型恐龙骨架的房间时,老师发给每个孩子一块写字板、一张纸以及一支黑色毡尖笔。每个孩子都开始聚精会神地描绘骨架的细节。室内有一处斜坡,由此孩子们可以变换视角来俯瞰巨大的恐龙骨架,或是仰视飞行恐龙的骨架。两个男孩在两具恐龙骨架前模仿恐龙的体态及其打架的样子,这其中的一个人恐龙骨架凌驾于另一个恐龙的骨架之上,看上去它们像是打了一架。一个3岁的孩子在妈妈帮他扶着写字板的情况下花了20分钟观察了身边的一条恐龙并把它仔细地描绘了下来(参见图5-6)。

每个孩子都画了几幅画。在参观博物馆之前画了一幅有人类特征的恐龙图的葆莉娜此刻正专心致志地画着展出现场的一个大型的恐龙模型。在参观博物馆之前,葆莉娜在她的画作中以及她和朋友一起玩恐龙模型的时候都表现出对于锋利的牙齿和剑齿的兴趣。在博物馆里她仍然对牙齿有兴趣,这使得她仔细地观察了恐龙的骨架并对它进行了详细描绘(参见图5-7)。

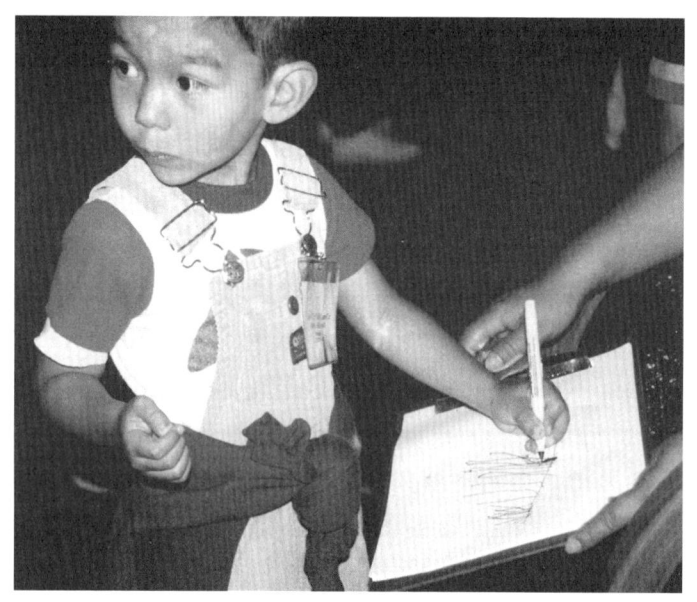

图 5-6 一个 3 岁大的孩子在博物馆里对观察和绘制恐龙骨架表现出了持久的兴趣

图 5-7 葆莉娜在去博物馆参观之前以及没有任何视觉参照物的情况下所画的她脑海中恐龙的样子(左图),以及她在观察了博物馆里的一具恐龙骨架后所画的样子(右图)

全班在第二天的圆圈时间一起回顾了他们去博物馆所画的恐龙图。每个孩子的绘画都表明他们的认识有所增长,因为这些画作表现了与去博物馆之前的画作不同的复杂形式、细节以及视角,这给老师们留下了深刻的印象。孩子们也开始对他人的画作变得更具评判能力。他们会指出别人画作里所缺失的关键特征。他们还开始专注于搭造与博物馆情形相似的那种分区结构,在这些分区结构中,大恐龙和小恐龙,食肉恐龙和食草恐龙,以及背上有骨板的恐龙和无骨板恐龙会被分开摆放。

在学校放了两周假之后,老师给孩子们带来一个惊喜:她们把博物馆里恐龙的幻灯片投影到积木区旁边的墙上,这些幻灯片包含了与恐龙家族及其栖息地有关的场景。孩子们热衷于玩恐龙游戏以及在投射出的光影中穿梭,并继续用积木搭建着恐龙的栖息地。

随着研究的逐步推进,孩子们发展出了特定的兴趣。比方说,马里奥最初的那些画的特征是巨大的上下颚和一排排的牙齿,在参观过博物馆之后,他对研究和描绘小脑袋长脖子的大型食草恐龙变得更感兴趣了。

五个男孩决定要制作黏土恐龙模型。他们遇到的问题是如何使长颈恐龙的脖子保持向上的姿势。老师们通过提议使用电线从内部支撑黏土模型向他们提供了帮助(参见图5-8)。

图5-8 五个孩子自发地用黏土创造了恐龙模型,黏土是一种他们一直可以拿来用的材料,而且他们也在不断地探索其特性

孩子们对于博物馆中的恐龙的庞大身躯感兴趣,因此,老师请孩子们轮流把他们在博物馆中所画的图画投影到墙上的大幅纸张上。每个孩子都描画下了放大后的画作以创作大型恐龙图像,其中有一些的高或宽足有四五英尺(1.2—1.5米)(参见图5-9)。

数日后,当孩子们都描画好了他们的恐龙图之后,老师们在课后把这些大幅图画剪了下来,把它们固定在泡沫塑料板上,并放在教室的各处。第二天,当孩子们进入教室的时候,他们惊讶地看到被放大了的恐龙图直立在教室里。房间里到处都是恐龙。孩子们高兴坏了,立刻就和巨大的恐龙们玩

图5-9 因为博物馆里的恐龙的庞大身躯给她留下了深刻印象,葆莉娜用投影仪将她的恐龙骨骼画放大并把它描了下来

了起来,他们会和这些恐龙进行交流或者帮助同伴把它们搬来搬去。老师们注意到,孩子们并没有声称他们各自描绘出来的恐龙只属于他们自己,相反,孩子们分享了这些模型。个体过程转变为了群体过程。同在先前的游戏中的情形一样,男孩和女孩都能够注意到哪些是最具攻击性的恐龙。他们用模型表演了恐龙互相遭遇的情形,大声叫唤着恐龙的名字,发出恐龙的叫声,并把一些模型举到空中。通过这样的表演,他们说出了他们所知道的恐龙的名字、特征和各种恐龙之间的关系,并将这些知识进一步内化。他们知道哪些恐龙能够成功地袭击别的恐龙,以及在遇到特定的袭击者时应该采取什么防御措施。

在这一时刻,恐龙的世界复活了。在这一过程中,孩子们在认知的建构中又迈进了一步。

在"恐龙研究"逐步展开的过程中,孩子们的哪些方面令你感到惊讶?

对于"恐龙研究"的评论。 在"恐龙研究"的整个过程中,儿童一直在主动探索他们感兴趣的事物。随着研究的深入,教师为儿童提供了支持,也向他们提出了挑战,并与他们一同学习与恐龙有关的知识。许多儿童发展了表达自己想法的能力。例如,杰克第一次开始画完整的画,在此之前,他从来没有画过任何完整的图画,有的只是随机的线条。贾斯汀开始谈论他的作品,甚至当着全班的面介绍他的作品。

这个研究引发了儿童之间更多的交流和合作。除了以上所述的各种事件,儿童互相之间,与其他班级的朋友之间,以及和家庭成员之间交换着有关恐龙的信件,课程也在由此继续成形。

对于三个深度研究的考察

在本章所讨论的3个研究中("管道","手",和"恐龙"),儿童的表征都在探索和学习过程中起到了至关重要的作用。这些表征既是每个儿童反思研究对象时关注的焦点,又激发了进一步的研究。它们同时还是儿童之间进行沟通的主要媒介,并且也为教师提供了重要的信息。

儿童主要是在由2—4人组成的小组中进行学习的。这样的小组对于分享观点,拓展兴趣,以及创造表征而言起到了联系纽带的作用。

教师在儿童开始探索之前、探索过程中和探索结束之后都会同儿童进行对话,并会提出新的方法来激发和促进他们共建认识,以此来推动儿童的认识建构。在每个个案中,教师都对教室环境进行了改造以激发儿童的想象力,并促使他们从新的角度来思考他们的研究对象。她们还把这些儿童带到了教室以外的环境中去,例如锅炉房、博物馆以及社区,以此来拓展和加深儿童的学习体验,并激发儿童建构有关所研究现象的特质、关系和背景的新的认识。

儿童可以相当专注地去研究他们生活经验中非常熟悉的某些侧面,我们从"淋浴设备研究"和"手的研究"中可以看到如何做到这一点的重要实例。此种课程的许多方面都可以源于对普通的日常事物的研究,都可以通过使用多种视角,考虑背景信息和相互关联,以及为实际可能的和想象中的发现提供机会来获得。这些对于熟悉事物的探索表明,我们毕生都可以去探索就在身边的令人惊奇之处。

这些研究中还包含了儿童先前的学习成果和经历，比如，儿童之前的与黏土、投影仪以及形状有关的作品分别对他们在"小鸡的社区"、"恐龙研究"以及"手的研究"中所完成作品有所助益。

儿童在所有这些研究中都十分愉快。显然他们一直在做着让他们兴趣盎然的事情。他们从与他人的互动中，从自己不断成长的研究与交流能力中，以及从建构可以与他人、他们的家庭以及教师分享的新认识的过程中都体验到了愉悦。

在教师这一边，她们注意到同她们开始每个研究时的预期相比，呼应课程这一过程总是会发展得更为深远。此外，她们也更加深入地认识到了，花时间做记录以及对她们的记录进行反思从而为下一步提供参考的价值所在。

我们探索这个世界并建构对它的认识的动机早在我们诞生之初就已经存在了。瑞吉欧幼儿教育的总体目标以及其中的呼应课程的具体目标，正是去鼓励那些动机，并教会儿童有助于实现这些动机的技能和视角。这使得儿童有机会去发展主体感，这一主体会去学习，去合作，并且去构建对于世界的认识、对于他们与这个世界的关系的认识，以及对于他们本身的认识。

让我们带着有关呼应课程过程的这些考察结果进入第 6 章，在这一章中，我们将会探讨如何建构学习环境以推动我们所描述过的许多过程。

第 6 章
学习环境：教室、学校、邻近街区和城市

本章将讨论儿童的五种学习环境：
- 教室。
- 学校大楼。
- 学校庭院。
- 邻近街区。
- 城市。

在对这几种不同区域进行区分的同时，我们也要记住，它们在学习过程中并非是割裂开来的。换而言之，儿童会把在一种环境中所建构的认知应用到其他环境里的探索中去。最终，每种认识都会回到教室环境之中，且在理想情况下会被回顾和联系在一起。

教室环境

教师们布置教室环境的目的是让它在教学过程中持续地发挥伙伴的作用。因此，教室环境有时也被称为"第三位教师"。一个精心设计的教室环境可以对践行瑞吉欧幼儿教育方法产生极大的推动作用。我们将用这一整节的篇幅来介绍为什么这么说以及如何做到这一点。

为了承担"第三位教师"的角色，教室环境的布置需要实现五个主要目标：

1. 推动儿童的学习过程。在这样的过程中，儿童会同彼此进行互动，专心致志地探索他们感兴趣的对象，并建构和表征他们的认识。
2. 表现出儿童的身份和形象。
3. 推动儿童运用多重视角和进行多种联结。
4. 提升每个人的幸福感。
5. 鼓励家长参与到班级的活动中去。

在根据这些目标布置好了教室环境之后，教师会因各种不同的原因不断地对其加以改造。比如说，因为儿童的兴趣和想法有了新的变化，因为教师发现了可用于激发儿童兴趣的新办法，或是因为他们发现了能够更好地实现以上所列的一个或多个目标的方法。教师在布置和改造这一环境的时候会得到工作坊的培训，得到协调员、分园园长以及其他教师的协助。他们也会让儿童和他们一起用头脑风暴的方式思考可能的改造方式。

目标1：推动儿童专心致志地同他人进行合作以及探索感兴趣的对象

儿童每一天都会开展深度研究活动（参见第5章），或是参与其他各种我们统称为"专注游戏"的活动。这样的活动包括第3章中的"去市中心"以及"甲虫战士"，在过家家区假装做饭并把饭菜端上餐桌，在灯光桌上制作各种类型的形状，给朋友写信，以及制造大型平衡木并在上面试验各种不同类型的重物。

专注游戏的一个特征是，儿童无论是以个体形式还是以小组形式参与其中，他们都是自己探索所处的环境。教师可能会时不时主动地和他们进行互动，但是这样的活动主要还是儿童说了算。当教师参与到儿童的游戏中去的时候，她们常常会让儿童去谈论他们正在做些什么（参见第3章中的"如何骑自行车"，"去市中心"，以及"甲虫战士"活动）。

另一方面，与深度研究有关的活动往往被描述为"工作"，因为这样的活动非常强调儿童对认识的建构以及他们为自己的想法和发现创建表征。在这些活动中教师需要提供更多的辅助，这些活动是持续展开的呼应课程过程的一部分，而且教师会对这些活动进行细致的观察、记录，并设法推动这些活动，尽管很多时候，儿童可能是靠自己在进行着探索。

尽管如此，专注游戏可能会表现出很多深度研究活动的特征。这有两个原因：第一，因为在这一年中儿童都有过进行深度研究的经历，所以他们很可能也把一种专注的、注重条理的态度带到了其他活动中去；第二，教师布置的教室环境会鼓励并支持儿童去进行专注的探索。

我们要牢记的一点是，未来可能的深度研究往往源自于儿童进行的专注游戏。教师要始终不断地留意并记录那些暗示儿童新的兴趣的征兆，无论这些征兆何时出现。

小组学习区域。儿童通常会在一系列相互联系的小组学习区域内进行探索，每个这样的区域都是以自身能够吸引儿童兴趣的活动或是材料为核心组织起来的。常见的例子有大积木、小积木、书籍、过家家游戏、穿表示角色的服装、灯光桌、水桌和沙桌、写字桌、室内阁楼区域、投影屏、画图区，以及摆放着电线、黏土和各种可回收物品的建筑区。

每一片小组区域的设计目的都是鼓励儿童在进行探索、共建认识以及表达他们的观点时以合作的方式开展互动。因此，每片区域都包含以下元素：

1. 有趣的物品（包括阅读材料）。
2. 开展合作的平面空间。
3. 被有趣地进行分类并且容易拿取的创建表征的材料。
4. 展示出的以及保存起来的儿童作品。
5. （在可能的情况下）对光线的细致运用。
6. 具有吸引力的氛围。

下面所介绍的书写区（参见图6-1）是一个具备以上六个特征的一个小组活动场所的实例。这张桌子的长度足以容纳三个儿童并肩坐在一起，而且在桌子的末端还能再坐一个儿童。儿童能轻易够到写字桌上方的架子，经过仔细分类的各种书写材料被放在架子上的铁丝框里。这些材料包括各类水笔、铅笔、颜料、记号笔以及各种尺寸和颜色的纸张、信封、尺、蜡纸、橡皮、一个订书机和一部电话——所有这些都是儿童在教师的帮助下选定的。书桌旁的三头灯架能提供汇聚在一起的暖黄色的灯光。自然光从房间另一边的一扇大窗户透进来,走廊里柔和的光线也透过窗户、门以及写字桌旁的气窗进入到这片区域。天花板上的荧光灯的白光照亮了整个空间。(一般来说,如果使用了荧光灯,那么最好同时使用其他光源来打破单调性。)

这张写字桌对儿童有一种吸引力。他们很容易就能从房间里的其他区域进入到这片空间,而且他们在这片开阔空间里移动起

图6-1 儿童选定了一共20个与书写有关的物品,随后这些东西都被放置到了这个书写区域里

来很方便。这里还特别摆设了一个鱼缸,里面有金鱼和植物,这可能会让儿童想到水与湖泊。这个教室和走廊对面的教室通过一根对话管道以及几扇窗户联系在一起。书桌旁的废纸篓暗示儿童可以结束手头的工作并重新开始,或者是去尝试其他事情。在这片空间的上方是从天花板悬挂下来的雨伞和水晶,这创造了一种特殊的空间感且令人浮想联翩。在距离写字桌约1.5米远的地方有一张长椅,上面堆放着一些活页夹,儿童把在书桌上完成的文字作品和图画都存放在这些活页夹里。在长椅的一侧有一张低矮的桌子,一群儿童可以在这张桌子上一起再来看看他们的活页夹里的东西。

区域位置的排布。教师们常常会将某个小组学习区与另一个小组学习区紧挨着排布,其目的是鼓励儿童去探索和利用临近区域的资源。举例来

说,在某一教室中,教师将穿衣区、过家家区、图书区以及书桌放在了靠近大积木区的地方。这一布置促使儿童把那些相邻近区域里的物品拿到了积木区里,以便他们装饰他们用大积木搭造出的"房间"。邻近的书写区则鼓励儿童去相互交流他们在积木区中搭建的是什么东西。

在布置教室中的区域时还需要注意的事项包括获取自然光(比如在安排绘画区的时候),阁楼区域与窗户之间的连接通道(为了观察外部环境里的事物),在房间的暗处摆放灯光盒,把"湿"的区域(例如,水桌,绘画区,黏土区)和"干"的区域(例如,积木区,穿衣区)分别集中在一起,将湿的区域安放在靠近水源的地方。

不断丰富。将儿童当前感兴趣的物品摆放到学习区域之中往往会增强该区域的效用。比方说,在(第5章中所描述的)"恐龙研究"逐渐展开的过程中,教师们把恐龙模型放到了积木区里。积木和恐龙的同时出现,使得儿童根据他们所了解的与恐龙有关的知识说出了一系列相互联系。

有时为了回应和拓展儿童新出现的兴趣教师会创建新的学习区域。举例来说,在"管道研究"中(参见第1章)创造的"管道区域"。

解放教师。当根据以上方式对教室进行布置之后,儿童就可以以小组为单位较为自主地开展活动了。这让一位教师能够在某一时刻只对一个小组的儿童进行全面观察并记录下他们的活动,而与此同时另一位教师则负责照看教室里其他的儿童。在整个房间里都使用较低的划区边界标记物,例如低储物架、长椅,或小块地毯,可以既让教师也让儿童几乎每时每刻都能看到教室里的任何地方。

双重功能区域。因为搭建积木和全班会议都需要一个大型的不会被打扰到的区域,而且这两种活动往往不会同时进行,所以大积木区往往也是全班开会的地方。无论是进行哪种活动,在这个区域的地板上铺上短绒毛地毯都是可以的。有一些教室在积木/会议区域的一侧摆放了高台,这让儿童可以在教师朗读图书时坐在不同的高度上以便他们每个人都能看到图片和教师的脸。房间里的许多其他地方也能发挥多重功能,例如小桌子可用来吃饭、画画以及加工三维材料(黏土、电线、可回收物品等等)。

目标2：表现出儿童的身份和形象

此种环境能表现儿童的身份。这样的教室环境会给人一种感觉，即儿童一直在积极主动地努力做事。你在教室里会看见儿童和他们的作品，会发现反映儿童兴趣、想法和发现的物品，还会看到儿童参与活动的照片，以及展示儿童和他们的家庭的面板，这些都反映出了这个班级的成员的身份和过往经历。它们会告诉你生活在那里的人的情况，他们爱做的事情，他们之间的关系，以及他们同此刻目力所及的区域之外的人和物的联系。

- 墙壁和隔板都被刷上了中性色调，这让儿童和他们的作品凸显了出来。
- 儿童用对他们个人而言有意义的物件、图片、家人和朋友的照片以及个人标记来装饰他们的小柜子。
- 儿童会在他们个性化的邮箱上面写下自己的名字并贴上一幅画、一幅自画像或是一个个人标记，这些物品表明他们彼此之间以及与教师之间正进行着积极的交流。
- 保存有儿童的文字、绘画和照片的日志，活页夹或是成长档案被存放在教室里能看到而且方便拿取的地方。
- 竖直摆放的全身镜让儿童可以照出自己的全身，水平摆放的全身镜则让他们能在工作时看到自己的脸、手和身体。
- 在每个儿童午睡区域的旁边都摆放了一张与他们个人有关的照片或是图画。

此种环境能表现儿童的形象。在设计出的学习区域中，除了那些促使儿童以积极和合作的方式进行学习的元素以外，环境中的许多其他侧面还表现出了儿童的形象：

- 楼梯和阁楼所传达的信息是儿童有攀爬的能力（参见图6-2）。
- 成人尺寸的长凳以及复古的梳妆台表明儿童有能力使用成人的家具。
- 在过家家区域摆放着真的厨房用具。例如，包括布制桌垫、真正的银质餐具和玻璃器皿的一整套桌上用品，插着花的漂亮花瓶，等等。这些物品传递的信息是，儿童可以照看好漂亮的物品，并且能够学会如何像成人那样使用易碎品。

图6-2　一个装有透明塑料挡板的阁楼为儿童提供了不同的观察视角、空间体验以及攀爬的机会。请注意那个双筒望远镜,在收起来的投影屏幕下方的儿童图片、音乐卡带机和加长的落地镜(右边底部)。这面镜子为搭小积木提供了一个不同的视角

- 材料的摆放方式使得儿童能够轻易地拿到它们。儿童可以方便地伸手够到它们,可以方便地把它们拿起来,此外它们会被存放在透明的容器之中,并以一种吸引人的方式加以排布,以便儿童能对所有的选择一目了然。这些材料的容易拿取这一点所传递的信息是,"当你想要用它的时候你可以自己做主;如果你想画图的话,你可以把水彩颜料拿到桌上或是画板那里去"(参见图6-3)。

图6-3　容易拿取的吸引儿童的材料,以及附近的工作台面。在左边的照片里,精心陈列的透明容器装着五颜六色的材料,这些容器促使儿童以创造性的方式对熟悉的以及可回收材料进行研究、分类和使用。在右边的照片里,一个孩子正在精心地做着试验、测量、构思和计划,她要把她所选取的极其不同的材料以整体设计的方式创造出一幅拼贴画来

- 包括不同的地面区域在内的多种工作平台促使儿童从中做出选择。例如,桌子的高度各不相同,这让儿童可以选择站着、坐着、跪着或者坐在地上使用这些桌子。有些桌子的高度和咖啡桌差不多,而且旁边摆放着一些坐垫。
- 家具的摆放方式以及教师为了避免让不必要的家具把环境弄乱所做的决定创造了无数畅通地走动的机会。
- 对空间的灵活使用。比方说,在去市中心这一场景中(参见第3章),两个女孩把小格箱当作她们"汽车"的"座椅"。她们把朝着她们的"座椅"打开的教室门的玻璃窗假装是汽车的挡风玻璃。她们还在去市中心的旅途中带上了附近的过家家区里的物品。
- 将展示区放置在经常途经的过道附近,这一安排促使儿童去回顾和讨论他们的作品。

对环境的精心布置让儿童可以从中获得灵感,并且明智地选择在何时何地以及如何使用他们可以获取的材料与空间。这个环境向儿童传递的信息是,它就在那里等着他们去使用,而且他们有能力发现那些有趣而美丽的物品的价值并使用它们。

图6-4 两个男孩一边舒展地趴在地板上,一边一起画自画像中的两个男孩

目标3:推动儿童运用多重视角和进行多种联结

教师们为了推动儿童使用多重视角和进行多种联结想了很多办法。在像天花板这样意想不到的地方安置非同寻常的镜子促使儿童用一种不同的方式来观察自己。有时,阁楼会同时配备楼梯和梯子以及一套可用于把物品或消息从一个阁楼传递到另一个的滑轮系统。望远镜、放大镜、镜子、投影屏以及头顶上的投影仪都在提供不同的视角。儿童可以通过阁楼,不同

高度的椅子、高台,以及高低错落的不同空间之间的窗户,体验到多种空间视角。位于教室内不同区域的各种各样的图书和材料使得儿童能够进行各种联结。像砖墙、软毯、油毡地板、绣花枕头以及木质长椅这样质地各异的物品则带给了儿童不一样的感观体验。

让儿童同教室以外的世界进行有意义的联结也能推动发展多重视角:

- 通过窗户、通话管道以及教室之间的邮件传递来同其他班级建立联系。
- 通过动植物、贝壳、美丽的石头、自然的色彩以及各种不同的木材来同大自然建立联系。
- 通过大椅子、沙发、墙上的挂钟以及盆栽植物这样的物品与家相联系,提升教室和家的连续感和舒适感。
- 通过让儿童透过高度不同的窗户看世界和表达他们在邻近街区的生活经历,同社区建立联系。
- 通过图片或有意义的物件让儿童同其自身的文化环境或者其他文化相联系。

目标 4:提升幸福感

教室里的各个位置是与儿童不同的存在状态联系在一起的。儿童既能找到一片安静的私人空间,也能找到一个充满令人兴奋的声响的区域,一个有着柔软物件的让人感到舒适的地方,或者一个可供安全攀爬的地方。不同类型的光照既可以创造出较为私密和专注的空间,也可以让空间变得更为明亮以便开展活动。当一个儿童拿着一本书要找个地方读的时候,她会有多个不同的选择。教师在阁楼的上面和下面都创建了特殊的空间,儿童在阁楼上可以看见房间里正在发生着什么。

对教室中每一处细节的关注体现的是教师对儿童的关怀之美,并且这向他们传递了他们是受重视的这一信息。例如,在阁楼上漂亮地摆放上一两件物品,比如说几盆植物或者两本与植物有关的科普读物,就能促使儿童去探索。对照片的选取和摆放反映的则是教师们深思熟虑之后的意图。天平旁放着一些找到的小宝物让儿童去称量。在这一精心布置的环境中有各种各样为了给儿童使用而漂亮地摆放出来的材料和物品,儿童可以从中选择他们想要的东西。

宽敞的空间,自然的光线,中性的墙面色彩,高度和类型各异的家具,各种地板覆盖物,手工物件,以有趣的方式摆放着的自然界的物件,以及提供给儿童的一系列用于观察、摆放、分类、计数和探索的物品,都在创建着一种受邀进行探索的氛围。教室里还摆放了一系列令人惊奇的物品,比如不同寻常的架子,独特的高脚凳或椅子,够两个儿童同时使用和促进他们交流想法的超大尺寸的画板。

目标5:鼓励家长参与到班级的活动中去

家长与班级最常见的交流区域是教室门口的那片区域以及门外的走廊。因此,这片区域应该让人愉悦,有吸引力,并提供相关信息。

进门的那片区域对家长有吸引力,而且存放儿童的外套和个人物品的柜子往往就在附近。当家长在那里脱去外套准备进教室的时候,那里有足够的空间可以让家长逗留并同教师交谈,能让他们看到教室里的新变化,还能让他们与自己的孩子打招呼。家长们在进门的区域就能清楚地看到儿童的作品被陈列起来,这有助于家长、教师还有孩子就孩子目前的兴趣和想法进行对话。那里还有一张让家长坐的长椅。孩子的活页夹和日志就放在附近,以便家长浏览孩子的作品并对班级里的活动有更深入的了解。

教室门外走廊的墙上往往会陈列一些能够让家长去关注班级活动的物品,例如,记录了孩子的学习进度(参见第10章,"记录")以及家长对他们孩子的"希望与梦想"的展板,在这些"希望和梦想"的寄语旁还附有家庭的照片(参见第9章)。

教师们对教室环境的变化所做的思考:过去与现在

以下是新城市幼儿园的两个班级的教师所述的,她们在参与瑞吉欧探索项目之后对她们的教室环境进行改造的情况。她们既受到了瑞吉欧·艾米利亚(Gandini,1998)的观念的影响,也受到了安妮塔·奥尔兹这位极具天赋的全面的儿童环境设计师所举办的一次研讨会的影响(参见Olds,

2001）。

"阳光房间"和"彩虹房间"。第一间教室有着极为炫目的闪闪发光的黄色墙壁，它被称为阳光房间。房间里的不同区域用尖桩栅栏分隔开来，栅栏被刷成了明亮的蓝色、黄色、粉色或是绿色。走廊是用霍里·霍比（霍里·霍比是儿童书《嘟嘟和巴豆》的主人公——主编注）墙纸来装饰的。房间里普遍使用了明亮色系的塑料儿童家具和餐具。鲜艳的墙面，家具以及公告板周围教师自制的色彩缤纷的边框牢牢抓住了人们的视线。来访者很难注意到从大窗户透进来的自然光或者儿童的作品，因为色彩明亮的陈设完全抢占了来访者的目光。实际上，这间房间让人根本无法去关注儿童。

第二间房间被称为彩虹房间。每一面墙壁都被刷上了不同的颜色，主色调则是粉色和蓝色。黄色、蓝色、绿色以及红色的书架把教室分割成了不同区域，并分散了人们对于书架上众多物品的注意力。这个房间给人一种杂乱感。房间里的物品并没有经过仔细选择和摆放，这让人们在同这些区域中的物品进行互动时难以确定有哪些真实的选项可供选择。每一扇窗户上面三分之一的部分都用不透明的塑料遮挡了起来。

改造。教师们想要创建一种既能够认同儿童的兴趣、想法以及能力，又能够令人愉悦、引人入胜、发人深省并且安全的环境。

她们最初所作的改造包括用中性的白色来刷墙，把那些色彩明亮的栅栏移走，重新用中性色来粉刷架子，搬入一些天然的木架子，并把教师设计的边框拆了下来。这些改变使得儿童以及他们的作品成为了房间里的主题。人们关注的是如何展示儿童的想法和所做的表达，并以此为基础加以拓展。关注的重点也变成了如何在环境中创设多种选项来促使儿童拓展他们的兴趣，并在现有知识的基础上更进一步。

教师们想要在教室里放置一些家具。这些家具有的和家里用的一样，有的则不尽相同而且会激发儿童的好奇心和审美感。她们搬走了塑料家具和一些儿童尺寸的家具，并用和家里用的差不多的家具取而代之。她们注意到，孩子们喜欢用成人所使用的东西，而且能够爬到长凳或是摇椅上去。现在每个房间都安放了各种不同的家具，包括许多工艺精美的古董家具。教师们搬走了所有那些让房间显得凌乱和过分拥挤的陈设。

儿童和教师一起决定要在过家家区域放置哪些物品。儿童对他们家里和厨房里的用品进行了一番研究。每个家庭都提供了一些物品，比如玻璃碗、玉米饼制作机、锅以及花瓶，而教师们则在二手货商店找来了一些东西。在向班级介绍特殊的物品时，教师会让儿童去关注这些物品所展现出的美感，并给出保养这些物品的建议。她们发现，当儿童能够一起决定选取哪些物品时，他们会把这些物品看作是自己的，并小心使用。

对于教室学习环境的总体看法

芝加哥公共协会的员工对于他们在持续改变教室环境的过程中所学习到的经验进行了反思，并向教师们提出了以下建议：

- 不要生搬硬套某个模式。要去思考你正在做什么，以及为什么你要以当前的方式来布置环境，要花时间去思考并在必要的情况下做出调整。犯错误并没有关系，那是一个学习的过程，你可以不断地改造环境以便找到最佳的布置方案。
- 要观察儿童是如何使用房间中不同区域的，这将是你改变环境的主要依据之一。此外还应该从儿童的角度出发来思考如何做出改变，可以回想一下当你还是个孩子的时候体验到的是何种情景。
- 在你对环境做出改变之前，先把它拍照记录下来。这有助于客观地看待现状，然后重创一个新的环境。
- 这是一个持续不断的过程。对环境做出的改变需要同此刻身处教室之中的儿童的情况相适应。在这些年里你会发现儿童的回应方式有了变化。你需要据此对环境做出相应的改变。

教室以外的学习环境

教室以外的学习环境包括学校大楼、学校庭院、邻近街区以及城市中除此以外的地方。

学校大楼

学校大楼里有三处对儿童、家长以及来访者的体验有重大影响：美术教室,走廊和楼梯,以及大楼进门的区域。

美术教室里放置了各种有用的材料、工具以及引发兴趣的物品,儿童会以小组形式同教师或协调员一起在那里开展活动。同一个幼儿园里的所有班级共用一个美术教室。美术教室中常见的活动包括教师和一小组儿童一起来表达他们的学习体验,或者是教师和一小组儿童开会讨论他们对上午的实地考察或是一个新的调查主题的想法。因为美术教室提供了颇为吸引人的材料以及足够多的优质工作平台,所以它成为了教室之外的一个用途众多的场所。所有使用美术教室的人都能从中获取灵感(参见图6-5)。

图6-5 一个大概可以容纳4—5个孩子的很小的工作室,孩子们在这个房间里可以找到美术用品,视听设备,以及引发思考的物品,并且可以专心致志地开展活动

走廊因为精心摆放了展示儿童学习探索过程的展板而变得生动起来(参见第1章与第10章的"记录")。这样的例子包括一项"鸟类研究"的展板,在此展板上展示了儿童在观察学校附近街区里的鸟类之后所画的图画;一项"儿童身份研究"的展板,上面展示了用电线勾勒的自画像以及孩子们所画的有关每个家庭喜欢在一起做什么的图画;一项"蒲公英研究"的展板,在这个研究中,孩子们发现有的蒲公英叶子是圆的,有的则是尖的;一项"头发研究"的展板,在这一研究中孩子们把他们自己的头发和父母、兄妹

以及幼儿园员工的头发进行了比较;还有展示儿童探索黏土的质感与物理属性时所拍的照片,以及当时记录下来的儿童所说的话的展板。家长和来访的教育工作者都认为这些展板提供了大量信息,它们所传达的是在学校里正在发生的学习过程的精髓和内涵。

走廊是一个引发好奇心的地方,这里有各种让人驻足探索的物品。这样的例子包括:

● 墙上挂着的惊喜盒(上面有盒盖)。里面装着一些有趣的小东西,这些东西隔一阵子就会被更换一次,这让孩子们在发现它们的时候会感到很高兴。

● 有流水的喷泉。

● 一个鱼缸,在它旁边放着写字板和铅笔,这些东西会让孩子们去给鱼儿留纸条(参见图6-6)。

● 一个浴缸,里面装满了柔软的娃娃(参见图6-6)。

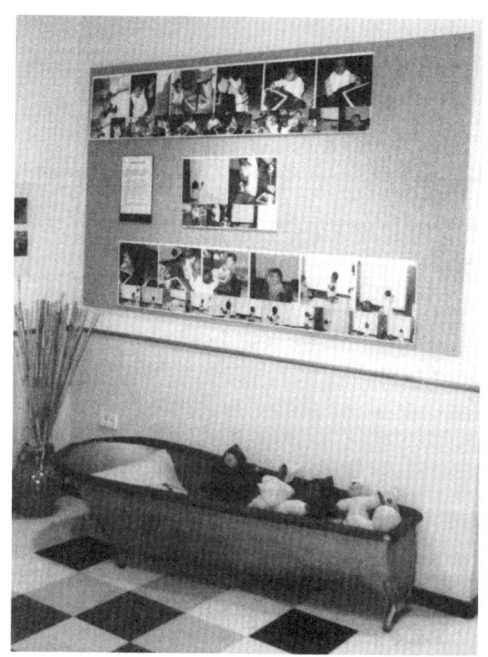

图6-6 走廊可以是一个引发惊奇和好奇心并且让人主动参与的地方

在受到消防规范更多制约的楼梯部位,人们可以发现展示了孩子们的泥塑作品或是瓷砖画的展板。

大楼的进门区域是一个可以用来展示重要信息的地方,包括欢迎信息以及有助于人们了解幼儿园的价值观、理念与文化特色的信息。有关儿童、教师和家长的信息被以文字和照片的形式优美地传递了出来。儿童的作品被精心陈列出来。在其中的一个幼儿园,员工们还写下了她们自己的童年早期记忆,并和她们婴儿时期的照片一同展示出来。

进门区域有着一些能引起人们好奇心的特别的东西。这可能是用某种有趣的方式摆放着的一些自然界的物品,比如木棍或是松果,也可能是一些和当前研究有关的物品,比方说,一个配有鞍座的锯木架以及一顶宽边牛仔帽。这些物品往往都具有某种文化意味,例如,手工制造的墨西哥家具。教师们通常会精心布置这片区域,并保持它的整洁和吸引力。进门区域相当宽敞,所以在那里总能放上几件让人摸索的物品,并有足够的让人坐的地方。图6-7展示了一片进门区域,教师们在这片区域里精心摆放了非常规的镜子、植物和一架织布机,孩子们可以用这架织布机来编制布条。此外,还有一个有着可移动部件以供探索的凉亭以及一张长椅。

图6-7　进门的地方摆放着座位以及供人探索的事物

学习过程也可以在学校大楼的其他地方展开。厨房、地下室以及各个员工所在的办公室都是儿童可以进行特别探索的地方。

学校庭院

每个幼儿园的院子里除了有秋千、滑梯、跷跷板和高低杠之外,还提供了一系列比较独特的学习机会。比如,天然的泥地,孩子们可以在那里往下挖掘来发现地底下的东西;可供孩子们进行探索的树木和灌木丛;两边有着各种有趣的建筑形式的一条小径;孩子们可以在上面画粉笔画和骑三轮车的一片开阔的硬质地面;用来奔跑的区域;孩子们可以开展各种幻想游戏的游戏馆,一艘被用作沙盘的旧船,以及一个户外的美术教室(参见图6-8)。

学校大楼周围的这片区域往往为开展深度研究提供一个理想的环境。比方说,作为露营研究的一部分,孩子们在学校旁边体验了搭帐篷和露营的感觉,包括在户外生火和煮饭。学校周围的这片区域还为研究昆虫、鸟类和其他动物提供了机会。

对于探索他们同世界的关系而言,像这样的同外界以及自然环境进行全身心的富于想象力的接触的机会非常重要。

图6-8 铺设了有趣的小径,并将自然环境,室外工作室,以及可供奔跑和玩耍的草地连接在一起的重建后的室外区域

邻近街区

在之前的章节中,我们已经领略过了几个邻近街区如何为儿童的探索提供丰富机会的例子。比方说,"管道研究","窗户研究","婴儿能做什么?","贾思敏和蚂蚁",以及"安伯的花朵"。如同我们在"小鸡的社区研

究"和"手的研究"里所看到的那样,商店是邻近街区中的一种主要的资源。

对邻近街区最为成功的探索是在教师的细心辅助下完成的。她们帮助儿童目标明确地进行探索,并且同时给予他们足够多的自由来实施他们的兴趣和动机。"管道研究"(参见第1章)中提到的在第二次社区漫步时所创建的"向上看"和"往下看"小组就是一个很好的实例。

因此,在邻近街区与城市这样的环境中,目标明确的活动并不是通过建构环境本身来实现的,而是通过建构儿童与环境之间的互动方式来实现的。

城市

在城市中可开展的活动包括参观诸如自然博物馆和动物园这样的机构。在"恐龙研究"中,教师给儿童配备了写字板和铅笔,以此鼓励他们把恐龙骨架和其他展出的恐龙的草图画下来(参见第5章,"恐龙研究")。在"小鸡的社区"这一研究中,孩子们参观了小鸡和它们在动物园的家。一些孩子见到了动物管理员,他们根据自己写下来的问题询问了管理员(参见第4章,"小鸡的社区")。其他利用城市环境来促进儿童学习的实例包括:当孩子乘坐的公交车行驶在高速公路上时,让他们去追寻对于红绿灯、交通状况、卡车和其他车辆、匝道以及高速公路所表现出来的兴趣;通过让孩子们观看儿童博物馆里的有关海盗的戏剧并向扮演海盗的演员展示装在瓶子里的信息,来拓展孩子们对于海盗的研究;通过参观市立公园来对色彩进行探索,孩子们在公园里见到了开花的植物,还临摹了在花园里所观察到的色彩、模式和形式(参见第4章,"安伯的花朵")。类似的像参观美术学院、公共图书馆,以及水族馆这样的活动都是对于儿童某些特定兴趣的回应。这些活动为儿童提供了新的信息、体验以及机会,激励并拓展他们在新开展的深度研究中的观察与认识。

针对学习环境提出的问题

以下是一些可能会对你有所帮助的与学习环境的方方面面有关的问题:

- 什么样的教室环境会促使儿童在他们的学习活动中进行合作?

- 参观者是否能感受到生活在这个教室里的人是谁,以及这个教室过往的一些情况?
- 你教室里的"色彩"是什么?它们是否同教室里的儿童以及他们的作品紧密相连?
- 你如何利用教室里的墙面空间?那里是否摆放了大量儿童的作品并且传达了儿童的声音和想法?展示出的儿童过去的、近期的和当前的作品的比例是否恰当?
- 你如何来维持教室里的开放空间与摆放家具的空间的平衡?你会做些什么来简化并腾出更多的空间,或是用更有意义的方式来使用空间?
- 你用什么方式来对材料进行分类和陈列,以便儿童看得到的这些材料,容易拿到它们并对它们产生兴趣?
- 教室里是否始终有一种尊重儿童动机的氛围?
- 教室里的家具所传达的信息是什么?是否有一些独特而有趣的家具?这些家具是否能让儿童联想起自己的家?家具是否丰富了儿童的体验,并加深了他们对于家具的不同意义、用途等的认识?
- 在教室里可以看到哪些与家庭生活的联系?
- 家长的形象在教室里是被如何表达或者展示出来的?
- 你的教室是否会促使儿童使用不同的视角?
- 你的教室环境是以什么方式同其他教师、"外部"世界以及当地的社区联系起来的?
- 你用了多少种方式将自然元素引入教室中来?
- 教室是否针对儿童不同的状况提供了不同的场地?儿童是否能找到一个安静的、舒适的、私人的空间,一个有着各种声音的令人激动的场所,一个可以让儿童做出夸张动作的地方,或者一个需要良好的身体运动机能的地方?
- 在你的教室里,你会如何使用不同性质的光线,为什么?
- 当来访者、家长、教师以及儿童进入教室的时候,教室环境会用什么样的方式来迎接他们?这一环境所传达的明确的和隐含的信息是什么?你可能会尝试做些什么改变,为什么?

- 学校的大楼和庭院是如何满足儿童和家长的兴趣的,是如何鼓励他们进行有意义的互动和对话,促进他们思考,给他们提供探索的机会,并让人感到安全、温暖和舒适的?

- 当你带领儿童参观邻近街区或去城中实地考察的时候,你如何辅助他们的学习过程?你如何来强化他们的目的,并让他们把注意力集中在这个目的上面?你如何记录儿童的观察和经历?儿童能以什么样的方式来回顾这些经历?你会在什么时候,用什么方式来记录你自己对于这次考察的反思?

第 7 章

班级管理

在本章中,我们将会探讨教师如何通过指导和协调班级活动,来时时刻刻地应用瑞吉欧幼儿教育方法的各个元素。我们在之前的章节里谈论过,教师如何通过构建教室环境来实现五个主要的目标:

1. 促进和推动儿童彼此间的交流,以及他们对感兴趣的事物所进行的深入探究。

2. 体现出儿童的身份以及儿童的形象(参见第 1 章——主编注)。

3. 鼓励儿童运用多种视角。

4. 提升儿童的幸福感。

5. 鼓励家长参与到班级活动中去。

教师在一整天管理班级活动的过程中,会时时刻刻同儿童、同家长、同彼此以及同所处环境发生互动,而以上这些目标则为他们的这些互动提供了关注的焦点。这其中涉及的管理活动包括如下各项:

- 能够在一整天中进行倾听、观察和做出回应。
- 辅助("鹰架",参见第5章——主编注)儿童的学习过程。
- 记录儿童的学习过程。
- 排解儿童的忧愁。
- 协调各种日常活动以及其他活动使之能够总体上稳步推进。

确切地说,本章所要探讨的是教师该如何去开展与协调以上五项活动。对这一问题而言,身处同一教室之中的教师们之间的有效合作意义重大。儿童自身对于回答这一问题也很关键,换言之,儿童可以通过熟悉班级里的各项常规活动、各种流程以及各项原则,通过发展主体感从而主动地开展活动,以及通过在深思熟虑后做出选择,成为班级管理的重要力量。

背景信息

有两类背景信息有助于我们理解芝加哥公共协会下属幼儿园中的班级管理流程,它们涉及的分别是所提供的幼儿教育制式的类型以及深度研究在班级活动中所处的地位。

两类幼儿教育制式

芝加哥公共协会的幼儿教育项目基本上可分为半日制和全日制两种类型。

- 半日制:有两组儿童(例如,8:30—12:00 一组,12:30—16:00 一组),一周来园四天(周一到周四)。每个班级配备两位教师(班主任和助教)。教师们利用周五来开展反思、计划以及行政工作。这是开端计划所采用的典型模式。
- 全日制:仅有一组儿童(7:00—18:00),一周来园五天。每个班级配备三至四名教师,他们的工作时间相互重叠,以便在任何时候都能有两到三位教师在岗。上午的时间表同半天项目相类似。教师们通常会在儿童2小时的午睡时间里开会和完成行政工作。

在任何一种制式中,每个班级有17—20名儿童,他们的年龄是在3—5岁。那些在园达两年时间的儿童都会有固定的教师和教室。

深度研究在班级活动中的地位

平均而言,每个班级在任一时刻都会开展一到两项深度研究。即便在某天有些儿童没有参与深度研究,他们也往往会参与到聚焦式游戏活动中去。这些活动包括了许多和深度研究活动一样的学习过程(参见第6章,目标1)。幼儿园的目标之一就是所有儿童在为期一年的时间里都要至少参与过一到两项深度研究。

深度研究的形式往往有以下几种:

1. 主要以小组形式(2—5名儿童)开展活动。这类研究一般只有小组内的儿童参与其中,但偶尔小组成员也会与全班进行分享。"小鸡的社区"以及"贾思敏与蚂蚁"这两项研究就属于这一类别(参见第4章)。

2. 以小组形式开展活动,但全班所有儿童会在多个不同的时间点参与到相关的调查研究之中。例如,在"恐龙研究"(参见第5章)中,一开始只是一个小组的男孩在进行探索,但是最终整个班级都参与到了这一研究之中。博物馆之行以及最终的结果最为充分地体现了这一点。

3. 全班都主动地参与到研究之中,且以小组形式展开研究。"手的研究"(参见第5章)就是一例。

请注意这三种形式都很重视小组的探索。小组这样的形式让儿童可以进行合作,并使得教师能够有效地融入到儿童中去,以便向他们提出质疑、建议以及其他事项。儿童一般会在活动时间(参见本章后面的部分),在探索社区的时候,或是在城市中实地考察的时候开展深度研究。

班级里的多种活动流程都对深度研究具有推动作用。

• 使用收藏板:儿童近期的画作、口述记录和对话内容,以及教师的评论还有儿童开展工作时的照片都会被张贴在收藏板上,以便儿童、教师以及家长进行回顾和反思。这些记录是对当前进行的深度研究的实时反映,并为每天的计划提供了参考。收藏板上张贴的物件在为教师不断地提供资源,她们可以从中选出某些记录带到每周例会上去(参见本章后面将介绍的"合作计划";第10章中的"记录"一节以及图7-1)。

图 7-1 一块收藏板,上面张贴的材料涉及一个正在开展中的有关油画的研究,这项研究以凡·高的油画为切入点。这块板上张贴着经整理后的对话内容、讨论记录、口述内容、画作以及照片,这些都是儿童在对他们和凡·高的绘画手法进行研究和比较时的产物

- 将儿童的作品、活动的照片以及他们的活动计划在学习区域展示出来。例如,在积木区展示儿童的设计图、画作以及他们搭建的积木作品的照片,这可以促使儿童继续进行搭建、描绘、阐释和修改。
- 儿童互相合作与学习,这包括互相做出详尽的阐述,重复对方所做的事情,评判对方的作品以及互相帮助。
- 儿童与整个班级进行分享,比方说,在圆圈时间分享他们在深度研究中完成的作品。

半日制的展开顺序

上午的半日制通常会按以下顺序展开:

- 入园时间。

- 点心时间。
- 圆圈时间。
- 活动时间。
- 户外时间或是大肌肉运动时间。
- 故事时间。
- 午餐。
- 离园时间。

莎朗与约兰达的教室里的某个上午

以下是对芝加哥公共协会下属幼儿园中的一间教室在某天上午发生的事情的一个简要描述,这段描述是由 1999 年 6 月所拍摄的一段录像而得。这段描述所要表明的是该如何开展上述五类班级管理活动。其他班级的教师团队会有略微不同的运作风格,且随着时间的推移,所有团队的风格都在不断地发生变化。

这个班级是由班主任莎朗与助教约兰达负责的。孩子们与老师一同参与了两项深度研究:一项研究涉及这个班级所养的豚鼠;另一项研究则与交流有关,其中包含了给别人写信这样的活动。

入园时间。 莎朗坐在门旁同家长和孩子们寒暄。有些孩子会走上前来坐在她的膝盖上,对于其他那些跑着去找朋友玩的孩子,她则会给他们一个拥抱,一个微笑或是简单地说上一句"早上好"。有两位母亲走进了教室并停留了一会儿,看着自己的孩子一起开始玩拼图。另一位母亲则坐在长凳上等待,她那蹒跚学步的孩子暂时加入了他的哥哥与朋友的队伍一起在小积木区搭积木。四个女孩子在玩莎朗事先摆放好的伯格骰子和一个单词卡片游戏,约兰达则在一旁看着她们。两个男孩在灯光桌上组装可拼接的积木。一个女孩先是坐着与莎朗聊天,然后推着早餐车穿过房间来到了桌边。她对于日常的活动一清二楚。

点心时间。 莎朗待在门口,而约兰达则在检查孩子们是否在早餐之前洗了手。有些孩子已经去卫生间洗过手了,还有三个孩子则在绘画桌边的水池里洗手。托米用拖把擦拭了被水溅湿的地板。一些男孩在帮忙摆放纸餐盘、小松糕还有牛奶,并把已经打开的菠萝汁罐头搬到了大桌子上。

莎朗从点心桌边站起身来去帮助电脑旁年幼的迪莉娅。两个年长的女孩加入进来驻足观看,并在莎朗离开的时候不时地帮一下迪莉娅。贝雷奈西和玛利亚正在写字桌边忙碌着,她们正在使用从附近架子上拿来的蜡笔、铅笔、尺还有纸张。约兰达问她们俩,要不要在去洗手之前用信箱把她们的信寄给朋友们。

今天轮到了拉托娅和柯珊达来清理早餐桌。拉托娅喜欢在桌面上喷洒肥皂液,而柯珊达则跟着她,拿纸巾用力地擦拭桌面。约兰达最后检查了一下,并把桌子周围的椅子往里推了一点。孩子们先去刷了牙,然后就去坐在地毯上等候圆圈时间的到来。

圆圈时间。约兰达和孩子们一起坐在毯子上。当米格尔把一个"烫手的山芋"模型拿出来给小组成员看的时候,约兰达给予了积极的反应。他们一起玩了这个游戏,直到约兰达开始唱"早安"歌才结束。托米起身离开了大家围坐的圈子,莎朗跟着他并和他谈了一下。托米说如果他能紧挨着约兰达坐的话,他愿意回去。莎朗答应了他。约兰达开始唱一首大家都知道的命名歌。

莎朗让昨天为班级里那个名叫几内亚的豚鼠画了房子的五个孩子向其他人展示他们的画作。莎朗举着图画以便所有人都能看见,每个孩子轮流坐在她的腿上向大家介绍这幅作品。她还朗读了他们画作背面的口述记录。尤里沃画了一幢三层楼房的外景,莎朗建议他今天可以画房了的内景。

托米又不高兴了,他再次从大家围坐的圈子里退了出来。莎朗跟着他并仔细倾听了他的想法。在他们交谈的时候他告诉莎朗,他想要为几内亚造一幢木质的房子。随后他同意重新加入到小组中去。

在孩子们展示他们画作的时候,莎朗指出了其中那些与几内亚所需事物(比如一张床以及一扇通往房子的蓝色大门)有关的关键部位。她还问了这组孩子一些问题,这些问题涉及颜色、形状以及几内亚会如何使用他的房子。孩子们对这些问答的兴趣经久不褪。

莎朗接着转身拿起了一个篮子,这里面装着五个孩子在前一周用黏土烧制出的豚鼠。当孩子们围上来的时候,她一一指出了每个孩子用黏土所做的豚鼠。这些豚鼠的有些部位在烧制的过程中破损了,因此莎朗提议可以用胶水来进行修补。

莎朗在圆圈时间结束的时候宣布,她会再次把几内亚和一些黏土放在桌上以便孩子们制作黏土豚鼠。莎朗还告诉孩子们,约兰达会在那里给大家提供帮助,孩子们在当天还能使用水桌。孩子们迅速地向他们最感兴趣的区域走去。

活动时间。托米离开了地毯区域来到了写字桌边,他想要画下他所设想的几内亚的房子。约兰达把托米的想法告诉了莎朗。贝雷奈西问莎朗,她的"写字本"在哪里。(前一天,他们一起制作了一本红色的活页文件夹,它的封面上有贝雷奈西的照片)她找到了写字本,并开始画新的图画。

萝拉和米格尔待在了圆圈区,他们两人把"烫手的山芋"模型互相扔来扔去。米格尔掏出他的迷你手电筒向萝拉展示了起来。费边加入了他们的队伍,这两个男孩开始一起玩空心积木,并用它们搭建了一条长长的隧道。萝拉来到了放着黏土和几内亚的桌子边,和约兰达以及其他三个女孩一起弄黏土。莎朗先把烧制好的黏土豚鼠放在桌子后面的架子上,随后她一边将一个破损的黏土豚鼠拿给女孩们看,一边解释说,如果她们做了一个很胖的黏土豚鼠的话,它在窑炉里烤制的时候很可能会破掉。

在整个活动时间里,几内亚一直被放在桌子上。总有两到三个孩子待在桌边仔细地观察几内亚,抚摸它,并在约兰达的帮助下制作黏土模型。与此同时,莎朗则借助种种机会来向儿童提问,并帮助他们拓展他们的认识和表征。她通过录像和写下口述内容的方式把儿童的工作情况记录了下来。这其中有些活动与为几内亚造房子有关。比方说,尤里沃用小积木和建筑用积木搭建了一幢大型而复杂的三层楼房。正如他所画的图画那样,他的作品规模宏大并有许多精细之处。一整个早上,他都在忙着造房子,莎朗用相机拍下了这幢房子。这幢房子在教室清理之后仍被保留了下来。

包括贝雷奈西在内的一群女孩子在写字桌边忙碌着,显得十分高兴。她们一边交谈,一边把她们完成的画作折叠起来放进信封里,可能是想把这些画作投放到班级的邮箱里去。有两个女孩离开了写字桌来到了水桌边,在那里有三个女孩正在玩各种容器。贝雷奈西和阿拉塞利仍然待在写字桌边,桌上放着她们的写字本。她们俩一边画着房子,一边讨论着。贝雷奈西还就如何画房子向阿拉塞利提了建议。

托米拿着他画的几内亚的房子的内部设计图向莎朗走去。莎朗把托米告诉她的和这张设计图有关的内容记录了下来。他在设计图上画了门和楼梯。莎朗问道:"几内亚怎样才能上楼呢?"托米用移动手指来作答。他的手指先是在楼梯上移动,然后进入厨房区域,接着穿过厨房移动到了他画的炉灶和冰箱那里。他解释了几内亚会如何来使用这些器具。莎朗继续把托米在他们的对话过程中所说的一字一句都记录下来。他编出了一个故事,这个故事讲的是几内亚从冰箱里拿出西瓜来吃,还把黄色的西瓜子吐了出来。他一边想着几内亚是如何享用这个西瓜,一边摆出各种姿势来衬托他的故事。随后莎朗建议,既然今天托米没有木料可用,他或许可以用积木来搭建他设计的几内亚的房子。他们拿着设计图走到了小积木区。莎朗把托米的设计图贴在了一块搁板的背面以便他搭房子的时候查看。墙上张贴着托米和其他孩子之前所搭建的积木作品的照片和设计图。虽然有这些视觉上的参照物以及莎朗的辅助,但是托米并没有继续用积木来搭造几内亚的房子。(第二天托米用他找到的甜甜圈盒子独自搭建了这所房子)

约兰达离开放着豚鼠的桌子走向了大积木区,以便对站在所搭建的隧道边的米格尔和费边进行观察。当她走近的时候,费边正在隧道的顶部爬行。约兰达问费边她是否可以帮他系鞋带,他说:"不"。他和米格尔正痴迷于让金属小汽车在他们刚完成的隧道上层飞驰。

约兰达回到了泥塑桌边,此时已有更多的女孩子加入到了原来的小组中。托米走了过来,他们一起抚摸起几内亚来。托米再次同约兰达说起了第二天给几内亚搭一幢木头房子的想法。与此同时,他还捏了一个兔子的黏土模型。他拿着这只扁平的两条腿的模型给莎朗看,而莎朗则建议他去走廊那里看看这个班级养在笼子里的兔子。他们一起比较了托米的泥塑模型和真正的兔子之间的差别。莎朗给了托米充足的时间和自由去思考他想要做哪些改动。她把兔子从笼子里放了出来,这样托米就可以从不同的角度来近距离地触摸和观察这只兔子。

贝雷奈西一直耐心地等待着莎朗去注意她。她一手拿着她的写字本,另一手拿着她画的用衣架挂在晒衣绳上的衣物画。她对自己的图画做了口头描述，而莎朗则把这段描述用大号字体记在了她的图画下面。莎朗向贝雷奈西展示该如何使用两眼打孔器，随后他们一起把这幅新画作放进了贝雷奈西的写字本里。正当莎朗要离开的时候，她问贝雷奈西是否想要给她的图画上色。贝雷奈西在她原先的画作上新添了两个人。随后她又自发地开始画一幅新画，且这次她关注的是色彩。她首先用铅笔勾勒了五支蜡笔的轮廓，然后用不同颜色的蜡笔给图中的蜡笔上色。

贝雷奈西找到莎朗的时候，她正在观看米格尔与费边在斜坡上进行的赛车比赛。她们坐在了斜坡旁的地板上，然后贝雷奈西按照所画的次序，从左到右依次给画上的五种颜色命名。莎朗一边听写着贝雷奈西所说的话，一边用另一只手同时做着另一件事，即在斜坡一端的底部垫入一块积木来抬高斜坡，这样男孩们的游戏就能开展得更顺利了。在知道了这种增加斜坡倾角的方式之后，男孩们很高兴地发现，这种方法能让金属小汽车跑得更远更快。

柯珊达和拉托娅一起在三角画架前画画。她们做的是一模一样的事情，那就是大笔大笔地画上红色的条纹，并把自己的手和手臂都涂红。约兰达离开了放着几内亚的桌子来到了柯珊达和拉托娅身边，问了她们一些有关她们画作的问题。柯珊达说她画的是她妈妈，而拉托娅则说她画的是约兰达，柯珊达然后宣称她画的是莎朗。约兰达回到了黏土桌边，3岁的莉拉正坐在那里犯愁，因为她无法把黏土做的腿按到身体上去。约兰达向她展示了如何用水把黏土棍黏在一起。

在阁楼下方的区域里放着灯光桌，劳尔和卢卡斯在那里专心致志地用组合积木搭建着各种造型。他们从墙上的镜子里可以看到这些被灯光照亮的作品，这让他们能够从另一个角度来观察他们的作品。

在整个活动时间里孩子们无论在人际交往方面还是在参与特定活动方面都十分投入。他们之间的合作表现为一种自然的时紧时松的态势。除了托米和尤里沃这两人基本单独行动以外，其他孩子常以两人、三人或四人小组的方式来进行合作。尤里沃有时在他人需要帮助的时候也会加入他们之中或给予指点。老师们时常会对孩子的动机和兴趣给予支持。孩子们则通过使用多种不同区域拓展了他们的游戏。自始至终老师们都无须对某个区域里孩子的人数进行限制。

老师用关掉顶灯然后再打开以及唱清理歌这样的方式来提醒孩子们清理时间到了。有两个男孩在不会被清理的区域用小积木搭建了作品，以便下午的小组能够看到这些作品。约兰达把这两个作品都拍照记录了下来。所有的孩子都帮忙一起清理，直到物归原位为止。

户外时间。这天上午的活动时间一直延续至户外时间。通常教师会带着孩子们穿过街道前往学校绿树成荫的户外活动场地。在那里，孩子们会尽情地荡轮胎做的秋千，攀爬各种架子，骑三轮车，在船里面玩，或是努力在枕木上保持平衡。

故事时间。莎朗把孩子们聚拢到地毯上，然后大声朗读起《三只坏脾气的公山羊》这个故事。在朗读间歇她不时地向孩子们提问并同他们一起展开即兴讨论。她开始播放一张摇滚乐的CD，孩子们则跟着跳起舞来。每隔一会，音乐就会暂停。有些孩子会立刻停下来，然后再继续起舞；其他孩子则去洗了手，然后来到午餐桌边。那些特别喜欢跳舞的孩子一直跳到所有人都准备好吃午饭时才停了下来。

午餐。孩子们分三桌就餐。约兰达和一组时而用英语，时而用西班牙语交谈的孩子们坐在一起。莎朗和另一组孩子们一起坐，直到第三桌的孩子开始玩"从椅子上滑下去"的游戏时才起身离开。当莎朗走到了第三桌旁时，她问孩子们上午做了些什么。贝雷奈西讲了她的故事以及她如何把这个故事放到她的书里。莎朗问还有谁也写了故事并放入了他们的书里。因为有些孩子还没有书，所以对话的内容变成了搞清楚有哪些孩子已经拿到了自己的写字本。他们在一起点名数数后发现，有七个孩子已经有了写字本，还有十个孩子没有。孩子们清理了自己的餐盘，并把放食物的容器放到了推车上。两个孩子随后把推车推到了走廊里。

离园时间。莎朗在靠近教室入口的写字桌上放了很多儿童书籍。有些孩子在等候家长的时候会翻阅这些书籍。莎朗应哈维尔的请求为他朗读一本有关恐龙的书，希拉里奥和胡安也加入了他们的行列。其他孩子则待在靠近门口的阁楼和小积木区域，有的在玩小汽车，有的则在玩拼图、游戏或是可拼接的积木。小汽车赛车游戏从这里起一直延绵到教室的其他地方。

一些家长来到了教室，孩子们因此把手中正在玩的东西放回了原处。莎朗和尤里沃的父亲简短地交谈了一下，尤里沃向自己的父亲展示了他造的房子。在离开教室之前，三个女孩子向她们的母亲展示了她们的写字本和绘画。这天老师和家长之间只进行了简短的谈话。

与此同时，约兰达则以富有想象力和嬉戏的方式开始和一些还在等候家长的孩子们互动起来。她拿起一个放大镜放到她眼睛前面，这样她的眼睛看起来就很大。然后她又拿起一面镜子放到放大镜前面，这样她就能看到这么做对她自己的眼睛产生的效果。当这些孩子们找来了别的放大镜和镜子时，约兰达也把这个把戏教给了他们。更多的孩子向约兰达靠拢过来，他们在发现她的大眼睛时既惊讶又开心。这是一个自发的活动，所有人都在进行尝试并且乐在其中。

米格尔和胡安的家长来晚了，因此约兰达带着他们下楼去等他们的家长。随后她回到了楼上，并在下午班级的孩子们来之前，利用午餐时间与莎朗迅速地开了一个计划会议。

反思与评论

我们请你根据以上描述思考一下以下的问题：

> 孩子们有哪些主动的举措？
> 你注意到哪些教师的管理行为？
> 教师们是如何互相合作的？
> 你从这个例子中学到了什么？

儿童作为管理活动中的合作伙伴。儿童在这天上午的点心时间和清理时间里都主动协助了教师的工作，在圆圈时间里主动提议玩某个游戏，主动地选择了活动内容并专注于这些活动，主动地互相帮忙，并且主动地拓展了他们自己的学习任务列表。那两个一起用可拼接积木搭建作品的男孩为我们提供了同最后一点有关的一个实例。这两个男孩通过从不同方位来观察这些作品,通过在不同地点搭建这些作品,以及通过用和他们自身的肢体运动相一致的方式移动这些作品,不断地变换着观察这些作品的视角。当他们爬到阁楼上去之后,还对各种不同的长度条件、重力条件和结构类型进行了尝试。

教师行为。当儿童自发地选择并专注于某些特定活动的时候,教师就有时间来实施本章先前所提到的五类教师行为。

倾听/观察。在整个上午,教师都能观察并倾听儿童。即使在她们关注某一小组儿童或是某一个儿童时,她们的"雷达天线"也会留意教室的声响和节奏,而且她们会留心同时进行的几项活动。所以,莎朗能够一边对贝雷奈西和她的画作做出回应,一边还把新的元素引入到男孩们的赛车和斜坡活动中去。

辅助儿童的学习过程。教师根据儿童对于书写和使用英文字母不断增长的兴趣安排了文字和字母游戏。整个上午一组组的儿童都在玩这个游戏。孩子们有时候会走近教师以便展示他们的作品。这引发了教师和儿童之间的对话,这些对话往往会进一步拓展儿童的活动内容。有时教师会将儿童的口述内容加入到他们的表征中去,并为他们提供新的视角或活动内容。这对儿童而言是进一步的挑战。

有几个儿童和教师在圆圈时间一同回顾了他们画的豚鼠画后受到了启发,因此去了小积木区域搭建豚鼠的房子或是制订造房计划。除了以提问和拓展的方式提供辅助之外,教师有时也会给予儿童实用的信息。

记录。教师用照片记录下了与两个深度研究有关的儿童的活动,并将他们的口述内容写了下来。

排解儿童的忧愁。在圆圈时间里,教师们对托米的低落情绪做出了迅速的回应,她仔细倾听了托米的陈述,和他进行了对话,并同他一起制订了计划。

协调各种活动。在点心、圆圈、午餐、清理、入园和离园时间里,两位教师都参与协调了各项活动。

莎朗和约兰达常常协助彼此的活动。比方说,在入园时间,莎朗负责迎接儿童和家长,而约兰达则在四处走动,以便在儿童选择活动内容,或是加入到已经在某个区域开展活动的儿童中去的时候,向他们问好。此后,当约兰达一边在豚鼠/泥塑桌边进行督导,一边留意在附近的画板区和大积木区活动的儿童时,莎朗则在教室内来回穿梭,回答个别儿童或者小组儿童的问题。当儿童想要找她们的时候,她们俩都能及时出现。

除了户外时间被延长的活动时间所取代之外,这天上午的活动都是按照事先设定的计划表进行的。计划表对教师颇有助益,它们为一天的活动提供了总体框架,并且既给教师又给儿童赋予了一套稳定的行为模式以及对此的预期。然而,计划表以及其他的安排都要根据实际情形加以调整。一个注重对儿童的兴趣做出回应的教室环境需要具备一定的灵活性,只有这样,它才能为深入的探索活动提供机会。这样的调整很可能表现为把某一时段的活动延续到下一个时段,通常这些调整不涉及改变各时段之间的先后顺序。

忧愁情绪

总地来说,忧愁情绪可分为两大类。第一类表现为儿童在某天情绪低落。此时教师会以从容不迫和转换到儿童视角的方式,花时间去倾听儿童的心声。团队成员之间良好的沟通有助于教师做出此类回应,因为它让教师能够自发而有效地协调彼此的行动。因为所处环境十分强调对儿童的兴趣给予回应,我们相信,当约兰达鼓励托米制订豚鼠房子的搭建计划时,托米能感觉到约兰达既在倾听他的行为动机,又在关心他的内心感受。

第二类忧愁同人际冲突有关。当两个或多个儿童间发生冲突时,教师会鼓励儿童去确认他们自己的想法,并把他们的委屈直接说给让他们沮丧的人听。教师也鼓励其他儿童进行倾听和回应。第 3 章中"失踪的小刀"这一场景就是一个很好的例子。教师在这一过程中实施的辅助行为有助于创造一种班级文化,在这种文化中,儿童会学着去倾听和尊重别人,相互协商并理解不同的观点,做出选择,解决冲突,并在大多数时候相互合作。

随着时间的推移,教职员们意识到,儿童越是积极主动地参与到由自身兴趣所引发的活动中去,忧愁情绪出现得就越少。此外,她们还注意到,这些学龄前儿童的注意广度有了显著增长。

从学年之初开始

如果你想将在瑞吉欧幼儿教育启发下实施的教学过程应用于一组新的儿童,那么以下这些做法可能对你有所裨益:

• 和往常一样,在学年一开始就让儿童熟悉班级的日常活动,并彼此认识。你要确保你所创建的班级环境有助于以小组形式专心致志地进行探索(参见第6章)。

• 通过让儿童探索一到两种材料来让他们进行表征,并让他们就如何使用那些材料进行交流(参见第4章)。

• 记录下儿童在一整天中所表现出来的兴趣。通过在教室里设置与这些兴趣有关的区域为他们提供探索这些兴趣的机会。

• 如果有儿童在上一年中已参与过某项深度研究,那你可以帮助他们开始一项新的深度研究。这样其他儿童也能参与其中,并从这段经历中受益。

教师间的合作

以上对莎朗和约兰达所带班级在某天上午的活动所作的描述,突出强调了教师之间交流和合作的重要性。以下是芝加哥公共协会的一些教师对于这一话题的看法。

教师眼中班级合作的基本原则

这场有关教师对班级合作的看法的讨论,源于对芝加哥公共协会学前教育部10位班主任进行的个人访谈。所有教师在受访时,都已对瑞吉欧幼儿教育进行了五年或更长时间的探索。每个访谈都围绕以下这个问题展开:"在你和你的助教合作的过程中有哪些重要因素?"在经过了最初的头脑风暴阶段之后,访谈者把教师们所罗列的想法反过来读给她们听,并让她们从中选择"三个最重要的因素"。随后她们对这三个最重要因素的意义进行深度探讨,此时访谈者会问"为什么"这个因素很重要。在这种讨论的过程中,教师们不仅谈到了她们想要和自己的同事发展一种合作关系,而且还主动提及了在建立这种关系的过程中所遇到的障碍、艰辛还有困扰。

在回答"在你和你的助教合作的过程中有哪些重要因素?"这一问题的时候,"交流"这个词总在教师们选择的最重要的三个因素之列。此外,在绝大多数情况下,教师们所选取的三大因素中的其他因素几乎都同"交流"这一话题有着这样或者那样的关联。以下是一些例子:

分享想法

教师:你的同事告诉你她的想法这一点十分重要。很多时候,"班主任"这个头衔变成了一道障碍。我认为我的同事是我的合作伙伴,她有权利和我分享她的想法。如果只有一个人出主意的话工作就做不好,因为另一个人也会有好主意。

倾听并回应彼此的想法

教师:感觉到能将你的想法、观点甚至是不满向另一个人和盘托出,并且还能知道她对此有何看法这一点很重要。她们对此或许会有不同的看法,这些看法也许会有助于你理清自己的思路。

拥有共同的目标

教师:我们两个对于这个班级的发展方向有着相同的看法。我们都想要更多地学习和研究瑞吉欧幼儿教育,并且将这一教育中更多的新元素运用于我们的班级活动。

通过交流观点来共建认识和制订计划

教师:我们可以把我们的观点汇聚起来形成更好的方案并付诸实践。分享观点可以使你的团队变得更为有力。你和你的队友之间的联结会更为紧密,因为她知道我会尊重她的观点,而且我们会共同实践这一想法,正如她会同样尊重我的想法并接受我的观点。因此我认为这使得我们的关系更为密切,并使我们能更紧密地一同工作。当你一整天都要和某个人一起工作时,这很有好处。

教师们认为以下几类态度和行为是引发以上过程的必要条件：
- 对彼此的观点保持开放、重视和尊重的态度。
- 询问对方所持观点的理由是什么。
- 用开放的态度接纳他人对你观点的不同意见。
- 愿意直面失败和错误。

最后，教师们认为以上这些因素共同推动了她们的职业发展。

教师：这是一种观点来回碰撞的方式，这是一种共同成长的方式，而共同成长是至关重要的。除非你有时间和机会进行交流，否则你的班级和你个人都无法获得成长。

教师：通过彼此沟通，尽职地工作以及分享我们的观点，我们可以共同成长，同步前进。

教师：这是一个学习的过程。没有合作，你就什么也学不到。

教师们在她们的评论中还强调了，在教学过程中一起制订计划以及自发地进行交流与合作的重要性。

一起制订计划

教师：你们如果不花时间的话，是无法进行良好的沟通的。我这里所说的是严肃认真的沟通。你们要进行真正的合作，坐下来好好地对这周或是这一天所发生的事情进行深入的探讨。

由园长、总部办公室的协调员以及来自两个不同班级的老师一起参加的每周例会在制订计划的过程中起到了关键的作用，园区的家庭工作人员也时常会参加这一会议。每周例会的重点在于为参会教师所带的那两个班级的呼应课程制订计划（更多细节请参见第 10 章，"每周例会"）。这一会议主要涉及的是呼应课程周期的七个过程中的四个：解读，设想/决定，计划以及假设（参见第 5 章中的"呼应课程的周期"以及第 10 章中的"教师的职业发展目标"）。班级团队的周中会议也会或多或少地包含这五个过程（参见下文）。

教师使用呼应课程计划表（在 1999 年到 2000 年间成形的）来记录，充实以及拓展他们在每周例会上做的计划，并把计划表横向打印在 8 英寸宽、

14英寸长(约20.32厘米宽、35.56厘米长)的纸上。表7-2是它的一个缩减版。

表7-2 呼应课程计划表

班级:			第 周			
对过去一周的反思(对所做记录的总结和解读):						
头脑风暴和选择:	计划的活动:	假设(关于儿童的反应):	准备:	儿童的分组:	对儿童反应的描述:	
学习结果(即期待的技能发展):						

除了每周例会以外,在理想状况下每个班级团队还会开展五类计划活动:

1. 计划如何实施在每周例会上做出的决定。

2. 在儿童来之前的计划会议。

3. 在每天结束时进行的反思和记录(例如,"我们今天尝试做了这个,它的效果如何?它是否让儿童有了更多的想法?儿童从中到底学到了些什么?")。

4. 每周周末评估(例如,"在周五,我们会制一张表,这张表上罗列着下周我们想要开展的活动和想要实现的目标。如果我们这周没能完成计划的任务的话,原因是什么?")。

5. 为每周例会做准备:整理记录并选出要在每周例会上讨论的实例;用头脑风暴的方式思考下周可能执行的计划的意义(参见第10章中的"记录")。(上述的)周末评估会议同这个会议有时会合二为一。

在教学活动渐次展开过程中自发地交流与合作

许多教师都提到了在班级里自发地进行沟通的重要性,对微妙信号的使用促进了这种沟通,而这些信号则是长期共同工作带来的习惯产物。

教师:就是那种你不必把每件事都说清楚,把所有细节都解释一遍的感觉。一个眼神或是点点头,或是某种表达,然后她们就能捕捉到并知道你想要表达什么,想要做什么。一起待了那么久,一起工作了那么久,你多少会了解彼此……你必须了解你的同事,你的伙伴。如果不是这样的话,就不会有合作。

教师:我觉得这有点像跳舞。我们彼此熟悉起来。当我们结成对子后,我们对彼此要做些什么开始明白起来。如果我在这里,那么另一个人就知道她应该在那里……似乎我们对彼此都有那种感觉。

有关如何协调彼此工作的总体方案往往通过制订计划事先就确定好了。但是执行这些计划以及处理偶发事件时的细节问题只有在计划具体展开时才会显现出来。为了这一过程的顺利展开,教师们必须就她们的具体行动和特定活动的目的达成共识。有位教师提到了搭班教师没能和她进行良好沟通所导致的后果。

教师:如果彼此间没有良好的沟通的话,你会感到压力。它会给你压力,这是很大的负担,没有方向感。儿童很快就会意识到这一点,他们会感到迷失方向。

合作的障碍

在班级里建立合作关系往往并非易事。以下是一些可能出现的困难。

日常的计划可能会因时间不够而受影响

教师:因为有那么多事情正在同时发生,所以有时候时间就这样从你身边溜走了。你一直忙着做其他事情,可就是没花时间坐下来说一句:"好吧,你怎么样了?"

有些教师难以真正接受合作关系中的"伙伴"这一角色

教师:我们三年前开始一起工作。因为她(助教)习惯于接受命令,而不是合作,所以合作对于她而言并不容易。我准备好了进行合作,但是想要让她分享观点却很困难,有时候我不得不让步。她承担的仍然是一个助手的角色,她不想分享她的观点,她真的不和我沟通。她秉持的信条是"好的,告诉我要做什么,然后我就去做"。大约一年半之后,她开始能自己主动地做事了。做到这一点花了她那么长的时间。我认为我让她变得更加自信了一些,我帮助她更多地敞开心扉。我觉得她能更多地进行分享了,至少和我是这样。我们现在合作得真的非常好。

当同助教(们)相比,班主任接触瑞吉欧幼儿教育理念的时间更久,且更为认同这一方法时,她们彼此间的关系可能会紧张起来

教师:她(助教)非常依赖她那种传统的教学方式。想要让她在她所学习的方式和瑞吉欧幼儿教育之间取折中有点困难,因为传统的教学方式让她感到安心。因为她很熟悉那种课程,所以那种课程能让她安心。因此,我们的合作关系颇多坎坷。有时我们必须要有第三个人来帮助我们理解彼此……总地来说,通过认识我们自身(这个问题经过很长一段时间后得到了解决),我们真的必须要对彼此坦诚,并告诉彼此我们的感受是什么,为什么我们对于某件事会感到气愤,有挫折感,或者不高兴。我们的关系不够紧密,是因为我们交谈得太少。

相反,当助教同班主任相比更熟悉瑞吉欧幼儿教育理念的时候,也会出现同样的紧张氛围。

当班级团队的两位成员都感受到瑞吉欧幼儿教育和她们原先接受的学前教育方面的培训之间的冲突时,她们会感到困惑

教师:在某种意义上,我们仍然把瑞吉欧幼儿教育看作是一种孤立的对儿童的教育过程或工具,虽然它并不是,有时我就是这么认为的。我们必须要抽身出来然后说:"等一等。我们似乎在这里做着两件事情,但是实际上我们的目标只有一个。"一旦你不再区分"这是早期儿童教育的方法而那是瑞吉欧的方法"的时候,这一过程就会变得容易得多——因为瑞吉欧幼儿教育本身就是关于如何用一种不同的方式来看待儿童的,一种与你在学校所学的不一样的方式。因此,为了领会瑞吉欧·艾米利亚的理念,最好是从来就没有过(常规的早期儿童培训方式)这种看法。

支持依恋关系形成的稳定的分组方法

你如何确保每个儿童都和教室里的某个成年人建立了稳定的关系,并会定期得到关照呢?

每位教师都被指定负责班级中一半的儿童。教师的职责在于特别留意她所负责的那组儿童的健康和学习需求,并且每天至少同这些儿童以小组形式会面一次。有时,教师会在午餐时间和她负责的小组坐在一起。教师对于她的小组的定期关注增加了小组中的儿童的确定感。有许多儿童还需要其他形式的确定感(比如,他们要在哪里吃东西或是他们的床在午睡时间应该被放在哪里)。对于这类事物的确定感会让儿童摆脱焦虑的困扰,使他们能够集中注意力,会去同他人交往,以及变得富有成效。

满足强制性要求

教师们在使用瑞吉欧幼儿教育方法来管理班级时,如何做到同时满足政府教育部门的要求呢?芝加哥公共协会下属的每个班级都有义务满足一系列联邦、州以及当地政府机构所设定的教师需要遵从的具体的实践要求,包括计划、评测、记录保存、课程、硬件环境、健康和安全方面的要求。这带来了一个问题,即瑞吉欧·艾米利亚的教育理念同各种来自外部的要求中所隐含的观念模式可能会互不相容这一问题。

例如,芝加哥市政府的儿童与青年服务部要求每周都要有正式的课程计划。为此,公共协会设计了一份课程计划表。这份表格根据每周的具体日期和每天的具体时间进行了划分,它既满足了他们自己的管理需求,同时也符合外部的规定。这份表格同(在本章此前部分介绍过的)呼应课程表格相辅相成。课程计划主要提供的是一份每周的活动计划,而呼应课程表格强调的则是观察、反思以及由儿童的兴趣而非由具体的日期和时间确定的总体活动计划。

芝加哥市儿童与青年服务部还要求对每个儿童的发展情况进行全面的评估。他们给出了四种不同的评估工具以供选择。芝加哥公共协会因为两大理由而选择了"工作取样系统"(Meisels, Dichelmiller, Jablon, & Marsden, 2001)。

第一,该评估工具的核心理念与瑞吉欧幼儿教育理念相符。比方说,以下罗列的是用于 4 岁儿童的表格的前半部分所涉及的一些维度。

- 表现出对于学习的渴望和好奇心。
- 展现出自信。
- 表现出某种程度的自我引导能力。
- 小心地使用教室里的物品。
- 与一个或更多儿童轻松地进行互动。
- 面对任务时具有灵活性和创造性。

第二,"工作取样系统"所需的大部分评估都可以根据定期保存下来的儿童作品来完成,而这些记录就保存在公共协会的学前教室里的成长档案、活页夹以及期刊之中。每个班级团队都会有另一次每周例会来处理课程计划、进行评估以及完成各类规定的记录保存工作。

公共协会就他们所遇到的教育实践之外的各类规定所作的回应中最为重要的方面,或许正是在他们的回应中所隐含的精神,那就是将这些规定视作一种挑战,并在一起通过头脑风暴的方式想出富有创造性的回应方式,以使得这些方式能够与该教育实践的主旨相符。换言之,员工把对于此类规定的回应以及他们在探索瑞吉欧理念的过程中所遇到的许多其他挑战归为一类。由瑞吉欧幼儿教育理念所引领的公共协会的全部探索事业的核心就在于应对挑战。

第 8 章
入学准备

本书所介绍的芝加哥公共协会的学前教育方法,是如何为儿童进入学前班以及之后的班级学习做准备的呢?

据我们所知,到目前为止人们还未运用对照研究来检验瑞吉欧方法给儿童发展带来的结果。根据我们每天观察到的儿童在参与芝加哥公共协会幼儿园时所运用和发展的技能、动机以及倾向,我们认为有理由假定瑞吉欧方法会带来一定的结果。我们将依照入学准备的三个主要方面,来介绍这些发展结果,以及促成这些结果的过程和经历,这三个方面是:

1. 专注地进行自主学习的能力。
2. 会话、思考、书写、阅读和数学能力的发展。
3. 社会情感方面的发展。

专注地进行自主学习的能力

两大紧密相连的动态过程构成了芝加哥公共协会的儿童学习过程的核心：

1. 儿童以个体或者合作的方式来接触世界，从而建构由兴趣驱动的具有个人意义的认识，并将这些认识传递给自身以及他人。

2. 教师为了促进上述学习过程而对儿童进行倾听和回应。

教师心目中的儿童形象是她们进行倾听和回应的动力所在。在教师们看来，这些儿童对世界充满兴趣，富有学习能力，有各种奇思妙想，并且有着强烈的动机去体验与他人的关系以及与他人进行沟通（参见第 1 章中的"儿童的形象"一节）。教师在其和儿童的互动过程中持续地传递着这样一种儿童的形象（参见第 2 章和第 3 章）。

我们认为，上述教与学的动态过程给儿童带来了以下几方面的发展：专注且持续地进行学习的倾向，观察、思考以及表征的技能，主动参与的学习者的身份，以及关于世界的知识。

专注且持续地进行学习的倾向

芝加哥公共协会的幼儿园强调应将在某一天中开展的以兴趣为基础的学习序列延续下去，且这样的学习序列往往会持续数周或是数月之久。对这一点的强调促成了一种专注且持续地进行学习的倾向。我们在第 1、2、4、5 章里分别介绍的"管道研究"、"窗户研究"、"小鸡的社区研究"、"手的研究"以及"恐龙研究"这样的深度研究就是例子。儿童频繁回顾他们的画作、口述记录以及其他表征为这些研究的连贯性提供了重要基础。他们会对这些材料进行反思，有时会对这些材料进行详细说明，并且会感到这些材料在推动着他们继续自己的探究并创建出新的表征和认识。这个回顾、反思以及拓展的过程对于发展专注学习的倾向十分重要，并且当此类探究是由兴趣驱动时尤为如此。

我们的幼儿园强调在观察的同时要进行表征，这一点进一步促进了此种倾向的发展。例如，儿童在画一只蚂蚁、一朵花或是一副恐龙骨架（参见

第 4 章和第 5 章)时所发生的一边观察一边绘画的过程使得儿童可以在相当长的一段时间内保持他们的注意力。同仅仅进行观察的儿童相比,这一过程还促使儿童更多地关注了细节、关系、模式、结构以及形式。

观察、思考以及表征的技能

通过上述过程,儿童的观察技能得到了不断发展。儿童在回顾某个探究对象的时候会对它的元素以及这些元素之间的关系进行重新思考,由此,他们的观察、思考以及表征的技能也就得到了整体性的发展。通过与教师以及同伴的交流,儿童学习了如何去建构和清楚地表达各类关系,例如顺序关系、因果关系、功能关系以及相似和差异关系(参见第 3 章),这进一步促进了上述三类技能的发展。我们的幼儿园强调使用多种符号模式来表达观念,这一点帮助儿童建立起了符号是交流的媒介这一认识。

在学习如何构建元素之间的关系的过程中,儿童会将观察、思考和表征联系在一起,由此他们发展出了整体认识的能力(参见第 1、第 3 和第 4 章)。也就是说,他们学习了如何根据事物各元素间的关系以及这些元素和环境之间的关系来建构和理解事物。例如,乔纳森在他有关淋浴设备的画作中,建构了淋浴系统里的各个硬件部件之间的关系;另外,通过绘画和言语描述,他还建构了硬件构造同水流之间的关系。他还把淋浴系统与更加广义的水系统联系了起来(参见第 4 章的开头部分)。在第 3 章里,昆西在回答老师的问题时演示并描述了他的甲虫战士产生能量的过程,以及能量是如何通过甲虫战士流入环境之中的。他还描述了环境中的刺激物如何引发甲虫战士释放能量。在有关"小鸡社区的研究"中(第 4 章),儿童的表征隐约地表达出了小鸡对于特定的室内家具、小汽车以及商店的"需求",同儿童纳入他们的作品之中的满足这些需求的物品之间的关系。此外,他们的表征还从视觉上表现了房子、(摆放着小汽车的)花园以及更广阔的社区之间的空间关系。在这些例子中,儿童通过与研究对象之间的互动,同教师之间的对话,以及彼此间的对话,学习了如何去逐步建构各不相同并具整体性的认识。

主动参与的学习者的身份

儿童通过主动接触所处的世界来对他们感兴趣的事物进行专注的探索,并且通过他们的这一经历发展出了学习者的身份。儿童通过收集和整合信息,以及在此过程中同他人进行合作与沟通创建了认识。我们用主体感这一术语来描述此类身份,它意味着体验到自己在独自或者同他人合作开展的学习活动中是一个积极主动并且自我引导的主体(参见第5章中的完整定义)。

当儿童参与上述过程时,教师对他们的动机和想法进行积极且当众的赞赏,这样一来,儿童的主体感就会得到发展和提升。教师会接纳儿童的动机和想法,所用的方式则是将儿童的动机和想法放在自己心上,思考和重视儿童的动机和想法,把它们反馈给儿童,以及用提问的方式促使儿童对它们进行拓展、细化和相互联系(参见第3章)。我们可以在"淋浴设备研究"(参见第1章)以及(第3章所述的)前三个场景中发现这样的例子。另一方面,我们在有关贾内尔和砖块的场景中看到,教师通过不断地询问儿童在"思考"些什么,促使他们意识到了他们自身的想法以及他们作为思考者的身份(参见第3章)。询问儿童在思考些什么对于儿童而言是一个十分重要的举动,这样做的目的并不在于评估他们是否掌握了教师头脑中已有的概念,而是让儿童在合作解决问题的过程中发挥他们的才能。这类过程对儿童主体感的发展极有助益。

教师与儿童之间的对话为儿童与所处世界的整体互动树立了榜样,在此对话过程中,教师既会倾听和重视儿童的想法,又会让儿童来共同建构更为广泛的认识。对彼此以及她们的调查对象进行倾听和回应的过程就是此类整体互动的例子。

关于世界的知识

儿童关于所处世界的知识是通过书籍,通过学校中的经历(比如同众多材料和媒介的互动),通过去社区以及更远的地方考察,以及通过同彼此、他们的教师还有他们的家庭成员间的对话获得的。此外,如上所述,他们的知识往往是以整体性的方式组织起来的,即以相关元素构成的系统和结构这一方式组织起来的。例如,图 8-1 中的琳达的地图体现了她对于她的社区的认识。她画了邮车、邮局、她家的房子以及其他建筑,她还画了一条线来表示邮车正在驶离邮局去给她家送信。房外停着小汽车,房内她则描绘了她对房子里的不同房间,这些房间之间的关系,以及这些房间的用途的认识。另一个例子则是珍妮丝画的草丛里的一条蛇以及她对老师的问题所做的回答(参见图 8-2)。

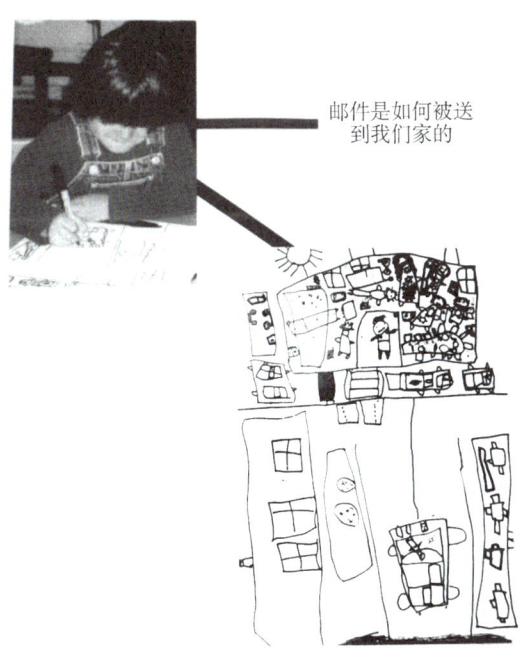

邮件是如何被送到我们家的

图 8-1　一个 5 岁的儿童能够用绘画的形式来对邮件如何被送到她家做出整体表征。这幅画描绘了关系、功能、联系以及过程。这里面有放有柜台的邮局,朝房子驶去的邮车以及在不同房间里的人

会话、思考、书写、阅读和数学能力的发展

在我们看来,以上所述的学习倾向、技能、身份以及认识的综合发展构成了广义读写能力的基础。保罗·弗莱雷(Paulo Freire, 1985, p.15)使用"阅读所处的世界"这一术语很好地表达了读写能力的宽泛含义。我们对弗莱雷的"对所处世界的阅读"这一短语的解读涉及我们在本书中自始至终提到的多种过程,包括通过倾听、观察、解读、反思,还有回应去建构与共

同建构对于所处世界的认识;随后倾听并观察所处世界对于我们的回应所作的反应;进行再一次的反思等等。这是与所处世界进行的一场对话。由此产生的认识涉及所处世界中元素之间的关系以及如何同人们还有探究对象进行对话。

对话会改变所处的世界以及我们自身(Rinaldi, 2006)。阅读所处的世界所需的技能和倾向界定了广义的读写能力,而拥有此类广义读写能力则是这一术语最为通常的含义,即为会话、倾听、阅读、写作以及数学能力的毕生发展提供了坚实的基础与背景条件。弗莱雷(Freire, 1985, p.18)就曾说过,"人们总是在'阅读'现实与阅读文字之间不停地循环往复着"。"学校里的一个基本问题是如何避免将阅读文字和'阅读'所处的世界分割开来,以及如何避免将阅读文本和'阅读'背景信息分割开来"(p.20)。我们会看到弗莱雷的观察结果适用于接下来的许多例子。

我们在这一节里将通过介绍芝加哥公共协会幼儿园中发生的儿童的会话、思考、阅读、写作和数学过程来拓展上述认识。这些过程是通过儿童彼此间以及同教师间的对话展开的,而且它们是由和世界的共同对话组织起来的。

教师:珍妮丝,你在画什么?
珍妮丝:我在画画。
教师:画一幅什么画?
珍妮丝:我的蛇。
教师:你的蛇的什么?
珍妮丝:我在画它住的地方。
教师:你的蛇住在哪里?
珍妮丝:草丛里和树里。
教师:为什么它住在草丛里和树里?
珍妮丝:因为它很容易就能爬到那里面去,而且没人会发现它。
教师:为什么我们看不到它在草丛里?

图8-2 一条为了抓住老鼠而躲在草丛里的蛇

珍妮丝:因为它躲在那里。
教师:它要躲避什么?
珍妮丝:它想要抓来当晚饭吃的那只老鼠。

口头语言的发展

芝加哥公共协会幼儿园教室里的儿童常常是在同教师或者彼此间进行对话这样的场景中发展其口头语言能力的,也就是说,是在每个人都为了理解他人并做出回应而去倾听的过程中发展这一能力的。对话对于语言的发展至关重要(Halliday,1994),它既包括了倾听,也包括了会话,因为每个人为了做出条理分明的回应都必须去专心致志地倾听别人的话的含义。对话同时还涉及思维的发展,因为大部分的对话都是围绕着建构意义而展开的,且这些意义同某个疑问、问题或是观点有关(Halliday,1994)。因此,语言的发展和思维的发展深深地交织在对话过程之中。例如,在第3章中,教师通过提出条件式的问题促进了万斯的语言和思维的发展(参见"如何骑自行车")。在"婴儿能做什么?"这一场景中(参见第3章),教师通过提问促使孩子们将小宝宝与其他婴儿区分开来。这种质疑的氛围使得语言和思维之间的联结变得更为深刻。

阅读:一种真实的充满标记的环境

充满标记的环境构成了对写作和阅读能力发展都会有所助益的一种总体情境,在这一环境中,儿童会被真实的标记所围绕。我们所说的标记指的是那些同儿童在所处世界中的经历息息相关的标记,且他们所经历的同别人的关系也包含在此种经历之中。

学校环境中的真实的标记传递的是同儿童的四个方面的经历有关的信息:

1. 教室活动。在展示出的儿童作品和活动旁边往往还会附上打印出的儿童的口述记录以及教师的陈述。由教师手写下的儿童的口述内容往往会和儿童的作品一起被保存在活页夹、成长档案以及日志里,而且儿童会经常回顾它们。教室里张贴出的信息被塑造成了行动的请柬。例如,在一个放置着菜单、碗碟、银器以及厨房用品的区域张贴一个"餐馆"的标志会促使儿童积极地融入到餐馆的世界中去。儿童所创建的菜单里有食物的图画以及儿童自己写下的文字,这些菜单会让参与者去选择他们想要下单的食物。

2. 家与家庭。在儿童的家庭照片或者画作旁边会附上打印出来的父母和/或者他们的孩子的陈述。

3. 社区。在儿童所画的当地商店的图画上会附上由儿童书写的商店的名称或是标志(例如"绒毯")。儿童有关这家商店的陈述,比如"我姥姥在这里工作"则为这些图画增添了新的内容。

4. 城市。在儿童的草图旁(例如,在去公园踏青之后所画的花朵图画)会加上教师听写下的儿童对与此相关的经历所作的评价。

以上同真实的标记有关的例子展现的是儿童、家长以及教师自己所说的话,它们是同行动、感受、兴趣以及关系联系在一起的。用于展示这些话语的中性背景会促使人们去阅读这些信息。

教师听写下儿童的口述内容并把它们打印出来同儿童的绘画放在一起,这种做法使得儿童有机会经常去回顾他们自己与他人的画作及口述内容。把这些信息在教室里和走廊上展示出来,以及把它们存放在可用的活页夹与作品集中的这一做法所传递出的信息是,书写和阅读的目的在于与他人进行交流。

此外,在教室里的多个地点还陈列着种类繁多的故事书和资料书,而且它们的陈列方式会让儿童想去阅读它们。在儿童可以取阅的故事书里有教师读给他们听的那些故事。资料书(内有大量图片)则往往和由儿童的兴趣驱动的深度研究有关。艺术类书籍可能会被放在画图区,而室内装饰的书籍则会被放在娃娃家区。儿童在各个领域中经常会参考的书籍往往是这些常常会引起他们兴趣的书籍而非儿童书籍。有时候全班会一起参观图书馆,而且他们可以在图书馆里选择班级需要的书籍。教室里还有一些教师根据儿童深度研究的记录材料制作的书籍以及儿童制作的故事书。

除了可以通过我们已经介绍过的充满标记的环境来推动阅读能力的发展以外,这一学习过程还能通过其他方式来起到这一效果:

- 教师在故事时间(参见第7章中"莎朗与约兰达的教室里的某个上午"一节)或是根据儿童的要求在他们阅读某本书的时候把故事读给他们听并和他们开展讨论。
- 儿童看着图画书给同班同学"讲"故事。
- 儿童选出他们喜爱的图书并把内容讲给同学听。
- 在社区里开展"阅读狩猎",在此过程中儿童会从公共标志里找出对他们有重要意义的那些标志。例如,儿童会被"停止"标志所吸引,这或许是因为停止标志控制了运动。儿童会辨识出他们感兴趣的那些标志的文本中包含的文字或字母。所有这些都会有助于在教室里开展的拼写字母和单词活动,并把对于充满标记的环境的体验扩展到社区活动中去。

充满标记的环境的一个更为微妙的方面在于教师会去直截了当地做记录。比方说,作为教师记录活动的一部分,她们常常会在教室里一边各处走动一边做笔记。儿童有时会模仿这一过程拿着记事本在房间里走来走去,在某个区域坐上很长一段时间,并潦草地记下其他儿童的活动。另一个例子则是教师向儿童明确指出她记笔记是为了帮助她记住一些事情。

书写:将有意义的信息传递给有意义的人,以及将有意义的人的有意义的信息传递出去

我们在教室里见到的居主导地位的书写形式让儿童认识到了他们和重要他人的关系以及他们自身的身份。以下是众多实例。

给其他儿童写信。儿童对于通过给朋友写信或者传递图片来进行交流有着强烈的动机。教师往往会在这一实践活动一开始时给予协助。比方说,教师会让一对对的朋友并肩而坐。每个孩子都会画一幅另一个孩子的画像或是画一些他或她认为另一个孩子会感兴趣的图画,并且说一段相应的话让教师写下来。以下是一个有意义的交流的例子,它展现了艾迪是如何思考与感受他同朱乐思之间的关系的,以及朱乐思对艾迪送给他礼物心存感激这一点。这样的书写材料传递的是儿童对于他人的体贴和照顾,并且表明了友谊是如何成为推动交流的有力动机的。

艾迪，

我给你画了一部电话。你选的那种。因为艾迪喜欢这个，所以我为他画了这部闭路电话。谢谢你给我准备了一份礼物。

——朱乐思

朱乐思，

朱乐思是我的伙伴。我想要把玩具给他。我为他制作了这份礼物，因为他想要而且他喜欢。朱乐思是我的好朋友。好朋友意味着牵着你的手。因为我爱你，所以我为你画了一头河马。我和他一起玩电脑。我是你最好的朋友。我希望你会喜欢这头河马。给我的眼睛拍张照片。

——你的朋友，艾迪

许多班级在邮箱里都给每个儿童划出了各自的区域，邮箱是鼓励儿童给彼此写信的一个重要原因。儿童常常会把收件人和他们自己的姓名都写在信上。

对于儿童而言，写跨班信件是一项让人激动的活动。那些处在教室之间有窗户相连，有通话管道，或者共用盥洗室的儿童早已养成了互相交流的习惯，而且他们对于纸上沟通尤其感兴趣。比方说，当某个班级的孩子在操场上玩耍时突然看到一个街区之外的地方着起火来。他们看到了火苗和黑烟，还听到了消防车的警笛声。他们想要把隔壁班级的同伴也叫到操场来看火。他们的老师提议他们写信给那个班级的孩子，告诉他们这场大火的情况，并附上他们所画的着火的画。当他们回到教室的时候，教师写下了孩子所说的想要交流的内容，而且孩子把这些内容复制到了给另一个班级的孩子的信中。

有些孩子写信给他们已经去了大学校学前班的朋友（参见图8-3），这些信件可能是由自创的拼写、口述记录以及画作汇集而成的。

给老师写信。有个女孩想要知道她的老师姓什么。她在一张纸的上方抄写下了这个名字，并在下方写下了她在电脑上使用的她自己的瓢虫签名符。她把这些作为给老师的信件的开头与结尾写了下来。

亲爱的纳威狄恩，

　　我已经做好准备，要离开这所小朋友学校去"大学校"了。我想念你，我的弟弟。

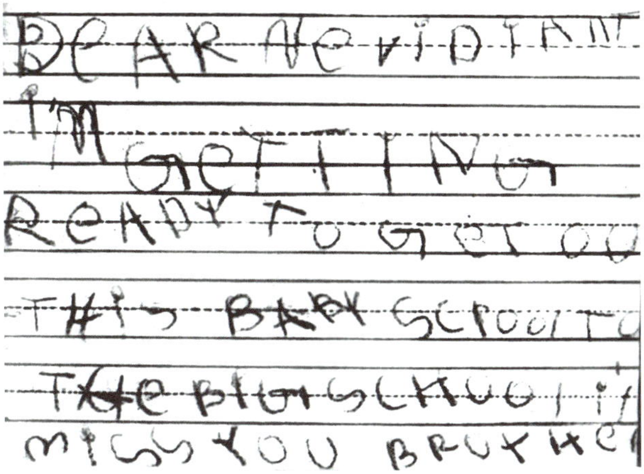

图 8-3　通过抄写教师写下的某人的口述记录来练习书写

给父母写信。某个班级的孩子们给他们的父母写了信，而老师则负责在信封上写地址。她还附上了自己的信，这些信要求父母们在收到邮寄的这封信后就带着孩子们的信到学校来。每个孩子都画了一幅地图，这幅地图描述了这封信会如何抵达他或她的家中（通过信箱，邮局，等等；参见图 8-1）。在父母们把所有的信件都送回来之后，老师和孩子们画了一张图表，记录下了这些信回到教室用了多长时间（例如，有 5 封信用了 4 天，有 6 封信用了 5 天，等等）。

给外部人员写信。作为海盗研究的一部分，孩子们写了一封小组信给海盗。这封信上布满了各种看起来像文字的涂鸦。要传递的信息被放在了一个瓶子里，瓶子上有一个"X"标记（交叉腿骨图形）。孩子们在去市中心观看一场有关海盗的表演时随身带着这个瓶子。在演出结束之后，他们向演员们展示了这个瓶子。

书写公共信息。有一个男孩在他的地图和口述记录中向人们展示了操场上的石块分布情况，他热切地希望与大家分享这一信息。教师把他的地图和画张贴了出来，并且之后还把它们放到了他的日志里以供他自己以及他人阅读（参见图 8-4）。

　　作为蛇的研究的一部分，有一个女孩把电线绕在教室外面的杆子上制作了一条"杆蛇"。在老师帮助她拼写某些单词的情况下，她做了一个标牌来向所有观众解释她的作品。这个标牌上写着"一条蛇缠绕在上面"和她的名字。上午班的一个学生给下午班的同学留了条口信,请他们不要去破坏他的积木作品。

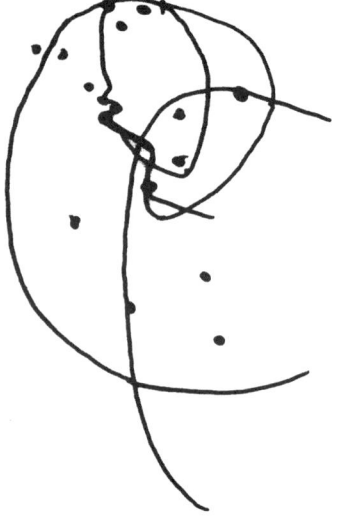

这是一张地图,能帮你找到户外的大石头。我们从这里还有这里走。当我们找到石头的时候,我们要把他们放到我们外套的口袋里。

图8-4 通过一张地图来交流。一个男孩对于寻找和收集石块有着浓厚的兴趣,这一兴趣继而让他想要与他人分享这一信息

书写要在访谈中向他人提出的问题。在有关"小鸡社区的研究"中(参见第4章),四个孩子写下了他们在此后对农场动物园园长的访谈中会提到的与小鸡有关的问题。他们的老师向他们演示了该怎么写包含在他们的问题中的那些单词。以下是一些例子:

- 为什么它们要坐在它们的蛋上?
- 为什么小鸡要吃东西?
- 小鸡会去哪里,会去哪里吃东西?
- 谁打破了鸡蛋(让小鸡出来)?

在孩子们的某项研究中有对学校大楼里成年的工作人员进行访谈这一内容。五个孩子和助教开了个会,一起思考了想要问家庭工作人员哪些问题。老师在孩子们确定了想要问的问题之后给每个人发了一块写字板和一张纸,以此让孩子们写下(用涂鸦的方式书写)他们的问题。他们在去访谈时随身带着这些写字板。

在礼物研究中,孩子们写了想要问他们的朋友(与他们在同一个教室以及不同教室里的)的问题,他们想知道朋友们的好恶以及感受,以便他们决定送给朋友们什么样的礼物(参见第 4 章)。老师则通过记录下孩子的口述内容给予了协助。

书写与重要他人的关系。孩子们喜欢写下他们自己的名字以及一位朋友的名字,并画他们自己与朋友在一起的画像(参见图 8-5)。

孩子们会画他们的家庭画,并在所画的人像旁边写上家庭成员的名字。有一些孩子会把名字口述给老师听。有时孩子们会画他们自己与某个朋友在一起的画,并口述与之有关的解释(参见第 4 章中的"朋友"一节)。

还有一位老师建议一个孩子写下她喜欢的东西。她选择了一本书,写下了标题,并解释说她妈妈晚上会给她读这本书。

另一位老师让班上的孩子们去为新的娃娃家区制订计划。孩子们在家里画下了厨房的样子,家庭成员则帮助他们给所画的物品添加标签。老师在圆圈时间以孩子们的画作为参照(参见第 6 章),和孩子们一同探讨了新区域的计划。

图 8-5 两个朋友。画面四周是他们的名字以及带有装饰性和想象性的文字,这些都反映了在绘画和书写技能的发展过程中这两者间持续的联结

有一个男孩想要其他人知道洛基是他的猫以及洛基的长相,所以,他用

电线、黑色记号笔和木屑创作了一幅有关他的猫洛基的表征的拼贴画。他问了一位老师该如何拼写洛基的名字并把它写在了图上。随后他口述了一段与这只猫有关的信息。老师把完整的表征张贴到了收藏板上(参见图8-6)。

它是独一无二的洛基。我真的很想念它。它是我的猫咪。我妈妈把它给送走了,因为它会乱抓乱挠。(克里斯托巴尔,5岁)

图8-6　写出一个宠物的名字并用电线、黑色记号笔以及木屑制作一幅他的拼贴画

这个孩子同这只猫的关系,他与那位在他创作表征时和他进行交流的老师的关系,以及他和同学及父母之间的关系,都对他参与这一交流过程起到了激励作用,而且他知道,他的同学和父母会看到在教室里张贴出来的有关洛基的信息。他的这一交流活动很好地体现了当前这一有关书写的小节的主题,即儿童渴望向对他们而言有意义的人表达和传递有意义的想法和感受,且这种渴望促进了这些班级里儿童的书写技能的发展和运用。

书写关于自身的内容。儿童普遍都对书写自己的名字感兴趣。他们想要在他们的日志上,每天的签到页上,他们的图画上,还有信息签名档上写下自己的名字。此外,他们也十分喜爱(用电线,黏土或是自然界的材料,或是在纸上)制作关于自己的表征,在这些表征上写下他们的名字,并口述对于这些表征的描述。这些描述往往都同他们与他人的关系有关(参见图8-7)。

书写字母表上的字母。儿童常常会表现出对学习书写字母的渴望。当涉及字母表的活动同他们自身的身份有关,或者同重要的他人有关时,儿童特别容易受到这样的活动的吸引。这样的例子包括学习自己或是朋友名字的首字母,在报纸上寻找和某人的名字对应的字母并进行临摹,还有就是在信上写下完整的字母表寄给朋友或是家长。儿童还喜欢画字母或是使用黏

我喜欢我妈妈对我的方式。是我爸爸给了我束发带，T恤还有项链。我还喜欢我的妹妹。在这幅画里我正想要去采这朵花，风正在吹而我则在啊啊啊啊啊啊啊啊！（阿莉莎）

当我漂亮的时候我喜欢它。我喜欢我的耳环。当我去学校的时候，当我回家的时候，还有当我溜早冰的时候我喜欢我自己。我能靠我自己做到这些。我是一个大女孩了。我喜欢我长大的样子，因为那时我就可以像我爸爸那样修理门窗了。我会修墙。我有时候会帮助我爸爸，但是有时候他不让我帮。

(在这幅图里)我正在煮饭。你看到平底锅了吧。我希望我可以像我妈妈那样，我希望我能煮饭。看！我正抛起馅饼并抓住它。我妈妈就那么做。

我有一件长T恤。我的鞋子有高跟。我的T恤上的条纹是粉色的。我需要蓝色，因为我还有蓝色的条纹。（珍妮特）

我喜欢我自己的地方在于我会走路。我能吃东西。我能抓握和触摸。当我对着镜子做表情的时候，他（麦尔斯）笑了。我说"是的"或"不！"（吉娜）

图 8-7　画出并写下自己的情况以及自己喜欢什么

土和电线做出字母的形状。他们往往会自发地在画板上画出字母或是在画上加上字母(参见图 8-8)。

图 8-8　孩子们喜欢使用诸如黏土或颜料这样的材料来表征对他们来说有意义的字母

复制他人书写的内容。儿童常常会复制别人针对有意义的事物书写下的内容。这样的例子包括抄写由老师写下的他们自己的口述内容,一个朋友的名字,班级守则,他们在访谈中想要提的问题,以及他们在货车、商店或是交通信号灯上看到的文字。

书写时的背景

虽然教室内的书写活动可以发生在任何时间、任何地点,但是以下这些背景对书写过程尤有助益:每日日志、书写桌以及制作书籍的活动。

日志。不同的班级有着不同的编写日志的方式,它既可以是书写某人所选择的任何内容,也可以是书写在特定的一天所发生的事情。有些日志是教师所写,它们涉及整个班级且会收录儿童的作品。其他的日志则是由一个个的儿童书写的。儿童会在日志里画画、写字,并让教师把他们的口述内容记录到日志中去。他们还会粘贴上照片并把拼贴画所需的物品收入其中。日志往往反映了儿童们持久的兴趣。举例来说,在肯尼思的日志中记录了他和老师关于他的毛毛虫画作的一次交流,这一交流体现了他对于自然的持久的兴趣(参见图 8 – 9)。

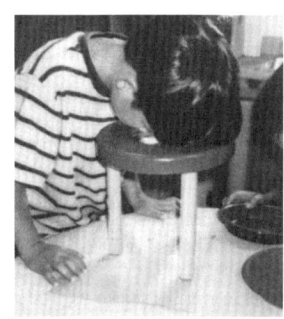
8/01:肯尼思为昆虫着迷。他喜欢收集昆虫。现在,他正通过放大镜观察他在户外找到的已死去的"牛屎虫"。

2/25/02:老师:肯尼思,你为什么选择这幅画来复制和粘贴呢?
肯尼思:那些是毛毛虫。它们有些傻乎乎的。我为老师们画了另一幅有更多毛毛虫的图。

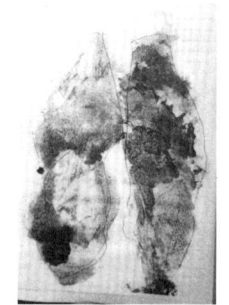
3/21/02:肯尼思画了一个蚕茧。

图 8 – 9 在肯尼思的日志里记录下了几个月以来他对蚕茧和毛毛虫的兴趣。记录的内容包括肯尼思的表征,他与老师的讨论以及老师的评价

日志的封面上往往会印有儿童的相片,在它旁边还会写着他或她的名字(参见图 8 – 10)。

儿童和家长随时都能方便地取阅这些日志。它们被存放在置于书架底层的敞开的收纳箱里。最重要的是,在日志中所收录的儿童的想法和经历给了儿童回顾它们的机会。他们有着强烈的动机去阅读自己口述的,书写下的,或是画出来的内容。儿童喜欢观看以及探讨彼此的日志(参见图 8－11)。

图 8－10　日志是所有人都可以阅览的,孩子们也可以根据自己的意愿添加新的物品

图 8－11　和同伴一起翻看、谈论和"阅读"日志

书写桌。正如我们在第 6 章中见到的那样,有着宽敞的书写平面,丰富的材料以及三到四个座位的这么一片书写区域,这让儿童随时都可以去书写他们的想法并开展讨论。每个儿童在这片区域里都有一个用于收藏作品的三环文件夹。有的教室会摆放一张两人用的老式书写桌,或是在阁楼下摆放一张书桌。这些陈设对书写者而言特别有吸引力,尽管他们还有更大的桌面可用。一片精心设计的书写区域可以使书写成为儿童在教室里的一项持久的活动,并且能够清楚地表明其重要性。

制作书籍和编故事。儿童对教室里的书籍的喜爱,包括对那些教师在故事时间大声朗读的书籍的喜爱,都强烈鼓舞着他们去制作他们自己的书籍。儿童的书籍收录的往往是他们在绘画与口述时所说的故事。有一个男生写了一个名为"霸王龙赢得了比赛"的故事还附上了两张图画。他在第一幅图画旁写道:"很久很久以前有两条霸王龙和另外两条恐龙。"在第二幅画上他写道:"因为他们有一场比赛,所以他们在打架。"这是他对于书写和编故事的兴趣的开端。

对于阅读和书写的评论

当儿童的书写把他们与重要的他人联系起来的时候，他们就会有强烈的动机去书写。儿童在书写的时候会重新体验到他们在那些关系中所经历的意义、挑战和愉悦。儿童对于同他人关系的肯定同时意味着对于他们自己身份的肯定。正如巴赫汀所言，我们"自己"存在于同他人的关系之中（Bakhtin, 1984, 1990; Holquist, 1990）。

在上述的许多有关书写活动的实例中我们看到，阅读和书写是一起发展的。儿童体验到书写是一种将他们与他人联结起来的活动方式，通过这种方式儿童学习了识别字母、单词以及句子的基本技能，并且体验到了书写和阅读的意义所在。他们体会到了读写技能能够增强他们作为主动探索世界的主体的能力，因而它们是有价值的工具。凯瑟琳·奥（Cathryn Au, 1997）恰如其分地将这种心理状态以及相应的行为模式称为儿童的"读写所有权"，尼尔·杜克（Neil Duke, 2000）则称之为"作为标记使用者的主体"。

数学：使用数学概念和运算来了解世界

这一部分将展示儿童使用数学概念和运算来收集和组织信息并使用这些信息来得出结论的各种实例。这些活动被归类在"开端计划"的工作抽样表格（Meisel et al, 2001）所使用的数学类别之下。

问题解决。当孩子们在餐桌边等着吃午饭的时候，老师给了8个孩子6个杯子，并问道："你们的杯子够用了吗？"

一位老师让孩子们解决以下问题，即如何摆放三张餐桌以及配套的椅子来容纳教室里的17个孩子和2位老师。孩子们画了平面图并尝试着移动桌子和椅子。经过数次尝试，他们共同得出了一个解决方案，这个方案给每个人在桌边都准备了一张椅子。随后他们便实施了他们的方案。

数字和运算。老师请孩子们在各种不同的背景下开展数字狩猎，例如在报纸上，在教室里，以及在社区中。儿童们会在教室里找出并命名各种数字，比方说在电话触摸屏上，电脑键盘上，以及电脑屏幕的上边缘的数字。当孩子们在社区里散步时，他们很乐于读出房屋地址上的数字，尤其当那是他们自己的房子或是他们朋友的房子时更是如此。

作为孩子们此前对于交通灯的兴趣的延伸(参见第1章),孩子们连续几周都在开展着"卡车计数"活动。孩子们对他们透过教室窗户向外看到的各种卡车表现出了兴趣。通过进一步的观察以及与老师的对话,他们认出了一系列的卡车类型,比如消防车、垃圾车、运货车等等。接下来,孩子们协助老师在杂志上找到了各种卡车的样例。随后老师制作了有左右两列的计数表格。教师在左列贴上剪切下来的各种不同类型的卡车的图片,并在右列上给孩子们留出了空间,以便孩子们每次透过窗户看到左列上的那类卡车时就打个钩。孩子们进行了观察并在一个月内用打钩来作记录。老师和孩子们一起数了打钩的数量并制作了一张条状图,这张图上显示了从窗口观察到的每类卡车的次数。这促使他们讨论了所见的不同类型卡车的数量差异。

计数活动往往同问题解决有关,这样的活动对于参与的儿童来说是很有意义的。老师可能会问儿童:"有多少人今天没来?"有时候计数和测量是一起发生的。例如,"在塔倒塌之前,你能堆多少块小积木呢"?某个班级里的孩子们还数了班里有多少个孩子从老师那里拿到了他们的写字本(参见第7章)。

几何学与空间感。儿童在探索并试验各种不同类型的电线时会用电线做出各种形状。他们还会使用灯光桌与投影仪来尝试将不同形状合并起来以及创造新的形状。有时候,他们会使用自己用不同材料制作出的日常物品或形状。在某个班级里,几个小组的儿童轮流躺在地上并用他们的身体摆成不同的形状,与此同时其他人则站在一旁观看并提出建议。教师还请儿童在教室、学校大楼、社区以及儿童自己的家里进行形状狩猎。

几何形状往往会被整合到其他活动之中。比方说,在"手的研究"中(参见第5章),孩子们使用了诸如"直线"、"三角形"以及"圆圈"等概念作为辅助("鹰架",参见第5章——主编注)来识别和画出他们手部的轮廓和手上的细节。在一个有关"木头的研究"中,孩子们用铅笔和刻模尺勾画了木块上的几何图形,并口头识别了这些形状。一位当地的木匠随后来到了班上并在孩子们的注视下把他们所勾画的形状切了下来。孩子们用这些不同形状的木块搭建了房子。

孩子有时候会创作地图来引同伴去寻找某物,比如说图 8-4 所示的石头,或是引导一个朋友到某人的家中去。有一次孩子们画了一幅学校大楼的地图,向人们展示他们所创造的实体大小的怪物都被他们藏到了哪里。另一些孩子则选择去找出怪物或是躲避怪物。商业地图以及航空照片有时会在深度研究中被用来作为参照物(参见第 4 章中的"小鸡的社区"一节)。

模式。安伯在公园里注意到某些颜色在花园里会重复出现,他还在自己的画作中复制了这种重复模式(参见第 4 章)。孩子们根据大小、有无尖锥以及肉食还是草食对恐龙模型进行了分类(参见第 5 章中的"恐龙研究"一节)。孩子认出了他们在社区散步时所见过的动物的种类,并讨论了他们都住在哪里——松鼠住在树上,狗住在有篱笆的院子里。

测量。有时测量会被整合到对材料的探索之中。例如,孩子们制作了黏土珠子,并用它们测量了物体和距离。在某次探索电线的过程中,孩子们把一段段电线连接起来使得它的长度同教室的宽度相当,随后他们躺在电线边上以身体的长度为单位测量了这根电线有几个人长。

孩子们会尝试将单元积木和可拆分积木组合起来,并使用一串串的积木来测量他们的头围,身体的长度以及走廊的宽度。有时候老师会提议使用其他材料来拓展这些活动,例如用厕纸来测量走道的宽度。某个班级的儿童用木头做了尺,在上面标上了他们的名字,把它们挂在教室里,并使用它们来进行测量。

社会情感发展

有四大类社会情感发展有助于儿童的入学准备。

1. 发展并保持与其他儿童的关系:同另一个儿童一起开展活动,倾听和试图理解另一个儿童的观点。

2. 建立并保持与教师的关系:倾听彼此的想法和建议,赞赏彼此的观点,并在遇到分歧时进行协商。

3. 参与小组合作:说出自己的动机;分享观点,通过协商达成一致的目标,把注意力集中在此目标之上,共同行动,共建认识,承认、讨论和协商分歧。

4. 作为班级群体的一员开展行动：遵守班级守则，参与守则的制定，体谅和同情他人，坚持自我，参与全班共建认识的过程，认识到班级内部在观点与感受上的多样性。

以上所述的四大类都涉及同他人进行对话的能力（参见第1章中的"对话对于人类发展的重要性"一节）。这四类发展也都同主体感有关，即感受到自身是所处世界的积极有效的参与者（参见本章之前的"主动参与的学习者的身份"一节）。

芝加哥公共协会幼儿园的许多特点都有助于这些社会情感能力和敏感性的发展。

芝加哥公共协会的方法尤为强调以下这些特点

• 班级生活的重点在于倾听与回应儿童的兴趣并以此作为教学—学习过程的支点。

• 将儿童的形象作为支配师生关系以及班级整体生活的核心理念。

• 以小组儿童内部以及师生之间的合作和共同的兴趣为基础共建对世界的认识。

• 儿童在班级内部以及班级之间都要开展广泛的交流，典型的活动包括以合作的形式进行学习、写信、给彼此制作礼物等等。

• 与朋友的关系不但是儿童内部的探究活动的关注对象，而且它本身的价值也会被看重。例如，那项有关朋友的研究始于儿童在要升入学前班时担心要和他们幼儿园的朋友分离。这一探究使得儿童认识到了他们之间的友谊，并且更加明确了对他们而言有意义的友谊的各个方面（参见第2章中"个别儿童的兴趣与儿童共有的兴趣的差异"一节，以及第4章中的"朋友"一节）。

• 重视开展能够表达、比较和联系多种不同观点的对话。对话这一理念对于师生关系以及儿童之间的关系而言具有核心作用（参见第1章中的定义以及第2至第5章的例子）。

与许多其他幼儿园项目相似的特点

• 在教师给予适当辅助（"鹰架"，参见第5章——主编注）的情况下，鼓励儿童通过对话和观点协商来自己找出解决冲突的方法。

- 鼓励儿童进行想象游戏,且会探索各种角色(例如父亲、母亲、孩子、哥哥、姐姐、弟弟、妹妹、朋友、医生、护士、警察、官员、狮子、兔子等等)。儿童会在游戏中扮演这些角色,以他们的方式行事,并且学习不同角色间的相处方式。
- 教师既会在小组内又会在全班范围内探讨公平、互相尊重以及关心他人这样的话题。
- 儿童会参与混龄活动(3—5岁),在这类活动中年长的儿童会对年幼的儿童起到示范和指导作用。
- 教师会主动让儿童参与制订班级守则。

结　　论

本章有两大目的。第一,它展示了芝加哥公共协会在瑞吉欧幼儿教育理念的启发下所采用的学前教育方法是如何对儿童入学准备的特定方面以及儿童创建生活意义的整体能力起到推动作用的;第二,它阐明了源于儿童自身的主体经历的读写和数学能力的发展过程,在这一过程中,儿童会在真实和想象的条件下探索他们同彼此、同他们的教师、同他们的家人以及同所处世界之间的关系。弗莱尔曾经说过(Freire,1985):

> 对我而言阅读不仅仅是一种技艺。它让我有意识的身体行动起来的一件事情。我必须在教师的帮助下成为我的阅读和写作活动的主体,而不仅仅是被教导该如何去读写的一个客体。我必须知道!我必须把阅读和写作的过程掌握在自己手中。(p.20)

以儿童探索关系的动机以及在那些关系的基础上探索世界的动机为基础的技能发展是最有意义和最有效的。通过这些过程,儿童会体验到会话、思考、阅读、写作和数学能力有助于他们追求内心深处的兴趣和好奇心,从而带给他们喜悦。

第9章
同家长的合作关系

本章将围绕以下这一问题展开：

> 一个幼儿园如何同家长一起对瑞吉欧教育进行探索？

教师们在1997年到1999年间开始对家长和学校间的关系进行系统性的反思，这对于幼儿园和家长间关系的发展是个转折点。在1997年之前大家使用的是诸如家长介入以及家长参与这样的术语。人们对这些术语的含义并没有一个清晰的界定，而且大家也没有清楚地思考过该如何处理同家长的关系。员工们把精力集中在了构建学习环境和探索教学过程上面，却很少把注意力放在思考同家长的关系上面。

在传统的幼儿园—家长关系中，幼儿园这一方被赋予的是专家的角色，它需要告诉家长该做些什么,但教师和行政人员们都想要摆脱这种传统方式的束缚。教师们已经准备好尝试一种新的同家长进行对话的方式,家长们自身的视角、价值观、目标、兴趣以及优势将通过此种对话显现出来。他们想要去邀请,而不是要求家长们参与这一对话。他们开始设想一种能干的、富有见地的,并且有兴趣同教职员工还有其他家长进行交流的家长形象。

通过这一反思,大家逐渐发展出一种看待家长和幼儿园间关系的不同方式,即把它看作是一种"同家长的合作关系"。在这种关系下,教师和家长需要共同来为儿童提供支持,且家长和教师的看法都会得到重视。我们将介绍人们是如何在多种不同情境中对这一理念进行探索的,这些情境涉及的是在1999年到2003年间员工们同家长的互动。教职员工以及幼儿园通过这一方式发展出的和家长间的关系会同瑞吉欧幼儿教育原则更加吻合,且会受到瑞吉欧原则的更多启发。

家 访

在学年开始时进行的家访中,一位带班教师会同家长中的一方或者双方会面,但也可能两位带班教师都到场。家访有三项内容:首先进行的是希望和梦想访谈,在此访谈过程中,教师会邀请家长们分享他们对孩子的希望和梦想,并将这些希望和梦想记录下来;随后教师会解释所在幼儿园的教育方法;最后,教师们会通过提问的方式来补充幼儿园所需要的信息。

在希望和梦想访谈的过程中,教师会问家长:"你对你孩子的未来有何希望和梦想?"另一个类似的问题是:"你希望你的孩子长大后成为怎样的人?"在开始进行这一访谈的最初几年里,教师们报告说有时这样的问题会让家长们感到讶异,因为他们没有想到,幼儿园会有兴趣知道他们对他们的孩子以及他们孩子的将来的看法或者感受。在家访结束的时候,教师会给家长和孩子拍一张合影。

这一希望和梦想访谈有若干益处:

● 它以一种让人放松的、引人深思的以及对家长极有意义的方式拉开了教师与家长间对话的序幕。

- 这一访谈传递出了教师将家长视作对话中的合作伙伴这一想法。
- 它为探讨给孩子设定怎样的目标提供了一个远远超出其基本内容的框架。
- 家长们在对话过程中所提到的内容拓展了教师在思考如何为孩子设定目标时的思路。
- 在访谈中发生的意见交换过程有助于让教师和家长双方都更加尽心尽力地去实现为孩子们设定的那些发展目标。在某次每月例会上,有位家长曾站起来说了以下这些让教职员工印象深刻的话:"既然我已经把所有这些对于我孩子的希望和梦想说了出来,我就必须使它们一一实现!"
- 最后,它让教师们能够将家长的想法在学校里表达出来。

在访谈中,教师们有时也会使用一些其他的访谈问题,尤其是在班级里有许多孩子已经待了超过一年之后。比如说,"你们一家最喜欢的活动是什么?""当你还是个小孩子时最喜欢的活动是什么?"或者是"当你还是个小孩子时最喜欢的故事是什么?"这样的问题能够引发内容丰富的交流。

在家访结束之后,教师们会尽快将家长们所表达的希望和梦想,家长和孩子的合影以及孩子就此合影所画的画在教室里或者教室附近张贴展示出来。这些展示品会促使教师、家长以及孩子们相互之间进行对话和进一步分享他们的看法,且所有各方都乐于查看这些记录下的内容。这些展示品让每个家庭在学校里都有了一席之地,并且让大家能够听到家长们的心声。有许多家长评论说,当知道他们对于孩子们的期许在教室里得到了关注和尊重时,他们都被深深地触动了(参见图9-1)。

家访以及教师们将家长的心声在教室里明白无误地表达出来的这种做法,是让家长同校方展开对话的第一步。

每月例会

每月例会对于芝加哥公共协会所开启的瑞吉欧幼儿教育探索而言是一项重大发明。这样的会议将来自于该机构下属的所有幼儿园的家长、教师、园长、家庭工作人员都汇聚在了一起,有时也会包括总部办公室人员。这些每月例会的目的在于为家长和教职员工提供一个场合来聚在一起,来分享看法,来向彼此学习以及来更加深入地理解人们在芝加哥公共协会这一背景条件下所阐释的瑞吉欧幼儿教育。每次会议都由总部办公室的协调员来主持,且会将注意力集中在若干话题上面。以下是对每月例会的运作方式的一个概述。

- 这样的会议每年召开10次,从第一年9月到第二年6月。
- 每次会议都有两个会期,分别在前后两个晚上召开。想要参加的家长和教师每月都可以选择对他们最为便利的那个晚上来参会。分两个会期使得每组的人数减少到了大约40人左右,这让每个与会者都能更多地参与讨论。
- 每月例会都会选在芝加哥公共协会下属学前中心或者市内一个不同的地点召开,比如加菲尔德植物园或者林肯公园自然中心,这些地点都有助于人们进行探索。
- 在与会人员中,家长通常占了半数左右。当会议在城北的学前中心召开时,城南的某个学前中心会租一辆公交车接送家长。
- 有一名专业的翻译人员(而非教职员工或者家长)提供英语和西班牙语间的同声传译,每个与会者都配备有一个耳机来接收传译内容。这一始于2000年的实践极大地推动了说西班牙语的家长的参与热情。他们有了更为强烈的融入感和受尊重感,且他们所表达的看法极大地丰富了对话内容(参见图9-2)。
- 每个中心都会指派一名"家长联络员"参加每月例会,在会上做笔记,并且在他或她自己所在的中心召开的下一次家长会上作报告。家长联络员能因他们所承担的这一职位而获得一份收入。在学年开始的时候,他们会接受与此职位有关的培训,这其中包括对于瑞吉欧教育各元素的概述。某位家长联络员对她的经历做了如下描述:

当你在来自同一中心的其他家长面前作报告的时候,当他们问你孩子们在做些什么或者他们为什么这么做的时候,你的情绪会非常激动。这很重要而我们之前从没有做过这个。此刻你会觉得自己是个很重要的人物,因为你要把(在每月例会上)发生的所有情况都带回到家长会上。这种感觉不错。我喜欢这种感觉。

- 教职员工在每次会议上都会做笔记，以便在下次每月例会上进行回顾和讨论。每次会议的录音记录则为这些笔记提供了备份。
- 在五月的会议上会有一个关于这一年的会议的总结报告。这份报告包括会议的议事日程，对发言内容所作的记录，对发生的对话的摘录，与会者的彩色照片，以及在这些会议上展示和讨论过的某些儿童作品的照片。有时还会邀请该项目之外的教育工作者来和该小组一起回顾这份报告。

我希望杰森(Jason)能有所成就并且完成学业，希望他能变得身强力壮且懂得如何与人相处。我们希望他能活得开心而且健康，还能无忧无虑。我们希望他的说话技巧能有所改善，因为他说得太快了。

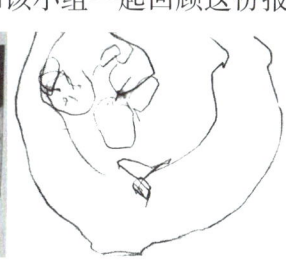

我的希望和梦想是贾维娜(Javina)能有一个成功的未来，能自己去实现它，能自力更生，还能完成学业。

我希望本妮塔(Benitta)能继续学业，不要辍学。她要学一些她感兴趣的东西，以便她能找到一份好工作。我希望她能成长为一个与众不同的人，能够追寻她自己的而不是别人的梦想。

我希望贾米拉(Jamila)能继续她的学业，尤其是要读完高中后再上大学。我希望她能运用她的本领和才能来让自己变得最好。我希望她能够同他人进行交流，成为一个容易相处的人。

图9-1　在某个教室里展示的家长对他们的孩子们的希望和梦想中的一部分。这是一种将家长的心声在学校里表达出来的好方法

图 9-2 有些家长在每月例会上使用耳机来接收同声传译

每月例会从晚上 5 点开到 7 点半,且通常会按以下顺序逐次展开:

• 自助晚餐。供应晚餐的这种做法能让人们准时抵达会场,并且能够创建一种惬意的气氛以便大家互相认识或是叙旧。孩子们也会一起来用餐,吃完饭后他们也许会去另一间房间,有人会在那里看护他们。

• 参观大楼。参观的地点包括教室以及展示孩子们的作品的公共区域。家长和教职员工都对每个园区发生了些什么感兴趣,而且他们也会从这一经历中有所收获。所在中心的员工会把人们分成三到四组后带着他们参观。

• 对前一次每月例会上所作的笔记中最重要的部分展开讨论。

• 汇报孩子们的学习情况。某一班级的教师团队会就孩子们的某些活动,例如一项深度研究或者材料探索活动(参见第 10 章中的"记录"一节)做个报告,有时也会有协调员或者家长一起做这个报告。随后大家会对这个报告进行讨论。

• 全组对话。一到两名协调员会带领大家就一个大家都感兴趣的教育话题展开对话。有时会先进行分组对话,然后再回到全组对话这种形式。

全组对话的例子

虽然要进行对话的这一理念在每月例会中贯穿始终,大家仍然会格外重视在全组对话阶段发生的对话过程。引发全组对话的是一个或多个发人深思的话题。这些话题通常都和儿童发展的某个方面有关联,而且一般可分为两类。

第一类是与儿童以及教育有关的一般性话题。例如:

- 对你的孩子们的生活影响最大的是什么?(1998年10月)
- "入学准备"对你而言意味着什么?哪些话题同入学准备有关联?(2000年3月)
- 对于照看和教育年幼儿童你有哪些疑惑之处?(2002年12月)
- 兴趣是什么?当我们说一个孩子或者成人对某件事情有兴趣的时候,我们指的是什么?(2003年3月)
- 你还记得你小时候感兴趣的事情吗?你怎么知道一个孩子是否对某件事情感兴趣了?你是如何支持这一兴趣的呢?(2003年4月)

对话通常始于参会人员用头脑风暴的形式思考如何回答这样的问题。他们的想法会被记录下来,有些还会被详细地加以探讨。

第二类话题是就某些视觉材料,例如展示孩子绘画作品的幻灯片、对话的文字记录或者学习活动的视频片段提出的问题。以下是两个例子。

思考孩子头脑里在想些什么

这个例子来自于1999年3月的每月例会。它涉及的是一组人对一套幻灯片的内容进行阐释,这套幻灯片展示的是孩子的绘画作品以及对这些作品的口头陈述。这一对话要回答的全局性问题是:"你如何去发现孩子们头脑里在想的东西?"以下是在这组人对三幅画作进行阐释时所摄的视频记录的摘要片段。

第一幅画(参见图9-3)之所以让大家讨论这幅画作,是因为对于这幅作品可以有多种不同的解读。在协调员向大家展示孩子的口述内容之前,这组人猜测了若干种可能的解读方式。

协调员乙:就这幅画来说,我觉得这些图形所表达的含义要多于文字记录所传递的含义。(她向大家展示了孩子的口述记录,上面写着"我的房子和我表兄的房子")

教师甲:我觉得这是一对(彼此)相邻而居的表兄弟。我觉得你可以说一栋房子在这,还有一栋房子在那。阳光照在其中的一栋房子上。

家长甲:他也许是在描述距离。因为正如你能看到的那样,有一栋房子要比另一栋大得多。那些线条可能是用来表现把这两栋房子隔开来的一条马路的。这表达的是距离这一概念。

园长甲:在我看来这根线条像是一扇门。你们知道这两栋房子靠得

图9-3 第一幅画

很近,所以那两个黑色圆点代表的是门把手。他是在以某种方式把他的表兄同串门这一想法联系起来。显然,表兄的房子对他一定具有某种意义,否则他就不用把它画上去了。

园长乙:我觉得大小上的差异也值得关注。在其中一栋房子上有更多的阴影、遮挡以及细节。我还在想哪栋房子是他的?是那栋较大的吗?

家长乙:那是他的房子,这是他表兄的房子,在他表兄的房子旁边有一张高兴的脸。这是因为他在他表兄的房子里更开心,那也是为什么他为他表兄的房子描绘了更多细节的原因所在。他们可能就住在彼此隔壁,但在他眼里他的房子要比他表兄的房子小。你们明白我指的是什么吗?

协调员乙:这么说起来好像所有这些都在这个孩子的头脑里。

家长丙:也有可能他们是住在公寓房里。有可能有人会住在前面,有人会住在后面。还有一种可能是某人要比另一个人更早地看到太阳。

教师甲:我觉得那段线条是一扇门,而那两个黑点则代表两个男孩子。他们被那扇门分隔开了,太阳则在那栋房子上投下了阴影。

参会人员:哦(同时笑了起来)。

协调员甲:我觉得我们能想出这个孩子头脑中可能存在的这么多想法真是太神奇了。这只是一幅简单的画而已,但对我而言它并不像是一幅简

单的画作。所以,我想建议的是,我们可以找机会去和这个孩子交流一下所有这些可能在他头脑中存在的想法。因为我们对此并不能非常肯定,而听上去你们又有愿望和好奇心去知道。

第二幅画(参见图9-4)

家长甲:我觉得这画的是一片草地和即将到来的暴风雨。它看上去像是闪电云和草地,看上去它已经下沉到视线可及的高度,画的就是它附近的那片区域,因为它们已经压得挺低了。

教师丁:我觉得其中有一部分看上去像是一架飞机,它可能代表的是一场飞行表演。

家长丙:这是水和天空,也可能是在天上飞的鸭子。

家长甲:这幅画画的可能是一群人。他可能在飞行表演现场,并且此时天开始下起雨来(笑)。可能是这样的。

图9-4 第二幅画

协调员甲:对于这个孩子由此要表达的想法我们还真知道一些。

家长甲:这样啊,那我可能错了。

协调员甲:这个孩子在想些什么呢?对于他脑子里想的东西我们还是知道一点的。(这位协调员展示了这个孩子的口述记录文字,上面写着:"天在下雨,天在打雷,土地变成泥浆了。草地湿了但更清新了。")

参会人员:哦!

家长甲:我说了是草地还有雨了(笑),所以我说对了。有奖励吗?

协调员乙:我觉得这很神奇,因为我们能猜出孩子头脑里在想些什么。我们对此有好奇心。

教师丁:孩子们和我们有着不同的思考方式。你知道的,孩子们理解事物的方式和我们的不一样。我们都有我们自己的看法。你知道,我们在看这幅画,但是我们并不确切地知道这个孩子要表达的是什么。我们在用我们的眼睛看这幅画,而他们则在用他们的眼睛看这幅画。

协调员甲:我还想到的是,每个人的每件作品都是在表达着什么,而且我们可以把这些画看作是这个孩子的确在头脑中想着一些东西的证明。有这些不同的可能性,而我们或许会想要去确定,他要表达的到底是什么。

第三幅画(参见图9-5)

协调员甲:还有一幅。
(她把画旁边孩子的口述记录遮了起来)

家长甲:也许他是在澡盆里。你知道当孩子们到澡盆里去的时候他们会怎么想,好啊,让我们游泳吧。所以他是在画那个,他是在画他在澡盆里的情形。

协调员乙:那就让我们来看看这个孩子用这幅画要表达的还有哪些想法。这就

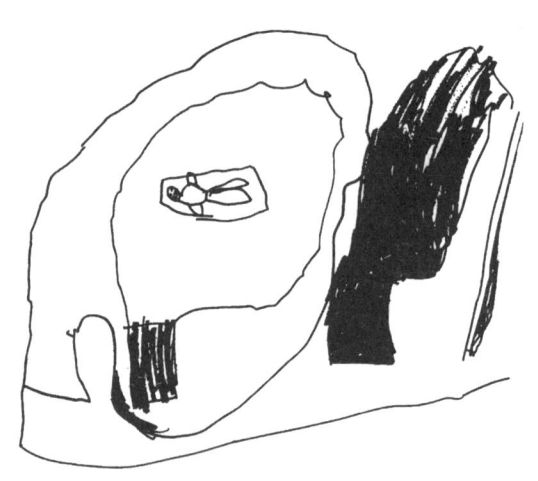

图9-5 第三幅画

是他的口述记录:"这是个住在室外的人,他住在学校后面,睡在树底下。"

参会人员:哦哦哦。

协调员乙:这么看来我们有时也会惊讶于孩子们所想的东西。这是这个孩子生活的更宽广的背景环境吗?我不知道。这画的真是住在中心附近的那个人吗?很有可能。这是这个孩子在来幼儿园的路上遇见的人,还是在去商店的路上遇见的人?我不清楚具体的场景或者情形是怎样的。但是,看上去这个孩子所描绘的东西以及他的口述记录都在告诉我们,这个孩子注意到了一些我们没有意识到的东西。那就让我们来思考一下下面这个问题:这幅画还有这个孩子的口述记录能告诉我们这个孩子在想些什么?

教师甲:我还想说的是,这个孩子已经开始观察他所处的环境还有他所

接触和关注的这个环境中所发生的事情。这么小的年纪就知道有哪些不同和正在发生些什么,这一点非常好。他意识到了,有个人睡在外面而不是睡在房子里面。

园长甲:我觉得有时候我们会对孩子们注意到的事物感到惊讶。孩子们的所见所闻要比我们能够想象的多得多。因为我对这个孩子有所了解,所以我知道他对住在这个街区的流浪汉非常关心,而且这是因为那时我们正在进行一项城市研究。因为这项研究涉及孩子们所居住的区域,所以他对那些住在公园里的人非常在意。看上去他在这下面底部的位置安置了一个小小的入口通道,然后他还将这个人包裹了起来,让他看上去十分安全。这是因为这个人不只是暴露在那里,而是身处在什么东西之中。他用来把这个人包裹起来的那样东西起到了保护他的作用,而且之后他还让此人躺在了什么东西上面,我猜可能是某种毯子吧。

家长丁:有时候我们并不能充分地意识到,孩子们画下他们所看到的事物的能力,他们的领悟力以及他们给自己见到的每件事物所赋予的意义,还有他们在已有知识基础上进一步拓展的能力。有时我们需要为此提供支持。孩子们是非常聪明的,而我们却没有花时间去让他们的才能发挥出来。我们并不是根据我们认为他们在成长道路上需要些什么来行事的。在有些时候,当孩子把一幅画递给你时,你说一句"哇,画得真是太好了"之后就把它扔在一旁是件容易的事情。但是,正如我们现在在做的那样,你应该花时间看看这幅画,看出其中的深意并把它记下来。要和孩子一样重视这幅画。对孩子给你的每件东西都要如此。

家长乙:你们知道她说得太对了。因为有一次我的儿子给我画了一幅全家福,而我却把它往抽屉里一塞,全然没有想过他真正想要表达的是什么。

家长丁:孩子们总是想成为焦点,但作为家长你有时就是会非常忙碌,此时你就只会试图让他们去做些别的事情。

家长丙:我想感谢每个赴会的人。首先,我真的非常喜欢其他家长说的那些话,这正是我们作为家长和教育工作者在此学习如何和孩子打交道的原因。对你而言,花五分钟时间来和一个给了你一幅画的孩子交流并不会耽搁你太久。用这五分钟时间来实实在在地解释和理解这幅画,来问孩子:"你是怎么想的呢?""你的想法是什么,你为什么要画这个呢?"

教师丁:或者就问你的孩子们问题也行。我每时每刻都会问我女儿问题,而她所想的或者所说的事情总是让人吃惊。她的领悟力非常强,她会记住一些她两三岁时的事情。我的反应常常是:"你记得这个?"

园长甲:你们知道,这真的让我和每个教职员工都很惊讶。正在发生的变化是我们已经能够很轻松地把想法表达出来。家长和教师也都已经在将我们对孩子们的深入认识告诉彼此。我真的觉得这非常好。我们能够问孩子们问题,还有我们能思考他们所思考的东西,这真的很好。由此,当你以后同你孩子的老师交谈的时候,你会知道一些同孩子的学习过程有关的不同的事情,尤其是同你自己的孩子有关的事情。

家长甲:我要说的并不像之前的论述那么宏大。它只是一条有关记录的重要性的基本陈述。因为,我觉得,作为家长,当孩子把一幅画交给你的时候,把你的想法,你的孩子告诉你的东西,他们的感受以及这些感受对他们意味着什么在画上记录下来很重要。因为一旦你的孩子把画给了你而你又把它放在一边,他们可能就不会再记得这些了,那样的话那一刻也就消失不见了。

协调员乙:天哪,太感谢你们大家了。我们分享的这些想法真是妙极了。

思考如何回应孩子的理论

在开展"管道研究"九个月之后,有员工在每月例会上做了一个有关此项研究最后一个阶段的报告,在此阶段有许多孩子画了淋浴设备的运作机制(参见第1、4、5章)。这份报告提到了乔纳森和教师就乔纳森所画的淋浴设备进行的对话。在那次对话中教师问道:"然后(水)去了哪里呢?"(即水离开浴缸之后),乔纳森回答道:"去了这儿(在浴缸底部画了一根通往一个杯子的线条),水去了杯子里,然后他们把水灌到瓶子里卖给人们。"(参见第1章中的"淋浴设备研究")

在报告结束之后协调员向参会人员提出了以下问题:"老师应该在结

束的时候告诉乔纳森正确的信息吗？"

家长们在随后的对话中成了主力军，且他们有各种各样的看法。以下是家长们给出的一些看法。

家长甲：（和孩子一起）找个浴缸或者在建的房子，看看它是否排水，还有是不是有个杯子或者别的什么在那里。

家长乙：你可以讲给他们听，对，如果从水龙头里出来的水是干净的话，你可以喝，或者把它倒到杯子里，还有瓶子里。但是如果这水被用来洗你的身体了，那么不行，我们不能拿它来喝。显然这水不能再用于它途了。

家长丙：告诉你吧，我觉得让他知道（这水不会流到杯子里去，也不会卖）对你有好处。因为如果他犯这样的错误的话，别人会传出去的，你们懂我的意思吗？"这水没流到杯子里去！"所以我觉得作为成人还是让这个小孩子知道真相好一点。因为这样当哪位年长的人说"你肯定是傻了！这水不会流到杯子里去！"的时候，这个小孩子才不会觉得太难过的。

家长丁：我觉得他有这种想法，那就是这水离开我们的房子之后我们会把它用作饮用水。从某个方面来说他是对的，他知道水不会凭空消失。他有这一理论，而且这也不全错。

这一讨论引发了一个有关教育目的的重要话题：当孩子们得出的结论和成人们不同的时候，告诉他们正确答案有多重要；反过来说，给孩子们机会去和彼此讨论他们的想法，去了解别人的观点，去开展进一步的探究，以及去回顾他们自己的理论有多重要。

接送时间

在每个班级里都有那么几位家长会主动地和老师进行交流。他们往往也是那些在学年开始的时候最有可能自愿参加学校活动的家长。至少在刚开始的时候，绝大多数家长在送孩子来时总是希望说得越少越好，同样，在下午接孩子走的时候也是急着离开。在这种情况下老师们要做些什么呢？

第一步是通过对教室入口区域的布置来传递"我们希望你留下并参与到班级活动中来"这一信息（参见第6章的"教室环境"一节）。例如摆放让家长坐的长椅；装有日志的篮子，其中可以是孩子的日志，也可以是包括笔记和照片在内的有关孩子的能力和成就的教师日志；有孩子家庭的近期照片的展示板以及张贴着孩子们正在创作的作品的收藏板（参见第7章中的"背景信息"一节和第10章中的"记录"一节）。

下一步则是尽可能地同家长进行交流。有时这一交流始于一句简单的"你好"，并可以接着深入下去，比如说问家长"一切可好？"许多家长对此问题的回答能够引发对话，这样的对话可能同这位家长的生活有关，同这一家的生活有关，或者和孩子有关。由此，一种信任关系的基础就开始建立起来了。

一旦教师同某位家长建立起了一定程度的关系，她们就会发现，要把她们同家长交流的重点放在孩子的活动，兴趣还有成就上就会变得容易起来。例如，教师可以向家长展示张贴在收藏板上的孩子的画作，以及记录下的孩子对这幅画的口头陈述。当事的孩子往往也会参与到这种交流之中，并向家长解释画作中的某些细节。当家长多次看到孩子的这些具体作品以及孩子的口述记录，并且听到孩子进一步的解释之后，家长对孩子的认识往往会发生改变。

当教师自发地同家长进行交流的时候，也许会提到孩子们说的或者做的一些有趣的事情，孩子的某项具体成就，或者孩子正在做的一件让其很感兴趣的事情。许多家长在回应的时候终将提到他们在家里观察到的孩子表现出的兴趣。在知道了此种兴趣之后，教师会对孩子在学校里表达这一兴趣的可能方式变得更为敏感。

反过来，有时家长在知道了孩子在学校里表现出的兴趣之后，会在家中寻找机会来帮助他们开展活动或者进行交流，以便在家庭环境中拓展他们的兴趣。教师也会寻找机会向家长们提供与孩子的成长、活动、兴趣以及行为有关的例子，这些例子应与家长和教师所分享的对于孩子的希望和梦想紧密相连。由此，从长远来看，教师同家长们进行的主动和持续的交流往往会演变为一个反映和指导他们对孩子的共同培养活动的对话过程。

成长档案之夜

每个班级每年都会组织一次作品集之夜。在每个时间段,都会安排三到四个家庭到教室来和孩子以及教师一起探讨孩子的成长档案。家长们会花时间来关注他们孩子的作品是如何随时间发展而演变的。有些园区会给家长分发剪贴板和纸张,让他们在看了他们孩子的作品但还未同教师进行讨论的时候,把他们的评论和观察结果写下来(参见图9-6)。

图9-6 一位母亲在成长档案之夜对她孩子的作品详尽地做着笔记

孩子们的活页夹和/或日志也包含在成长档案之中。这样的机会使得家长、教师和孩子能够进行三方对话,在此过程中,孩子和教师会向家长解释孩子的作品。从他们的解释中可以看出孩子的长处和兴趣,这些长处和兴趣既反映在画作、照片以及诸如此类的物品上,也反映在孩子们对此所作的评论上。

成长档案之夜取代了按惯例要召开的两个家长—教师会议中的一个。把注意力集中在孩子的长处和成就上面的这一做法让家长感到安心,这些长处和成就可以从成长档案以及其他来源中看出来。鉴于他们在别的学校的经验,许多家长会事先以为,他们在同教师会面时将主要谈论孩子的缺陷和行为问题。成长档案会议使得教师和家长能够更好地就孩子的兴趣和成就进行交流,以及就成人如何能够在学校和家里对这些兴趣和成就做出回应进行交流。这同我们在本章其他地方已经看到的那种模式是一脉相承的,这种模式可以从每月例会上对幻灯片展示所作的讨论中看出来,也可以从教师同家长就孩子们的兴趣和成就进行的日常交流中看出来。在某个成长档案之夜,各家各户在探讨了孩子们的成长档案之后一起画了他们自己的全家福。这些画作随后被拼贴在一起制成了一幅班级家庭画。

让家长参与到孩子们的深度研究之中

作为影子研究的一部分,教师们把一次性相机连带一封信一起寄到了孩子家里,她们让家长们在信上找出孩子的有趣的影子并把它们拍下来。因为孩子们在学校里已经开展过一项影子的研究了,所以他们早就准备好在家里和家长一起进行这次探索了。教师在信中还要求家长们拍下他们孩子的影子在一整天中的变动过程。

除了相机和那封信外,教师还寄了一份"影子问卷",家长们要在和他们的孩子一起探索了影子并拍下照片之后填写这份问卷。其中的问题有:

- 从这一经历中你学到了些什么?
- 你注意到了你孩子的哪些想法?
- 你觉得你的孩子从这一经历中学到了些什么?
- 在你透过你孩子的眼睛观察了这些影子之后,你对于影子的看法或者理论有了哪些变化?

家长们把一次性相机和问卷还给了教师。照片被冲了出来,这次探索也被以展示板的形式展示了出来,板上既有照片又有家长对问卷上的问题所做回答的例子。

在手的研究即将结束的时候,孩子们给他们自己的手还有别人的手画了一大堆画(参见第5章),同时他们还邀请他们的家长参加了一次晚间工作坊。有人用一架宝丽来相机把家长的手拍了下来。孩子们招待了他们的家长并给他们做向导。孩子们根据他们在这一研究中的亲身经历建议家长们把他们自己的手描绘下来,并使用他们实际的手以及那些相片来帮助他们画出细节。家长们喜欢这样的活动,并比较了他们的画作。他们注意到了之前从未注意过的他们手部的细微之处。在这次工作坊即将结束的时候，孩子们的手的照片被铺满了整张灯光桌，以便家长们能找出他们孩子的手（这个建议是有位家长提出的）。家长们很容易就能认出他们孩子的手，发现其中的细微之处，并就他们认出的许多细节讲一段故事。这一晚充满了友爱、探索还有合作。每个人都分享了他们的喜悦，这种喜悦源于以一种新的方式和孩子们一起开展工作，以及认识到各自的独特之处。

家长在教室里以及在校外参观中同教师开展合作

教师常常会让家长加入到教室中的活动或者校外参观旅行中去。这样的合作往往会出现在本章中所提到的各种各样的互动之中。教师在此种情况下需要面对的挑战是，要以何种方式来同家长互动以鼓励他们去培养孩子的主体感（参见第 5 章的"儿童的发展目标"一节）。这样的家长合作包括：

- 通过拍摄照片或者视频记录下孩子们的活动。
- 读书给孩子们听。
- 同教师们一起计划和制作展示板（参见第 1 章和第 10 章中的"记录"）。在许多中心里，家长们已经以小组形式在中心的家庭工作人员的帮助下制作了有关他们所在社区的展示板。

家长们在日常的教学日出现在教室之中使得教师们有机会展示和解释她们同孩子的互动情况。两位教师的以下陈述为我们提供了如何做到这一点的例子。

我注意到（自愿参加班级活动的）家长们正站在后面并提出诸如"那好，你为什么这样问？"或者"但是他给你的答案是错的！"这样的问题。这让我有机会去向他们解释或者展示我们接下来会对孩子们做些什么。我看得出来，他们想要在越俎代庖前先让自己忍住不要（给孩子）提供答案或者建议，并等着看孩子会怎么做。这样看来他们非常想知道孩子们脑子里在想些什么，而不是把他们所知道的或者他们的想法灌输给孩子们。

很多家长开始用我们的方式来和孩子们交谈或是教育他们，而且他们在家里开展一些我们的活动。他们已经能够以一种新的方式更好地同孩子们一起开展工作,在此方式下他们不会常常和孩子争吵,而是会和他们一起开展工作。他们通过观察我们在教室里的工作方式,或者我们在走廊上和孩子交谈的方式学到了很多东西。比如说,当他们走进教室时,孩子们会对我们说"你好"。此时他们会看到,我们是如何蹲下身去和他们的视线保持齐平,并真心实意地听他们在说些什么,还有努力从中发现更多的信息。我觉得很多家长都能注意到这些并加以运用。我已经看到有很多家长通过问问题的方式来努力发现他们的孩子所说的话的弦外之音。有些家长能发现,有些则不能。

和幼儿园在同一栋大楼里的其他由家长组成的学习班,比如就业培训班,文学班或者(作为第二语言的)英语课程班可能会以某种有趣的方式推动家长参与到课堂活动中来。这些班往往在可以接孩子之前就已经下课了。在这种情况下,有些家长会觉得在教室里帮老师一把,直到孩子可以回家为止既不是什么难事也挺有意义。

结　　论

我们已经探讨了瑞吉欧项目用来促进教师和家长建立关系的多种不同方式,这样的关系是建立在对话、共同探索以及合作的基础之上的。许多这样的互动涉及教师和家长一起来观察、认识、思考以及回应孩子们的长处和兴趣,或者是对孩子们做整体性的思考。

这些互动过程对家长们而言有着积极意义,因为通过这些互动,家长们的想法、观点、动机以及优势会得到重视并被整合到他们同学校的关系之中。我们从家访中,从在教室里展出家长们的想法这一做法中,从每月例会上开展的对话中,从在接送孩子的时候同家长进行的随意交流中,以及从教师们为学校——家长互动所赋予的总体品质中,都能看到这一过程。同家长的互动也让教师们感到愉悦,因为这其中有彼此间的坦诚相见,有对不同观点的分享,还有把家长当作合作者来一起促进儿童的发展。

要让家长们参与到他们的孩子在学校中的学习活动中去的关键一点,往往是让他们开始意识到他们孩子的思维和体验的复杂性,这些复杂性既体现在对他们孩子的作品所作的记录里,也体现在就这些记录展开的对话之中。

我们已经描述过的这些学校—家长关系可能会产生几大主要影响。首先,教师对家长的动机、感受、想法以及优势所表现出的兴趣,为家长们反思和回应孩子的内心世界以及能力提供了一个榜样;其次,教师和家长为了一起去认识孩子而进行的对话,为家长同他们的孩子的对话提供了榜样,他们在此种对话中会共同构建对于世界的认识;再次,教师和家长间的对话为教师同家长分享她们的教学观念提供了一条途径。

家长们在他们参加的由园区组织的家长工作坊中会对各种材料,比如黏土和电线进行探索。他们在此过程中所获得的亲身体验会进一步推动以上描述的那些过程。这些体验同教师们在孩子们身上培育的那类探索性体验是一样的。一旦家长们通过亲身参与经历、享受、理解并且内化了这些探索过程,家长们就更有可能将它们整合到他们同孩子们的关系之中。同时他们也更有可能理解在班级里所采用的那种教育方式。

当教师们谈论起在上述各种环境中开展有助于同家长的合作关系的活动时,她们常常会评论说,这些活动会使得家长感到他们是学校的"一分子",也是孩子们的学习过程中的一分子。这一看法同关于家长—学校关系的某种隐含理论是相一致的。家长们越是感到他们是孩子们的学校生活的一部分,他们越是愿意参与到更多的学校活动中去,并且将学校中的那种态度带到他们在家中同孩子进行的互动中去。

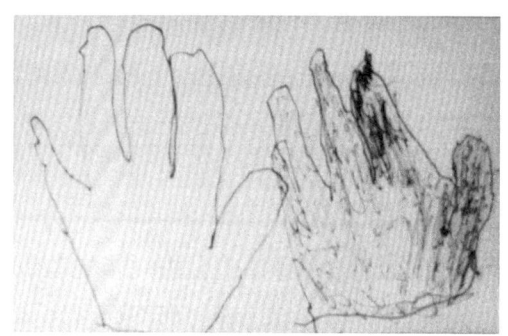

第 10 章
教师的职业发展和支持

> 我们还没有学会如何去做学习者,我们已经学会了如何去做教师,这两者是不同的。
>
> ——瑞吉欧·艾米利亚教育学家阿米莉娅·甘姆贝蒂在同芝加哥公共协会教职员工的一次对话中如是说。

瑞吉欧幼儿教育在意大利和芝加哥公共协会的实践让教师们有机会进行深入思考并保持一颗好奇心,还让他们有机会学习一种新的学习方式,这一方式对他们的教师角色起到了重新界定的作用。对这些方面的强调是以一种能干的、对事物感兴趣的、富有见地的、渴望成长的以及希望交流的教师形象为基础的,这一教师形象同给予孩子的形象是一致的(参见第1章和第2章的结论部分)。公共协会的教师在他们各种各样的职业发展过程中都会因他们的思考能力以及在共同构建认识方面所作的贡献而得到尊重。

本章要回答的核心问题是,怎样的职业发展和支持经历会让芝加哥公共协会的教师有能力在他们的教学活动中实践瑞吉欧幼儿教育原则?本章

由以下四个部分组成:

1. 教师的职业发展目标:芝加哥公共协会所采用的教育方法为教师发展设定了怎样的目标?

2. 教师们在日常的工作过程中所获得的职业发展和支持:教师们开展的持续不断的教学、记录和合作活动对于他们的职业发展有何助益?

3. 为教师提供的特别的职业发展经历:特意安排的职业发展活动,比如在职期间参加研讨会的经历会如何提升教师探索瑞吉欧教育的能力?

4. 平行对应过程:当瑞吉欧幼儿教育原则被融入到教师的合作和学习过程中去之后,它们是否会促使教师在他们同儿童的关系中更多地运用这些原则?

教师的职业发展目标

教师们最重要的职业发展目标是在倾听、观察、反思和回应孩子们所表达出的兴趣、感受以及想法的基础上发展出一种同儿童的新关系。在这一关系中,能干的、对世界充满兴趣的、富有见地的、能够思考和将事物联系起来的、渴望成长的以及希望和同龄人还有成年人进行交流的这样一种儿童形象起到了举足轻重的作用(参见第1章中"儿童的形象"一节)。教师和儿童是对话中的伙伴。通过这一对话,他们共同认识了他们所处的世界以及他们与所处世界的关系。

为了同儿童建立起此种关系,教师需要进行深层次的学习。这需要教师能够体会到孩子们是有着他们自己的动机、想法和观念的独立的意识主体,并能够对此加以重视。

教师的七个发展目标

上述建立在倾听、观察、反思和回应基础上的同儿童的关系为教师职业发展的以下更为具体的七项目标提供了依据:

1. 学会时刻同儿童进行对话,这样的对话应该以他们的兴趣为依托,并且包含对认识的共同建构(参见第1到第3章)。

2. 习得实施呼应课程周期所需的技能和知识,这样的周期包含倾听/

观察、记录、解读、设想/决定、计划、假设以及执行阶段(参见第 5 章中的"呼应课程的周期"一节)。

3. 学会设计和构建有利于以小组形式开展学习,能够表现儿童的身份,能够让儿童采用多重视角,能够增长幸福感以及能够促使父母参与到班级活动中来的那种教室环境(参见第 6 章中的"教室环境"一节)。

4. 学会同其他教职员工进行合作性的对话以便共同构建认识和教育策略(参见第 7 章中的"教师间的合作"一节)。

5. 学会同父母进行对话以便将父母和教师的观点结合起来共同推动孩子的发展(参见第 9 章中的"接送时间"和"成长档案之夜"这两节)。

6. 学会做一个研究者。将教师视作研究者的这一想法,同本章开始处引用的阿米莉娅·甘姆贝蒂的那段话中提到的将教师视作学习者的这一观念紧密相连。成为一名研究者意味着教师要以研究的态度来对待其作为教师所开展的所有活动:要有好奇心并对感到好奇的事物进行探究,要提出问题,做出假设,根据头脑中的问题来收集和分析相关数据,得出结论,深入思考这些结论的应用前景,并思考下一步的研究工作。教师通常并不把自己视作"研究者",但是她们这方面的角色在瑞吉欧教育里起到了关键的作用。

7. 发展主体感。在第 5 章和第 8 章中我们提出,根据我们对于瑞吉欧教育所做的解读,儿童主体感的发展是一项关键的儿童发展目标。为了方便读者理解这一点,我们在此处重复此定义的主要部分。

体验到自身作为一个积极的自我引导的主体,可以独自或与他人一起构建对个体有意义的学习目标,找到实现它们的策略,亲身实践来实现这些目标,建构认识,并向他人表达这些新发展出的认识。(完整定义见第 5 章中的"儿童的发展目标"一节)

这种对于主体感的定义同样适用于教师。我们以上所概括的教师发展的每一方面都会受到主体感的影响。此外,教师的主体感是她们能够推动儿童去发展主体感的先决条件。在自身没有体验到这一点之前,一个人无法设想怎样的过程将有助于另一个人发展这一感受。

教师以往的经历同瑞吉欧幼儿教育间可能存在的冲突

由于大多数教师已经接受了传统的学前教育方法的培训，她们在逐渐接纳瑞吉欧幼儿教育理念的过程中需要经历一场同教学过程的本质有关的重大的"范式转变"。在传统的范式下，教师关注的重点是儿童要习得事先确立的知识，这些知识明确规定了何为正确答案，何为错误答案。在瑞吉欧范式下，强调的重点在于儿童学会如何去构建他们自己的认识和知识。他们给出的答案的对错同发展学习策略以及参与建构过程相比是次要的，通过这些策略和过程，他们将构建他们对于世界的看法，并对这些看法进行重新审视、评判和交流。

广义而言，传统方法同在瑞吉欧原则启发下采用的方法间的差异在于是突出强调内容还是突出强调过程。前者认为教师的首要职责是传播知识，而后者则认为教师的首要职责是推动儿童从他们自身的兴趣出发去构建或者共同构建认识，并对此过程加以研究。对教师而言要转变重点强调的对象往往是困难的。这需要她们同时转变她们的教师身份。

尽管在瑞吉欧教育原则启发下所采用的方法突出强调了过程的重要性，此类方法对内容仍然是关注的。但是，学习内容是通过上述的瑞吉欧教育过程来实现的。因此，举例来说，正如我们在第8章中看到的那样，教师通过让儿童在追寻兴趣爱好的过程中接触世界，通过让他们共同构建知识，或是通过让他们和重要的他人进行交流，来帮助他们发展阅读、写作和数学技能。类似地，儿童通过追寻他们身边的世界中让他们感兴趣的事物，通过表征他们的发现，以及通过在进一步认识和探究的过程中回顾他们的表征，来学习自然科学和社会科学方面的内容。

教师在日常工作中所获得的职业发展和支持

> 对我而言不同之处在于，要能够意识到某个孩子或者一群孩子们的兴趣，追寻这一兴趣，并真正同孩子们一起去考察和探索他们想要知道、学习或者探索的东西。
>
> ——芝加哥公共协会的教师

尽管人们通常认为,教师的职业发展是通过特别设计的培训活动来实现的,但参与芝加哥公共协会项目的教师们主要的学习经历却来自于她们对持续不断的教学过程的主动参与。这一节将探讨教师们如何在这些日常过程的背景下进行学习。这些过程包括每周例会、持续不断的教学体验、记录、班级合作、教师的研究活动以及每月例会。

每周例会

每个班级团队(班主任以及一到两名助教)都是每周例会团队的一部分,后者通常由两个班级团队、园长以及来自总部办公室的协调员组成,有时也包括中心的家庭工作员(参见第5章和第7章)。这一团队每周会花一个半到两个小时来开一次会讨论每个班级的工作情况。对一个班级的工作所作的探讨通常包括两个阶段。

第一阶段包括描述、记录和解读。班主任和助教(们)会介绍过去一周的活动,展示记录下的孩子们的作品。例会团队相应地则会对这些记录下的作品所表达的兴趣和想法进行解读。

第二阶段包括设想/决定、计划以及假设。教师们在整个团队的协助下以头脑风暴的形式思考回应这些孩子的方式,并从中选取一到两种以供实施。接下来她们会制订计划,并假设孩子们在计划执行过程中的反应。后者对于教师们而言往往是困难的。

幼儿园要求这样的会议每周召开一次,而且教师们应将记录下的材料拿到会上展示以便为团队的深入思考和计划提供参考。以下是对1998年5月的一次每周例会所作录音的摘录。在阅读这段摘录的时候,你或许可以考虑下列问题:

> 教师会如何评价这次会议的价值?
> 协调员以何种重要的方式来帮助该团队完成任务?

描述、记录和解读。由两位接触瑞吉欧教育不久的教师组成的团队报告了她们同孩子们一起探索城市这一主题时的初步体验。她们展示了孩子们的一些画作,并念了画作旁边的口述记录,这些作品是孩子们在去邻近街区散步之后所画的。

那是一群人,这是只猫。那有一个大男孩还有他的弟弟,很多花,一条大狗。它臭。

那有很多花,这些是汽车。这个比较大。这些世界上的行人,他们穿着芝加哥公牛队的外套。

教师甲随后念了一些同亨利埃塔以及坎迪斯讨论时的对话记录(讨论的问题是由在瑞吉欧·艾米利亚开展的城市研究中的问题改编而来的),以下是其中的一些问题和回答。

教师:城市的作用是什么?

坎迪斯:为了人们工作。

亨利埃塔:这样我们可以去商店。

教师:为什么要修建城市?

坎迪斯:这样他们可以做些事情,造列火车。

教师:一座城市会不会有开始和结束?

坎迪斯:它结束在市中心,因为我们去了市中心,爸爸,妈妈,我的哥哥,还有我。

教师:你住在一座城市里吗?

坎迪斯:不,在家里。

亨利埃塔:坎迪斯的房子在我的房子旁边。她的房子挺小的。

协调员(对着例会团队说):你们的反应是什么?

教师丙:看上去他们对于城市是什么并没有太多的经验。

园长:我不认为他们没有这样的经验。他们只是没有词汇来表达这些经验。

教师甲:我觉得他们还没有掌握或者领会城市这一概念。

协调员:听上去他们是在谈论在他们自己的生活中同他们的切身经历紧密相连的事物,而不是我们应该如何将城市作为一个抽象概念来加以理解。

教师甲：第二天我们开展了全班讨论，回顾了这些画作。

协调员：你能念一些当时的对话内容吗？我们其余的人，在听这些对话的时候思考，对于出现的想法，你有哪些想要搞明白的地方。

教师乙念了一下这段全班讨论时的对话：

教师：城市有开始的地方吗？

保罗：在芝加哥。

教师：那它结束的地方在哪里？

坎迪斯：人们工作的地方。

教师：芝加哥城有让你喜欢的地方吗？

杰勒德：墨西哥。只有波多黎各、墨西哥和芝加哥。

教师（试图通过提供某些可能的典型答案来表明问的到底是什么）：我喜欢那些商店、那个动物园还有那个湖。

洛蒂：我喜欢那些服饰。我喜欢这些歌还有芝加哥公牛队。

设想和计划

协调员：这是些新的想法。对此你还想知道些什么？

教师乙：我自己吗？我觉得问他们喜欢些什么对于让他们知道城市是什么会有帮助。有个孩子说她喜欢服饰。我觉得接下来我们可以问他们："你们在哪里能得到这些服饰？"

协调员：这个问题很好。

教师丙：坎迪斯提到过"人们在城市里工作"。因此我们可以问"人们做的是怎样的工作"。

协调员：我们也可以问"市中心是什么"。

园长：我想知道他们为什么觉得城市在市中心结束。

协调员：让我们在思考这些问题的时候也来思考一下这些画。我们能把这些画再铺放到桌子上吗？

教师乙：如果我们问"你在哪里能得到这些服饰"，他们会说"商店"。由此我们可以让他们对各类商店进行比较。再问"你能从杂货店得到它吗"。

教师丙:我们可以问"在芝加哥有不同类型的商店吗"。

协调员:我在看这幅乌鸦画。其他的孩子提到了狗或者猫。看来孩子们注意到的是生活在城市里的小动物。我在想:"他们觉得还有什么生物是住在城市里的?"然后具体来说:"那个乌鸦住在哪里?""它的食物从哪里来?""其他的生物住在哪里,又是从哪里获得食物?"

教师丙:有很多儿童画了各式各样的人。由此我们可以问:"什么样的人住在城里?"

协调员:让我想想。有多少幅画里有人?

教师甲:他们还提到了汽车和火车。

园长:是的,许多交通工具。

其他人:"你是怎么在城市里逛的?""你是怎么去商店的?""人们是怎么去上班的?"

协调员(她一直在记笔记)把这个团队开展头脑风暴时所说的想法念回给她们听。

教师乙:我们可以从那个同芝加哥公牛队有关的想法出发来问"芝加哥公牛队是开展哪项运动的","你在芝加哥还见到过其他运动吗"。

教师甲:或许也可以问"你觉得他们是在哪里比赛的",然后再回到公园和其他地点这个话题上。

协调员:我在想的是,你们觉得在这里发生的事情接下来会发生在哪里?我们必须牢记的是,我们想要给孩子们提供新的经历,这些经历要能拓展他们头脑中的想法。他们已经有了一些很不错的丰富的想法。

家庭工作员:当我们问他们住在哪座城市时,他们说他们住在他们的"家"里而不是一座城里。你不如在此基础上加以拓展,问他们"你一家人住在哪里?"也许他们会说"住在房子里",但是这还是会引出些东西来。

教师丙:我们可以把这个同与商店有关的那些事联系起来,并且问"你会和你的家人一起去什么样的商店"。

教师乙:然后会有一些你能在某家商店找到但在其他商店却找不到的东西。

教师甲：我知道他们有能力说出你能在珠宝店找到但却不能在零售商店、超市或者百货商店找到的商品。

协调员：如此听来，我们是在处理两大类话题——诸如市中心和商店这样的地点，还有人。那么，我们不如就进一步探讨这两个话题，并且根据我们已经从孩子们的画作和对话中获得的信息，继续沿着那些思路同孩子们一起回顾他们的想法，并帮助他们拓展这些想法。

教师甲：我的想法是给本地的柏德拉商店打电话，问他们我们是否可以只是带着孩子们到商店里去逛一圈，参观一下。

协调员：我觉得实实在在地到商店去走一回是个很好的主意！你会如何给孩子们做这方面的准备？

教师乙：我觉得可以回过头来借用"你会和你的家人一起去什么样的商店"这个问题。我知道他们中有许多人会说"柏德拉"，因为这是最近的一家杂货店。

协调员：也许我们可以先问"你会和你的家人一起去什么样的商店"这个问题，并弄清楚他们在想些什么。我确信他们会有很多种想法，而且这对于他们同家人的关系而言是一种肯定。

教师乙：玛丽亚（园区的家庭工作员）刚刚向我提起的另一个地方是我班一位家长名下的缝纫机店。它就在柏德拉的街对面。

协调员：我们有什么办法，可以把这个同你们之前和孩子们一起思考城市里的声音时的经历联系起来？

其他人：缝纫机的声音！绞肉机的声音！收音机的声音！

教师甲：再给他们看（散步时的）照片，并且问他们照片里有没有商店。

协调员：或许同此问题有关的另一问题是"人们在哪里工作"。

协调员让教师甲对到此时为止的计划做一个总结，她照办了。

协调员：我想要鼓励你们既要像你们已经做过的那样，同一大群孩子一起开展工作，又要以小组形式同孩子们一起开展工作，这样的小组中也许只有两名儿童。你一开始可以以小组形式和他们见面，并让他们更进一步地分享他们的画作。让我们同时试着给你们有关商店和人们的工作地点的讨论录音,这样我们就能在下周有一份打印出来的供探讨的对话记录了。如果你们需要的话,我愿意帮你们把录音转化成文字。

> 在你看来,协调员在这次会议中扮演了哪些不同的角色?
> 你在这一交流过程中有没有发现任何重要的转折点?

对此次会议的评论。这组人制订了一个有助于让呼应课程的初始阶段顺利展开的计划,她们是通过引发孩子们的想法,并且帮助他们把这些想法拓展和联结成为对于某一话题的最初认识来实现这一目标的。这为进一步的探索奠定了基础。这个计划由依次执行的四大策略组成(参见图10-1)。

策略1:
问能够引发孩子们对于某一话题的最初想法的开放性的问题。
比如说,问:"你喜欢(研究对象的)哪些方面?"
让他们对于所关注话题的某些侧面能有直接经验(比如说,在邻近街区里散步)。
让他们根据此种经验来作画,并把他们对他们的画所做的口头陈述记录下来。
⇩
策略2:
问一些问题以鼓励孩子们去拓展他们在回答上一阶段的问题时所表达出的想法。
例如,在"服饰"的基础上,问:"你在哪里能得到这些服饰?"
在"乌鸦"的基础上,问:"乌鸦们住在哪里?乌鸦们吃什么?"
⇩
策略3:
通过提问来帮助孩子们充实和进一步拓展在第一和第二阶段引发的那几类想法。
例如,问:"还有什么其他类型的动物住在城里?"如果孩子回答说:
"松鼠",那就再问:"松鼠住在哪里?""它们把食物藏在哪里?"
⇩
策略4:
通过问题来把不同类别的想法联系起来。
例如,问:"你怎么去那家商店?"(这将交通工具同商店联系在一起)
"人们怎么去做那样的工作?"(这将交通工具同工作类型联系在一起)

图10-1 在此次每周例会上发展出来的前后相连的教育策略

这个计划同教师在如何骑自行车以及去市中心这两个场景中给孩子们提出的问题有关(参见第3章)。在这些场景中,教师不断地在孩子们已有知识的基础上要求他们将他们所说的话中的元素同他们知道的其他知识联系起来。

这组人分析记录材料和制订计划的过程推动了呼应课程的开展。当教师们开始意识到在孩子们的想法中蕴藏的潜能并且开始设想他们对于各式各样的问题会作何反应时,教师们就会越来越多地认识到孩子们心灵的丰富多彩并看重其价值。

成功地创建一个很有希望的教育计划以及一场高质量的对话,无疑会使得参与者对于他们能成功地与别人开展合作的能力更有信心。此种经验的重复积累将提升教师们的合作能力和主体感。

在我们看来,这位协调员在此次会议中的作用举足轻重。她通过以下方式让这组人一直沿着正确的方向前进:

- 提出问题来质疑参与者的想法并鼓励她们给出多种不同的回答。
- 为思考过程提供辅助。
- 提供指导。
- 通过以教师们的想法为基础并加以充实,来表现对于教师们思想的重视。
- 贡献想法。
- 做总结以及提供有用的支持。

教师们在会议一开始的时候被记录材料困住了,她们注意到的始终是孩子们的不足之处而非他们的兴趣和想法(参见第1章中"儿童的形象"一节以及附录中的"第4年"一节)。在这位协调员的帮助下,她们变得能够认识到孩子们的回答中所蕴藏的丰富潜能了。她们共同成功地制订了策略,这些策略给予了她们力量并使得她们随后的步骤成为可能。

持续不断的教学体验

对教师发展具有核心作用的是她们在同孩子们的互动中得到的直接经验,即她们就孩子们对她们的行动和建议所作的回应进行的观察、解读、感受和思考。每周例会以及许多其他方面的支持对于教师们构思策略和概念框架都有颇多助益,通过这些策略和概念框架,她们能够对孩子们的反应进行观察和解读。但是,对于她们的学习而言最为核心的环节,仍在于她们尝试各种方法去观察、思考、调整、重构、回应以及再次观察时所得的直接经验。

因此，职业发展过程被看作是一个由教室经验和外部支持构成的循环。这种看法不无裨益。例如，教室经验和每周例会构成了一个持续不断的循环。我们以上所述的在每周例会上发展出的用于拓展孩子们的想法的策略，最有可能会在接下来的几周里为教师所用，而所得结果则会被带回到每周例会上供大家思考。团队中的另外两位教师也可能会尝试这一计划。在我们逐渐展开本章内容的过程中，思考一番教师获得的多方面支持如何协同发挥作用不无益处，这种协同将和教室经验形成更为复杂的循环关系。例如，某次在职培训时产生的某一想法可能会在随后的每周例会中得到回顾，并会在教室中得以实践。

记录

我们以下有关记录的探讨很大一部分的灵感来自于莱拉·甘迪妮（1998，2001）和卡丽娜·里纳尔迪（1998，2001）的文章。

在1997到1998年间，本项目对于记录的强调有了突飞猛进的增长，此时凯伦和教职员工们正开始全面地认识到记录在倾听/观察—反思—回应的过程中所发挥的不可替代的作用。

记录是倾听和观察中不可或缺的一部分。它将倾听和观察推进了一步从而使得深入反思成为可能。它将观察的结果固定下来以便人们对孩子们的兴趣、感受和想法进行解读。它为几个人一同进行回顾和思考提供了依据，由此人们可以一起来确定孩子们要表达的意义。因此，记录大大提升了进行反思/反馈和做出有理有据的回应的可能性。对于孩子们的学习过程而言，记录也是一大关键因素，因为它让孩子们能够去回顾和思考他们通过作品表达出的想法。最后，正如我们在第9章中领会到的那样，记录为同父母进行的对话提供了重要的参考依据。

记录活动可以大致分为三类：收集、组织和正式交流。在这三种实践中，教师对她们的记录行为背后的意图所进行的持续反思是至关重要的。

收集。教师们通过笔记、录音、录像、照片、口述记录以及收集孩子们的表征来选择性地记录下孩子们的行动和会话。

当教师们刚开始收集记录材料的时候,有些人往往会记录得太多。例如,拍摄的照片比她们能用的还多。她们还会错过重要的记录机会。随着时间的推移,在选择哪些需要记录以及如何做记录方面她们会变得越来越精细。在这些越来越精细的选择背后需要怎样的判断,这样的判断能力又是如何发展的?

随着教师变得更为专业,她们会越来越多地体会到倾听、观察、反思和回应是一个单一过程的不同部分(参见第 2 章)。相应地,她们也会开始认识到记录在这一过程中所起到的关键作用。对于形成这一认识而言最为重要的因素,是她们亲自使用这些记录材料来对孩子们想要表达的意思进行解读,并且将这些解读拓展成为回应孩子们的计划。例如,在本章介绍的那次每周例会上,与会者们因为面前有着丰富多样的精心收集的记录材料而体会到了这一点,这让她们能够在解读过程中开展合作,并进一步制订出富有意义的计划来对孩子们做出回应。这无疑帮助她们一方面认识到了倾听、观察以及记录之间的关系,另一方面认识到了反思/反馈和回应间的关系。此外,教师们在每周例会上发展出来的更为精细的从记录材料中解读孩子们的意思的思考和认知角度,会反过来大大地提升在决定记录什么和如何记录时所做的判断的精细程度。换句话说,她们在收集记录材料的过程中会采用一种解释性的思维方式,从而选择那些能够被进一步加以解读的材料。

在每周例会上对记录材料的使用,也有助于教师们意识到,针对同一学习序列收集多种形式的记录材料的重要性。例如,在早前报告的每周例会上,教师们带来了同孩子们对所处城市的看法有关的四种类型的记录材料:画作、口述记录、访谈以及全班对话。这组人所做的解读和计划受益于将这四者合而为一。

收集记录材料的工作还需要教师学习仪器设备的基本操作方法以及某一仪器设备的多种不同使用方法。例如,教师们需要认识到,对于头脑中的特定目的而言,拍摄特写照片同拍摄全组照片在价值上的差异。要有效地收集记录材料,教师还需要学习对她们的记录工具加以组织整理,从而使得她们随时都有便笺本、铅笔、装上胶卷的相机以及录音机可用。有关记录的工作坊会推动她们学习此类技能。

组织。组织指的是为了对记录材料进行思考并对它们加以选取和分组。我们用"分组"一词所指的是将各种各样的素材以一种有助于解读过程的方式彼此放置在一起。把画作同相应的口述记录并列在一起就是一个例子，另外的一个例子是把记录材料以某种方式加以分组从而便于人们注意到其中的模式。

对记录材料的组织往往涉及将选取出的照片、画作、口述记录等以一种非正式的排列方式在教室里的收藏板上展示出来，以便孩子和教师对此进行回顾，家长对此进行探索、学习和思考，以及作为孩子、教师还有家长进行对话的焦点（参见第7章和第9章）。对记录材料的组织还包括准备好要带到每周例会上去的材料，并思考如何去展示这些材料。将素材在收藏板上排布好可以作为这一准备过程中的一个中间环节。组织材料的工作最好是由班级团队来完成，这使得在决定如何展示孩子的作品的时候，能有不止一种思路被采纳。

同收集材料的技能一样，组织材料的技能既会经由练习使用得到发展，也会通过教师们参与每周例会得以发展。例如，在本章介绍的那次每周例会上，与会者对记录材料中的模式进行了探索。教师丙注意到"许多孩子画了各式各样的人"，随后协调员查看了有多少幅画作中有人在里面。另一个有关模式探索的例子发生在"窗户研究"之中，每周例会的与会人员注意到，窗户和楼梯频繁地出现在孩子们的画作之中，而且在孩子们的对话中也时常会提到"窗户"（参见第2章中的"窗户研究"一节）。

每周例会上的这种在解读记录材料时探索其中模式的实践活动，有可能会反过来影响到教师们对记录材料的组织方式。例如，在选择将哪些素材放到收藏板上或者带到每周例会上去的时候，教师们会更为敏锐地去选择那些彼此之间有模式可寻的素材。当教师意识到有发现模式的可能性时，她们的材料收集工作也会受到影响。当教师们知道，材料中存在的模式将有助于她们解读出孩子们共同的兴趣时，她们会在决定做哪些记录时去关注其中可能的模式。

总而言之，当教师体验到倾听/观察—记录—反思—回应是一个单一过程时，应用于这一过程中的某一方面的技能和动机会促进和强化在此过程的其他方面对相关的技能和动机的使用。

正式交流。正式交流包括使用展示板、做报告以及刊印诸如小册子、明信片和海报这样的出版物，这些出版物会被用于推广本项目或者在年终的时候分发给孩子和家长们。

展示板上整合了照片、画作、口述记录、对话记录以及三维表征（用木料、黏土或者电线等制成），以此来告诉大家孩子们在探究某一特定领域时的思考和学习情况。使用此类展示板的一大主要目的是促使观看者去思考其中的学习过程。

每块板都有一个标题，而且常常还会有一段教师所写的导言性质的陈述，这一陈述会对孩子们所作探索的背景情况做出解释。照片和孩子们的表征可能会以时间顺序组织起来，以便展示学习过程是如何依次展开的，或者按研究对象的不同方面加以组织。通常，板上会有教师们对于在这一系列的学习活动中所发生的事情的叙述。图10-2呈现了一份同孩子们对光影的探索有关的展示材料。教师们制作了四块展板。第一块板描述了一项实验，在这项实验中，孩子们通过在两小时长的一个时段中两次造访同一地点体验到了影子在位置、形状和大小方面的变化。这块板上有此项实验的照片以及教师们陈述的她们一开始向孩子们提出的疑问。她们问的是："你们觉得这个影子会留在原地吗？"在孩子们见识到影子挪位了之后，教师们问："影子怎么了？"这块板上展出了许多孩子对第二个问题的回答。它上面还有四幅孩子们用来描绘这一实验的画作。

教师们在第二块板上借助照片来告诉人们，孩子们在探索、尝试和制造出光影的时候所使用的不同方式。教师们使用松散排列的标题，例如"用物体来制造人影"，"移动和静止的人影"，"对光线的好奇心"以及"发现光的效果"来引导观看者去认识这些照片所反映出来的孩子们的能力，或者让他们的此种认识变得更为深入。

第一块板

在我们的研究一开始的时候,我们安排了一个场景来就孩子们有关人影运动情况的理论向他们提出疑问。我们放了一把椅子并让一个孩子坐上去,这样孩子们就能看到他投射在雪地上的人影。我们用蓝色的粉末涂料把这个孩子的人影勾勒了出来并问道:"我不知道这个人影过一段时间会如何? 你们觉得这个人影会留在原地吗?"两小时后,我们回到了同一地点,让同一个孩子再次坐到了椅子上去,并且用红色的粉末涂料把新的人影勾勒了出来。以下是孩子们针对人影为什么会动给出的一些理论。

克里斯托巴尔:你动了那把椅子。

欧文:太阳动了。

乔瓦尼:太阳让椅子动了。

弗里斯科:一个是红色的,一个是蓝色了,欧文动了那把椅子。

拉蒙:有人搬了椅子,我爸爸动了人影。

乔西:人影动了。

达里尔:露西拉动了人影。

莉:露西拉把她的人影带回家了。

莉娜:上帝挪动了人影。

埃德蒙:一个大一个小。

耶拿:蓝色的人影大,红色的人影小而胖。你动了那把椅子。

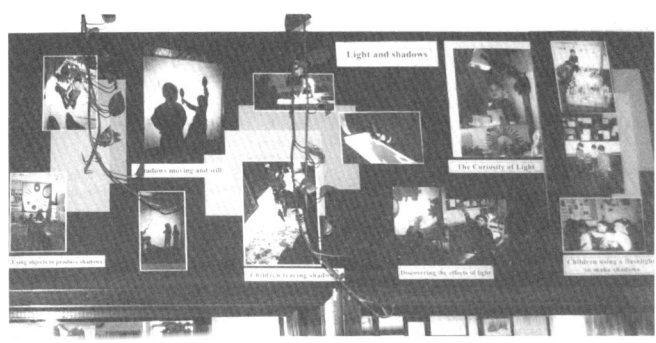

第二块板

第三块板

第四块板

图10-2 光线和人影研究展中的四块展板

第三块板强调的是家里的学习和学校里的学习之间的关联,在这些学习过程中使用了不同类型的材料来表达和引发认识。这块板记录了一个由三个阶段组成的逐渐推进的学习过程,展示了露辛达通过使用不同类型的材料得到的对于人影的不断深入的认识,此外这块板还对考察她的手及其影子之间的关系的不同视角进行了探索。这块板一开始展示的是当露辛达和她妈妈在家里研究手的影子时她对她妈妈说的话。这里有一张她妈妈拍摄的露辛达用她的手弄出影子来的照片。这张照片是用一部学校提供的一次性相机拍摄的(参见第9章中的"让家长参与到孩子们的深度研究之中"一节)。在这份记录材料旁边的是露辛达第二阶段探索的一个例子,在这个例子中,她把她的手以及她手的影子并排画了出来。她用黑色记号笔给这个阴影上了色,并把它置于稍大一点但是形状相似的她的手画像的右侧。板上还有露辛达的一段话,这段话表达了她在探索人影时的激动之情,以及她在描绘她的手及其影子时的主体感。在第三阶段,她用黏土表征了她的手及其影子。她在画手的影子时所用的色彩,明显要比画手的时候用的色彩深得多。在一个(由黏土制成的)三维素材中,她不再把她的手及其影子并列排布,而是展示了影子是如何同手成直角联系起来的,这表明她对她的手及其影子之间的关系有了更为深入的思考。在这块板上,观看者能够发现,变换所使用的材料能够使得一个孩子去更为清楚地表达其对所探索的现象的认识。

有一个顶灯照在这个展品上,在那个由白色黏土制成的手的后面制造出了一个实实在在的影子。在展品附近放置的手电筒,让观看者有机会给那个手型黏土雕塑,以及在邻近的架子上用电线制成的模型,制造出各式各样的影子。

在第四块板上,教师们展示了可以通过使用不同的材料,例如此处的电线,来拓展和深化孩子们对于感兴趣的对象的探索活动。板上有一张欧文坐在椅子上时他的人影投射在雪地上的照片,以及欧文根据这张照片所作的画。在这些图片下方是两张欧文的照片,照片上他在以他的画作和照片为参照用电线复制出他自己坐在椅子上的样子,以及在椅子旁边伸展出去的影子,这让观看者能够看出它们之间的关系。欧文说的"我用电线做了我的人影"这段话则表现出了他的主体感。

随着时间的推移,教师们学会了不要试图在一块板上传递太多的内容,以及要对展板进行精心布局以便观看者能明白应该如何去看(例如,是从左到右还是从一个中心点开始向其他方位辐射出去)。在光线和影子研究展的第四块展板上所使用的那种相对简单的布局在整体上传递了一系列的学习过程。每块展板细看之下都表达了一组丰富的学习经历,这些将使得观看者对于孩子们构建和表达知识的能力产生更为深刻的认识。

教师的报告通常和孩子们的深度研究或者其他班级经历,比如材料探索活动有关。和展示板一样,报告通常讲述的是同孩子们的学习有关的一个故事。这样的报告会使用幻灯片或者视频剪辑,并伴之以一段评论,这段评论涉及详细的学习过程,并会告诉人们教师们对记录材料的解读是如何引导孩子们的探究方向的。这段评论还可能包括报告人对于他们从此经历中学到的东西所作的反思。在某周例会上,在在职培训中,在学习之旅中(本章稍后会探讨)以及在外部的研讨会上都会做这样的报告。

当教师们准备展板或者报告的时候,她们会得到来自园长、协调员以及所在中心的其他教师的反馈,这些反馈针对的是她们表达的内容及其组织情况,并且是根据她们想要传递的信息以及她们想要面对的受众给出的。这种对于其他观点的包容态度和乐于分享的精神是我们幼儿园的一项普适原则。它几乎可被应用于教职员工的活动的任何一个方面。在此处的例子中,它提升了展板或者报告的质量,以及教师们的准备能力。在许多情况下,教师会同协调员、园长、父母以及家庭工作员一起准备报告内容和作报告。

准备展板和报告为教师们提供了重要的职业成长机会,因为这些活动要求她们对于孩子们的学习情况以及她们在推动孩子学习方面所扮演的角色进行回顾和系统性的思考。将教学更替的序列重建出来的过程,把它背后的意图清晰地表达出来的过程,对开展辅助的过程进行回顾的过程,确认出出现过的重要学习类型的过程,以及记录下孩子们的兴趣、想法和主动行为如何推动学习进程的过程,都对教师发展有所助益。这些过程在教师的头脑中留下了特殊的记忆,这些记忆会被进一步用于推动孩子们的学习。

它们还为教师们提供了对僵局和错失的教育机会进行反思的机会。此外,创建展示板或者准备并作报告的过程有可能会使得教师的主体感得到提升。这源于她们对深度研究或者其他探索活动发挥过的促进作用以及成功地准备了与此有关的交流材料。这两者都是在一种清晰的目的感的引导下完成的(参见本章一开始对教师主体所作的探讨,即教师的七个发展目标)。

定期对过去的展示板进行回顾是一种帮助教师职业发展的有效的策略,随着时间的推移,它会让人得出许多有关准备展板的最佳方式的知识。在回顾过去制作的最好的展板的时候,教师们能够去思考用何种方式制作展板能够清晰地传达所要表达的信息。在某次每月例会上,教师团队的成员轮流展示了她们的展板,与会人员的回应则是说出这些展板对她们意味着什么。然后,制作展板的教师们解释了她们在做这些展板的时候脑子里在想些什么。教师们也会从工作坊和刊印出的指导材料中得到展板制作方面的指导。

此外,教师们还会通过倾听和观察孩子们以及/或者父母们同展板进行互动时的情况来学习。他们的评论和情绪反应,能让教师们深刻地认识到展板的内容对于孩子和父母们意味着什么。这继而会推动当场开展的同孩子们对话,或者既为以后的展板制作也为孩子们将来的学习活动提供思考的食粮。

有关记录的最后一些想法。记录这一实践活动改变了教师们的观察和解读方式。它提供了对孩子们以及他们的学习情况进行细致观察和深入思考的机会;它使得教师们能够一同进行学习,且分享观点的这一做法推动和丰富了这一学习过程。随着教师们的记录技能通过这一持续的合作和反思体系得以发展,她们会感到她们正在成为研究者和知识的创造者。

班级合作

在第 7 章中,我们探讨了教室中的教师合作的性质,以及教师们在试图做到这一点时会遇到的困难。教师们指出,为了平稳而令人满意地开展教室活动,以及按计划完成她们的众多任务,教师们需要持续地同彼此开展对话。

为了在教室里同彼此开展良好的合作,教师们必须花工夫去改进交流和协商技巧。有些人的这一学习过程要比其他人更为艰难,例如,当这一过程因为某位教师比另一位教师更为认同瑞吉欧原则,或者助教觉得不便主动采取行动而变得复杂的时候(参见第7章中"教师间的合作"一节)。

有时团队内部的关系会因教师们有机会去工作坊获取协商和妥协的经验而得到改善。教师们也会根据她们自身的经验给彼此提供建议。协调员和园长会帮助推动团队内部的交流,或者提供具体的建议。

教师的研究活动

教师参与设计和开展教室里的教师研究活动,是其所承担的研究者角色的一个方面。教师们被要求每年开展若干次相对正式的同课堂生活的某个方面有关的研究活动。这些研究的重点,在于根据教师们的兴趣和好奇心所指的方向去了解孩子们某些方面的情况。教师们往往会得到一系列的建议,以促使她们思考可能的研究内容。例如:

- 孩子们是如何使用表演游戏区的?
- 对孩子们来说父母送他们来的时候是怎样的情形?
- 男孩/女孩在积木区是怎样做游戏的?
- 研究一下教室环境的某一变化带来的结果。
- 你如何能做到去问孩子们问题并同他们对话?
- 跟在一个孩子后面,对这个孩子试图开展的活动进行观察和解读,并提供建议以帮助孩子推进这一过程。

教师们使用照片、录像带、教室观察的笔记以及孩子们的对话内容来思考他们的研究课题。她们经常会在每周例会和每月例会上分享她们的研究。这些研究增强了教师们的观察和倾听能力,造就了促进孩子们学习的新的途径,并且更加牢固地确立了教师的研究者身份。

每月例会

每月例会在第9章中已有介绍。此处我们将把注意力集中在每月例会上对于教师的职业发展有特殊影响的那些方面。

参观彼此的教室和中心。因为在任何一个月都有 30—40 名教师会参加每月例会,所以她们中有许多人有机会在这一年中参观很多芝加哥公共协会下属的教室。参观时该园的教师、协调员以及园长都会在场以便同参观者们进行交流。教师参观之旅让去参观的教职员工能接触到新的想法,并强化了各中心的教职员工之间的关系。

教师报告。在以上有关记录的那一节中,我们已经介绍了教师通过准备以及作报告获得的职业发展。那些作为受众来观看报告并做出回应的教师们也会从中受益颇多。每当教师们见识到一个呼应课程逐渐展开的过程并对此加以探讨的时候,她们都会接触到同孩子们一起开展工作的新方式,以及对于孩子们的兴趣和能力的新看法。

全组对话。在这一对话过程中,教职员工以及家长们会回答人们针对每月例会上展示的那些幻灯片、视频片段以及文本记录提出的疑问。这一对话为教师们提供了持续的机会去发展她们解读孩子的能力以及对孩子们的学习情况进行反思的能力。

为教师提供的特别的职业发展经历

到目前为止,我们已经探讨了教师们在每天的工作环境中得到的职业发展和支持。此外,本项目还为教师的职业发展提供了下列特别的机会:在职培训、学习之旅、外部的研讨会、瑞吉欧·艾米利亚教育学家的来访以及芝加哥公共协会的教职员工去瑞吉欧·艾米利亚访问。

对每年一次的某项在职活动的描述

本项目一般会为教师们提供两类在职活动体验。第一类是每年八月的在职培训,为时两到三天。它标志着新学年的开始,并会提供特定领域的职业发展机会。这一活动由凯伦和协调员主持,且参与者包括教师、园长和家庭工作员。第二类是在一年中根据需求情况而开展的为时半日的工作坊活动,这类活动关注的是特定的内容,例如孩子们的核心和表面兴趣、呼应课程或者教室环境。此处我们将关注八月的在职培训活动,因为它包括了多

方面的内容。表 10-1 给出了在 1993 年到 2001 年间每年一度的在职培训活动上探讨的话题

以下是对 1998 年 8 月的年度在职培训活动的摘要。在两天半的时间里探讨的话题包括：

- 第一天——对过去一年的反思、对未来的展望和梦想、词汇的含义。
- 第二天——呼应课程、给新教师的建议、家长参与、材料。
- 第三天——记录、质疑以及对新的一年的展望。

表 10-1 在 1993 年到 2001 年间每年一度的在职培训活动上探讨的话题

每年一度的在职培训活动上探讨的话题	1993	1994	1995	1996	1997	1998	1999	2000	2001
儿童的形象	×	×			×				
观察				×				×	×
记录	×			×		×			×
根据记录材料对孩子们的想法、兴趣以及感受进行解读			×		×	×			×
设想对于解读会有怎样的反应							×		
呼应课程					×	×	×		×
同孩子们进行的对话						×	×		
参与者探索各种材料			×	×	×	×			×
孩子们对材料的使用状况	×	×			×	×			×
探索光线/人影		×							
学习环境	×	×	×		×		×		
家长参与				×	×	×		×	
作为研究者的教师						×			
成长档案				×					

续表

每年一度的在职培训活动上探讨的话题	1993	1994	1995	1996	1997	1998	1999	2000	2001
呼应课程计划表					×				
字母和数字							×		
一整天中的瑞吉欧过程								×	

过去的成就和对未来的展望。在这一在职活动开始的时候,参与者们会共同为她们在过去一年中取得的成就列一个清单。在随后的讨论中,她们会以头脑风暴的形式展望该项目在接下来一年中的发展方向。这两方面的想法都会被记录并保留在画架上面。

词汇的含义。协调员朗读了一列常常会在本项目中使用的同瑞吉欧教育有关的术语,她邀请每个人思考"这些词对我们意味着什么"。

- 设想。
- 学习和教育。
- 教师和儿童的观点。
- 核心和表面兴趣。
- 倾听/观察。
- 做一个探索者。

参与者被分为六组分别对应这六个术语。以下是"倾听/观察"组的讨论内容摘要。这一讨论始于阅读塞尔吉奥·斯帕齐亚里(瑞吉欧·艾米利亚的项目主管)的一段话:

倾听至关重要。倾听赋予了说话的人价值。可惜的是很少有人会去倾听孩子们……倾听意味着去大胆地开展研究,这会为我们开辟新的道路。我们必须愿意去发现新的事物,我们必须准备好去发现正在发生的变化和正在出现的信号,我们必须准备好应对无法预料的事情。

这组人随后就倾听/观察的相关含义制订了一份初步清单。以下是构成这份清单的部分讨论内容。

家庭工作员：我觉得倾听是一个反思过程。

协调员乙（正在把这个想法写在画板上）：这点是如何做到的呢？

家庭工作员：因为当你倾听的时候，你会提问并且向你自己提问。你倾听得越多，你的好奇心就越重，因而你也就能提出更多的问题。

教师甲：你问问题的时候其实是在参与一场对话。

家庭工作员：是的，倾听对于交流而言就像是一场序曲或者一道打开的门。

教师甲：倾听赋予另一个人价值，但是你又从倾听中得到些什么呢？我觉得你可以由此了解他人。

家庭工作员：是的，这也是你自我成长的方式。

这六组人又聚在一起，针对每组人想到的她们的词汇和短语的含义展开对话。以下是在"倾听/观察"组展示了她们的清单之后所进行的对话中的一段。

教师乙：对于"要能够真正地去倾听，你必须愿意做出改变"这句话，你可不可以说得再详细些？

家庭工作员：之所以你必须要能够做出改变，是因为很多时候当你获得新的想法时，这些想法会使你发生变化。

协调员丁：你非要听那些你想要听到的东西，所以你并非是在接受外部信息。你无法以开放的心态去倾听，除非你愿意对你听到的所有内容都一视同仁。

协调员戊：有些人觉得"倾听/观察是有其目的的，它会把你带入未知的领域"，我对这样的人感兴趣。我想知道你们是如何谈到这一点的。

教师丙：你并非是无缘无故地去倾听。它就像是一个未知的飞行计划，因为你不知道它会朝哪个方向进发。但是你倾听孩子们是有目的的，它可以是推动一项研究（深度研究），更好地了解一个孩子，或是获得如何改变你的教室（环境）的想法。

协调员戊：你是想说，把这个目的记在心上会有助于你成为一个更好的倾听者吗？

教师丙:如果你漫无目的的话,你就不是在倾听。倾听是有目的的,它会在你教室中的某处被用到,或者被当作一种改变或者成长的方式。

在各组人分享和讨论了她们的想法之后,她们接着对在之前的工作坊中教师们未曾探索过的词汇和短语进行了探讨:身份、文化、团队合作、时间感、语言以及学习带来的愉悦/快乐。和此前一样,每组人讨论一个术语,并把她们的想法同所有人分享。这样的探究活动对教师们是一种挑战,她们需要借助由自身经历得到的认识来进行深入的思考。

呼应课程

倾听/观察练习:与会者讨论了她们迄今为止同呼应课程有关的某些经历,包括她们遇到过的困难以及她们是如何应对的。凯伦和协调员们有时会暗示解决问题的方法,引发话题,或者通过提出质疑来激发新的看法。

凯伦:如何同孩子们进行交谈这个问题并不是指如何去问他们问题,它所指的是如何去开展对话。交谈是同关系相伴而来的,它更像是一场舞蹈。你认可和赞同孩子说的东西,并以此为基础加以发展。你的回应对孩子们有益。这对孩子们是一种认可,并且能促使他们说得更多。你要做的不是问一大堆问题。他们或许会说些什么,然后你再说些什么。并不全部都是问题。我们如何才能进行更多的交谈呢?

教师:这和回答一个同龄人的问题是不同的。

凯伦:尽管这有所不同,但我们仍然可以保持好奇心并且想要知道。我们可以从他们的语汇和姿势入手。

协调员:这和建立一种关系有关。

凯伦:你必须从一个关系的角度来观察另一个人的内心世界。这不是给孩子们提供信息。我们是在倾听孩子们,观察他们的内心以便帮助他们学习和成长。

每个人都拿到了一份两页长的文本,上面记录的是同孩子们进行的和"大学校"有关的对话。协调员让与会者两两结伴朗读这份文本,并"找出孩子想要探索些什么的时刻,或者表达想法、兴趣或者感受的时刻"。协调员和凯伦鼓励每个人都要超越表面性的解读,"孩子可能有深刻的兴趣"。

在人们作答的时候,凯伦阐明了布置这一任务的目的:

我们并非试图发现孩子们是否拥有有关"大学校"的正确信息。我们是在用对话找出他们生活中的兴趣。我从你身上能学到哪些东西使我可以支持你生活中的兴趣。这并不是我从你身上能学到些什么以便我来帮助你为进入大学校做准备。

所有的解读都写在记录纸上并得到讨论。协调员们鼓励与会者寻找孩子们的回答模式。随后教师们被要求超越她们对此文本的解读去设想和讨论"你接下来会做些什么"。

与会者们又和相同的伙伴使用另一份文本做了一次这样的练习。随后又使用通过一套幻灯片展示的一个非言语场景重复了这一练习。

有关于一项深度研究的报告。同孩子们开展了那项"窗户研究"的教师团队(参见第2章)用幻灯片就此做了一个报告。在结束时,她们提出了一个突出表明她们从这个研究中所学到的东西的问题:"这是我所感兴趣的事情,还是这个孩子感兴趣的事情?"

定义呼应课程。凯伦大声朗读了对卡丽娜·里纳尔迪(瑞吉欧·艾米利亚教育学家)所作访谈的部分内容。在她读的时候,该文本被投影到了一块幕布上以便所有人都能看到。一位协调员用以下这段话对里纳尔迪的陈述进行了总结:

呼应课程就是因为孩子们的思想、想法和感受而重视他们,以及使用这些来构建新的意义。在传统方式下,儿童们并不被视作是有能力的,也不被认为是有天生的好奇心的。在传统方式下,教师们不会不断地去发现和构建认识。

这组人随后讨论了两个问题:"呼应课程的目的是什么?"以及"呼应课程会带来怎样的结果和成果?"

给新教师的建议。每个人都拿到了一份三页长的材料,上面可能有给新教师提供的建议。她们思考了这些建议后又加了五条:

1. 花时间来观察儿童并寻找他们感兴趣的事物。

2. 好好记笔记。

3. 你需要有开放的头脑,事情不会总是如你所料那样演变。

4. 不要害怕探索。

5. 感到力不从心没什么大不了的。

家长参与。这组人回忆了过去一年中她们在寻求同家长们建立合作关系时的经历。一张投影幻灯片上记录了人们在最近一次的每月例会上建议的发展同家长的合作关系的15条策略。与会者被要求给这个清单再加上几条。在结束的时候,协调员提出了"记录对于同父母建立合作关系至关重要"这一论点,这指的是记录作为同家长对话中的关注核心所起到的作用(参见第9章中"全组对话的例子""接送时间"以及"成长档案之夜"等节)。

材料。同材料有关的活动始于一段视频剪辑,这段视频记录了在"卡门和老师"场景中一个孩子和教师一起探索贝壳的情景(参见第2章)。提出以供讨论的问题是:这位教师是何时进入孩子的世界的?

与会者随后依据她们自己的情况探索了多种材料。她们被分为三组,每组人都开展了以下三种活动:

• 写下一列情绪。然后用一面小镜子来尝试各种面部表情以展现你的清单上的每一种情绪。接着,从中选取一种情绪,并用黏土把与此有关的面部表情表征出来。

• 写出两到三句同你的教室中你最喜欢的地方有关的句子。构建对那一地点的表征,描绘你自己在其中的样子,有可能的话也把其他人的样子描绘进去。

• 用电线①制作一个你自己的形象(每个与会者都拿到了一张当天早些时候拍摄的他或她的照片以供用作视觉参照)。

这三组人聚在一起分享她们的经历和作品。教师们喜欢这一练习。他们可以轻松地使用这些材料,而且渴望让孩子们尝试类似的活动。

记录。协调员甲指出,记录对于呼应课程、研究活动以及让家长参与进

---

① 在瑞吉欧或其他一些幼儿园,常常采用电线、铜丝或其他可任意弯曲成型的线体作为供儿童表征的材料。这是不同于图画二维的,又不同于黏土三维的一种材料。(主编注)

来而言都是一种强有力的工具。他问这组人："在你的经历中有哪些是和记录的这三个方面联系在一起的？"

教师甲：记录即倾听。倾听意味着对他人观点的认同。如果我们不去倾听的话，那我们看重的仅仅是我们自己的想法。

协调员乙：如果你记录下了孩子们的经历并在走廊上把它展示出来，那么你就是把它交还给了群体里的人。一开始的时候父母们只对他们自己的孩子感兴趣。之后他们会开始同其他孩子乃至于整个班级群体建立联系。

协调员丙：我们并不仅仅是在运用知识，我们是在创建知识。

教师乙：当父母们一同观看一块引发交流的展板时，一扇门就打开了。记录不是无足轻重的事情，它对于学习过程而言是不可或缺的。

协调员甲：当你写下些什么的时候，你其实是在对它进行思考。我们作为成年人仍然在学习，而记录则常常会引发新的问题。每个人都将处于学习状态。这造就了一个学习群体。

教师甲：这么做的方法不止一个。

此次在职培训以一场全组讨论结尾，讨论的话题则是接下来一年中的挑战和展望。最后，与会人员填写了一份评估表。

在职培训活动所采用的形式和它的实质内容为教师们提供了一个拥有想法和表达想法的平台。强调的是要听取众多不同的声音。在此交流过程中蕴含着一种开放和不必求全责备的态度。人们将她们的经历贡献了出来以供探讨。每个人并不是在参加一场要求齐头并进的竞赛。相反，大家认识到，在学习和尝试瑞吉欧幼儿教育思想的进程中，每个参与者所处的水平是不尽相同的。这一在职培训经历是持续的发展过程的一部分。

对练习开展的辅助（鹰架）工作往往同时包括激励和挑战两部分。例如，协调员向这组人展示了一段孩子们的对话，并要求她们"找出孩子想要探索些什么的时刻，或者表达想法、兴趣或者感受的时刻"。

在全组讨论和小组活动之间存在着一种平衡。各小组会在全组讨论时做汇报，她们会分享观点，而对话则由此得以继续。还有一个群体的持续构建过程,这一过程既是通过分享观点,又是通过将本组的想法同在其他会议上产生的想法结合起来得以实现的。

启发灵感内容加上多种多样的视觉、言语以及触觉刺激物会在人们反思和分享经历的时候引发评论。这些各式各样的材料让人们在整个在职培训期间都能保持她们的兴趣和注意力。

学习之旅

学习之旅是一个为期两天的活动,它覆盖了芝加哥公共协会的瑞吉欧探索工作的方方面面,参与者则是此项目以外的人士,且这些人常常来自其他城市。在1999年到2003年间举办了9次这样的学习之旅。那些教师、协调员、园长和项目主管以工作人员的身份参与这一活动。芝加哥公共协会教师们的参与方式是准备和组织对她们教室的来访,并且同其他员工一起承担报告人和协调员的职责。

学习之旅的目的,是帮助其他人士思考芝加哥公共协会的项目所得的经验对于她们自身的情况会有何助益。进一步的目的则是通过让公共协会的教职员工介绍她们的想法和回答问题,来让她们全盘思考她们的教育实践。此外,这一学习之旅带来了收入,创建了对本项目的认同,并且建立了同全国各地有着相似兴趣的教育工作者的联系。芝加哥公共协会的教职员工以及来访者都从分享她们的想法和反思她们的工作中有所收获。

每次旅行都只关注一个话题,例如"创建同家长的合作关系"(2001年3月)和"追随孩子和教师们的学习兴趣会带来的挑战"(2003年3月)。表10-2展示了2001年8月的学习之旅的日程计划。

这一旅行给芝加哥公共协会的教职员工带来的职业发展方面的益处是通过她们为这一活动做准备,作报告,在参观教室和小组互动的时候同来访者开展讨论,听取外界的看法,以及经历来自专业人士对她们的成就的认同而实现的。

表 10-2　有关儿童、身份以及群体的学习之旅的计划表

第一天	第二天
反思,日志写作,讨论	新城市中心之旅
芝加哥公共协会儿童发展项目概况	瓜达鲁帕诺中心之旅
让芝加哥公共协会产生灵感的那些瑞吉欧·艾米利亚方法中的元素	同协调员们的对话
对儿童和身份进行回顾	在日志中写下反思内容
报告;通过头发来探索身份;在探索光线和人影的时候发现表达身份的蛛丝马迹	发现相关群体
尼亚家庭中心之旅	同"名叫布奇的狗"(儿童的一项研究)的参与人员互动
同来自尼亚家庭中心的员工和家长对话	用木料做东西(报告)
	小组讨论
	为你的项目设想三个惊人的梦想并把它们写在你的日志中
	设想你在回到项目之后可以立刻实现的三个变化,并写在日志中
	评估和分享
	结束

外部的研讨会

教师们会以报告人以及听众的身份经常参加有关早期儿童发展的全国性和地区性的研讨会,以及遍布全国的规模较小的研讨会。通常瑞吉欧教育会是这样的研讨会的全部或者部分关注对象,报告人则包括来自瑞吉欧·艾米利亚的教育家以及来自美国的正在对瑞吉欧思想进行探索的教师们。

在每次研讨会上,凯伦和另一位项目负责人会同芝加哥公共协会的与会者见一到两次面,时间则安排在一天的会议结束的时候。凯伦等人会帮助人们开展对话以分享他们对已参加的会议反思并在此基础上加以拓展。有时来自其他单位的人士也会加入进来。在这样的讨论中,每个人都会被倾听,而且没人会被催促。有些人会被提问以便他们思考得更加深入,以及

更多地运用他们自己的知识和经历。这其中的精髓在于倾听、拓展和更为深入。

教职员工们被鼓励要为她们参加的报告做笔记并把它们写在日志上。她们回来之后这些笔记被集合成册并同其他员工分享,这将促使各个中心的员工去进一步地思考、探讨和采取行动。

瑞吉欧·艾米利亚教育家的来访

从20世纪80年代后期开始,瑞吉欧·艾米利亚的各市立幼儿园一直在共同努力同世界上其他地方的人们建立联系。这始于在瑞吉欧·艾米利亚为来自其他国家的代表组织一周或两周的研讨班,且这一活动一直持续了下来。凯伦和丹分别参加了1991年和1994年的研讨班,凯伦在此之后还参加了很多次。

同瑞吉欧·艾米利亚教育家的另一种联系方式,是莱拉·甘迪妮,瑞吉欧儿童组织在美国的联络人以及同样来自瑞吉欧儿童组织的阿米莉娅·甘姆贝蒂对本项目的定期访问。瑞吉欧儿童组织致力于为瑞吉欧·艾米利亚的早期儿童项目提供支持,并且将他们从半个世纪的经验中获得的实践和理论知识传播出去。

莱拉在1993到2003年间8次访问本机构,而阿米莉娅则来访了4次。这样的会面一般为期三天,其中包括参观教室,给予教师反馈,大组对话以及同凯伦和协调员开会。在1999年11月的来访中,阿米莉娅赞扬了芝加哥公共协会的员工从自身的角度出发来阐释瑞吉欧幼儿教育思想以及由此来自主地开展工作的做法。

每次我来这里都会留下难以忘怀的回忆。因为你们的经历对我触动很大,它们让我想起许多在我的人生中我为之自豪的经历。因此你们应该为你们已经做的事情感到非常自豪。在参观这些中心里的每个地方的时候,我都感受到了显而易见的大量的喜悦之情——由你们同孩子们一起在教室里度过每一天而来的喜悦之情……我在你们的工作中看到了大量值得尊敬的地方。我能看到你们已经开展了多少工作以及你们花了多大的努力来将对瑞吉欧教育的体验作为启发灵感的工具以便你们接受不同的思考方式。我对你们所做的事情的敬意,也许更多的是由于你们已经对瑞吉欧此前提供的和可能提供的东西做出了你们自己的解读。

在同一晚稍后所说的一段陈述中,阿米莉娅又重提了主体这一话题,这次是针对儿童的。

我必须告诉你们,在一开始的时候(在瑞吉欧·艾米利亚),要获得家长们的关注并非易事。之所以能成功是因为我们学会了该如何让他们参与到我们的工作之中,是因为父母们开始建立起一种自信感,并且他们开始认识到他们的孩子正在学习很多东西。我觉得关键在于父母们开始意识到,孩子们是在学习拥有他们的生活。

莱拉在她1998年3月的来访中提及了在同家长的关系中寻求和重视多种视角这一话题。

你可以把家长们的心声加到展示板上去。你可以在板上留个空位附上一个小便笺本以便父母在上面写些东西。

教师们向我提到的一条观点是父母和教师们可能有不同的观点而且他们可能并不想完全达成一致。我觉得真正地去倾听不同的观点以及进行交流意义重大,要保持这种相互间的信任,并告诉家长"我们在一起探讨这一点,我们不是每件事都有一个完美的答案,但是我们可以交流"。

在她们访问的过程中,莱拉和阿米莉娅都是在推动公共协会员工间的对话,而不是详细解释她们自己的观点。她们的总体立场是以别人所说的话为基础,并帮助这组人在彼此的想法之上加以拓展。例如,当莱拉提出一个问题的时候,它是被当作引发思考的刺激物。她的问题并没有绝对正确的答案,相反这些问题会促使人们想到多种可能性和视角。一旦它们被提出和接收,它们就会开始发挥作用。教职员工们从莱拉身上学会了如何以一种体贴、专注和关心的方式来提出问题,但与此同时又不仅仅期望得到一个特定的答案或回应。她的问题和建议成为了给本项目的极好的礼物。

访问瑞吉欧·艾米利亚

塞尔吉奥(瑞吉欧·艾米利亚的主管)曾说过一段有关旅程的话,他说你不能只是把瑞吉欧教育装进口袋带回去了事。我清楚地知道他的这段话让我深受触动。它就像是一段旅程。你沿着一条路走下去,却发现那不是你要的路,所以你退了回来又去走另一条路。如果你在找到适合你的路之前必须走过一百条路,那你也不得不这么去做。道路无所谓对错。这让我的感觉好多了。我不再害怕去尝试了。(一名助教在1998年访问瑞吉欧·艾米利亚回来之后所说的话)

在1995到2003年间,本项目送了六批人前去瑞吉欧·艾米利亚听瑞吉欧的教师和负责人作报告,参与讨论并且参观学校。1998年5月访问瑞吉欧的那个代表团共有来自芝加哥公共协会的十六名成员:三位班主任、五位助教,两名协调员,两名家庭工作员,三位园长,还有凯伦。在此次访问过程中,许多瑞吉欧·艾米利亚的教职员工和参观者都对芝加哥公共协会的员工所作的评论和提出的问题表达了赞许之情。凯伦意识到了她的员工已经变得专业得多了。

这组人在回到芝加哥后不久同他人分享了她们的印象。下面是一些例子。

助教:让我印象深刻的观点之一是倾听别人的时候不仅要用你的耳朵,而且还要用你的所有感官以及你的心。倾听他人表明那个人拥有对你而言重要的价值和想法。倾听还意味着对差异保持开放的态度。我并不总能坦然地面对差异。意识到差异后你需要做出改变,你做出改变并不意味着你失去了保持你在教室里的原有角色的能力。倾听孩子们就是把你自己同孩子们的所见所闻所知联结起来,以帮助他们认识他们所处的环境。他们是从部分或者片段的角度来认识事物的,有时他们无法将这些整合起来。

园长:有些事情让我印象很深刻,它们同把孩子们的心声展示出来有关。孩子们的心声被听到和看到是多么的重要。你可以在每所学校中看到的记录的数量,以及它们让家长们感受到的重要程度都让我感到震惊。

家庭工作员:我见到很多同家长以及家庭有关的记录材料。我们同我们孩子们的家长有着良好的关系,家长们也愿意在我们身边转悠,但是我们实在没有那么多事情能让他们做。也许可以组织更多的工作坊。我觉得如果他们在展板上更多地看到他们自己的话,他们就会更多地参与进来。

芝加哥公共协会的员工每次参观了瑞吉欧·艾米利亚回来之后都会感到颇受启发和激励。这对于让人们更加尽心尽力地去开展教育和学习,以及更加投入地进行合作并维护他们同他人的合作关系是一种非常有效和有意义的方式。

对应的过程

你也许已经注意到了,在教师们参与的学习过程和儿童参与的学习过程间存在着某些有趣的对应关系。你也许还发现了,在协调员和凯伦用来辅助教师发展的方法同教师用来辅助孩子们活动的方法之间存在着对应关系。这一辅助活动可以用以下特征来描述:营造一种开放亲切的氛围,在这一氛围下,每个人的观点都会得到探讨和重视;提出会引发深入思考的质疑性的问题;强调细致的观察和记录/表征;推动同参与者以及参与者相互之间的对话;以及鼓励每个人通过拓展他们的想法和探索这些想法背后的原因来进行更加深入的思考。

至少有两种看待这些对应关系的方式。首先,之所以做这些是为了提升本项目的文化上的一致性。因此,举例来说,儿童的那种能干的、感兴趣的、富有见地的、渴望成长的以及渴望交流的形象,就同教师的类似形象相对应。儿童同彼此以及同教师一起建构认识的过程,对应于教师们同彼此一起进行解读、设想和计划的过程。儿童创建表征的过程,对应于教师们的记录过程;而儿童对他们的表征的回顾,则对应于教师对自己的记录的回顾。

对这些对应关系所作的第二种解读,是它们推动了教师的各类发展的体验,从而使她们能够并且激励她们去推动儿童身上类似的各种发展体验。例如,被倾听的教师更有可能去倾听儿童。被认为拥有思考能力的教师更有可能把儿童也看成是有思考能力的。体验过自身的研究者角色的教师,更可能接受儿童的研究者角色。学会同彼此进行对话的教师们,会把这种态度和能力拓展到她们同儿童的互动中去,并用此来促进孩子们彼此之间的互动。作为例子,表 10-3 中假设了教师、协调员以及行政人员所经历的合作性对话同教师和儿童的关系这两方面间的因果联系。这张表表明,教师在本项目的众多情境下所参与的合作性对话,促使她们发展出了一种建立在倾听、观察、回应、儿童的形象,以及把儿童视作对话伙伴基础之上的同儿童的关系。

尽管我们提出,教师们通过合作性对话获得的发展对于她们发展同儿童的关系有重大的推动作用,但是我们并没有说这是唯一的推动力量。相反,它同其他经历是共同发挥作用的,例如在本项目的职业发展和支持的各个方面都无所不在的体现出对于倾听、观察、反思和回应的强调。

表 10-3 对应过程

合作性对话的方面	带来的教师发展 →	随之而来的教师与儿童间关系的发展 →
分享同实现一个共同持有的目标有关的想法。	→体验到自身是想法的来源。↓	→更加倾向于把儿童看作是想法的来源并在此基础上同他们建立联系,并且更加倾向于鼓励儿童彼此分享想法。
	→作为有用的想法的创建者感受到个人主体感的提升。	→更有可能同儿童一起主动地开展活动。
倾听、尊重并且回应别人分享的想法。	→倾听和对意义进行解读的能力有所增强。	→更有能力对儿童进行倾听和回应。
	→发展出将他人看作/体验为一个独立的动机和想法来源的整体能力。	→更倾向于将儿童视作一个独立的动机和想法的来源。
	→发展出一种乐于采用/欣然接受多重视角的价值观。	→更倾向于在同儿童的对话中以及在儿童彼此间的对话中鼓励采用多重视角。对儿童进行更好的观察(因为在观察时会采用众多不同的视角)。
		→更可能对儿童感到好奇并鼓励儿童的好奇心。

续表

以他人的想法为基础。	→进行合作性对话的感觉有所提升。	→更可能去建立同儿童的合作性关系,以及培养儿童相互之间的合作性关系。
陈述自己的想法,赞同或反对别人的想法。	→推理能力、推理的动机以及表达理由的能力有所增强。	→更倾向于鼓励儿童进行推理以及让儿童相互表达理由。
	→对于共同持有的目标的意识和投入程度有所提升。	→更有可能在同儿童互动以及为他们制订计划时把共同持有的目标放在心上。
	→因为拥有自己的想法和理由而使得主体感/选择感有所增强。	→更倾向于鼓励儿童把他们的想法和理由说出来。更可能在为儿童制订计划和同他们互动的过程中主动地采取行动。
	→更多地感受到自身是想法的来源。	→更可能认识到儿童是想法的来源。
要求他人做出澄清或者说出他们想法背后的理由。	→强化了双方通过说理来支持他们的想法的倾向性。	→更可能要求儿童给出他们的陈述背后的理由,并给儿童举说理的例子。
针对他人对自己想法的不同意见保持开放的态度。	→感受到他人是一个独立的动机和想法的来源。	→因为把儿童视作独立的动机和想法的来源而对他们持有更为开放的态度。
	→对于众多不同视角的总体性的开放态度有所增强。	→更倾向于鼓励儿童对彼此提出质疑以及采用其他的视角。
	→将自身同自我的想法等同起来的倾向性有所减弱,他人的认同对于自尊的影响力有所减弱。	→在和儿童互动和回应他们的时候变得更为灵活,个人对于儿童接受其计划或想法的需求有所减弱,拥有了更大的余地来理解为什么他们不接受自己的计划或想法。
同他人一起建构联系、认识和计划。	→在经由对话和行动同他人一起构建想法的过程中体验到成就感。	→更倾向于同儿童一起构建想法,并鼓励儿童一起构建想法。
	→个体主体感有所增强。 ↓	→更可能在为儿童制订计划和同他们互动的过程中主动地采取行动。

		续表
	→将对话内化为一种同他人建立联系的模式。	→更有能力和倾向性去同儿童开展对话以及推动儿童之间的对话。

结　论

芝加哥公共协会所提供的各种职业发展机会,要求教师们进行思考和合作,鼓励教师运用多重视角来发展她们自己的想法和认识,依照她们的想法和理论来行事。教师自身的文化和历史得到了尊重,她们的思想在一同创建一种新文化时受到了影响。在所有园区和所有教职员工间都开展了对话和思想交流,无论这些园区的正式定位是开端项目、保育项目、婴幼班还是课后班,这一组织结构促进了职业发展。随着时间的推移,这一结构本身以及人们所扮演的角色,会因员工间、家长间、儿童间以及和外部同仁及组织间的对话的众多变化而变化。行政人员很好地将众多职业发展的过程记录了下来,以便帮助人们在确实发生的学习过程的基础上有进一步的发现。从这个意义上来说,所有人都是研究者,他们身处一个逐渐演变的创造性的学习过程之中,这一过程对所有参与者都有益处。这既需要时间又需要全身心的投入。

在下一章中,我们将以我们所描述的为教师提供的职业发展过程为基础,来看看造就和支持这些过程的组织结构。

第 11 章
本探索项目的工作是如何组织的

这一章将探讨为我们在第 1 章到第 10 章中已经描述过的所有事项提供支持的那些组织结构和过程。涉及的问题有以下四个：

1. 谁来指导、支持和激励协调员和园长的活动？这些是如何做到的？
2. 本项目的主管在这些过程中扮演了何种角色？
3. 这一儿童发展项目的行政结构是怎样的？
4. 教师、协调员、园长和其他员工是如何结合成为一个学习群体的？孩子和父母是如何参与到这一学习群体之中的？

协调员会议

在第 10 章中，我们看到了协调员们在每周例会、每月例会以及在职专业活动中所起到的带领作用。我们还看到了他们同教师们进行一对一的合作来制作展板和准备报告。问题是，这些协调员们是从哪里得到指导和支持的？答案在很大程度上来自每周的协调员会议。

这样的协调员会议为本项目提供了一个进行反思和制订计划的重要场所。凯伦和协调员们是主要的与会人员。这样的会议每周召开一次，每次2—4小时。此种协调员会议对于本瑞吉欧探索项目中的几乎每个方面都有所助益。例如，在会上会为每周例会、每月例会、在职专业活动、研讨会上的报告、学习之旅（同专业发展协调员一同完成）以及新教师和感兴趣的外部人士的课程制订计划。人们在这样的会议上还会对协调员和教师以及园长一同开展的工作进行反思并加以发展。

让我们来看一段协调员会议的节选，以便我们对于其间探讨的问题的类型，人们设想的应对这些问题的一些策略，凯伦对于对话的推动作用以及协调员们通过参与其中所获得的专业发展有所了解。

一个协调员会议的例子

让我们从审视 1997 年 9 月召开的一次会议入手。这次会议的议程包括以下三项内容：

1. 为协调员们同教师团队一起开展工作制订一个指导框架。
2. 讨论在同教师们一起开展工作时会遇到的普遍性的问题。
3. 为和一个中心里的各教室团队一起开展工作制订计划。

为同教师团队一起开展工作制订一个指导框架。几位协调员分享了他们准备好的想法，这些想法的目的是发展出一个指导他们如何同每周例会团队一起开展工作的概念性框架（参见第 10 章的"每周例会"一节）。凯伦对这组人的想法做了以下概括：

1. 一开始的时候我们通过帮助人们安心地去探索未知事物来为员工们提供支持，我们逐渐地对于这些员工以及他们的想法、兴趣还有长处有了了解，我们在帮助他们建立起同瑞吉欧幼儿教育原则间最初的联系。在所有这些情况下我们都是在指导和带领他们。

2. 团队成员现在对于瑞吉欧幼儿教育方法及其原则已经有了更为综合的理解，并且在计划着更加复杂的探索活动。我们对他们提出挑战以便他们能拓展自己的认识。

3. 这一团队已经实现了高水平的合作。每个人都能对其他成员的想法提出疑问,对话和合作在制订计划的过程中贯穿始终,我们不再是唯一的提出疑问的人了。

直面同教师们一同开展工作时会遇到的问题。以下是在这次会议上探讨的众多问题中的两个问题,以及随之而来的讨论的节选。

第一个问题涉及同教师们在一起时协调员所扮演的角色。

协调员甲:我能更加轻松地去做这件事了,但是如何同时担当探索者和引领者的角色这一点令人困惑,要把这两个角色融合在一起有难度。

协调员乙:做一名引领者并不意味着你必须了解所有的答案。

凯伦:(对教师们来说)知道有人在带领着团队让人感到安心。(历史上的)探索者们不得不这么做。

协调员乙:人们一直都在试图弄明白这些事情,你为什么不想去学习呢? 对于在教的同时也进行学习你所畏惧的是什么呢?

协调员丙:你不会(因此)丧失你的身份,你关注的是一种新的身份。

协调员甲:教师们也这么觉得吗? 为了成为一个探索者而部分放弃你的旧身份并非易事。

协调员丙:这同有关对应过程的想法是联系在一起的。我们把我们自己看作是研究者,并为教师们的研究角色做榜样。如果我们有自己要做的事和好奇的对象,我们完全可以自主地去做我们的研究,教师们(随后)会看到我们做这些事情。

第二个问题同陷入僵局有关。

凯伦:当你找不到前进的方向时,当你陷入僵局时,你会做什么?

协调员乙:(我问我自己)是我在探索的什么把我引到了这个岔口上,或者这个晦暗不明之处? 起初的灵感是什么? 你也许会迷失方向,但是你可以记住有关的灵感,也就是你最初出发时的理由。平静会随之而来。否则的话你就会担心"我要去哪里"。

凯伦:你总是可以拖延一下的。你必须回过头去看一些事情,还要朝前看,并且不给自己压力。我们可以享受僵局。

协调员乙：但最好还是做点事情。

协调员丙：陷入僵局可以给你动力。如果你感到了挫折，那你就重新审视一下，这是学习过程的一部分，随后你就会前进了。否则，如果你满足于你的现状，那你就不会前进了。

协调员丙：如果我们陷入了僵局，我们可以回到瑞吉欧幼儿教育原则上来。

协调员丁：我们可以将这一年中的某些活动作为参考的基础——例如瑞吉欧在职专业活动或者那些每月例会。

凯伦：当我过去陷入僵局时，我会读些东西，比如文章和书籍；我也会向人们咨询，人多力量大。

为和一个中心里的各教室团队一起开展工作制订计划。在此次会议最后的一小时里，新城市中心的园长加入了这组人，并参加了他们有关如何同她所在中心的各教室团队一起开展工作的讨论。每个团队的讨论是围绕以下三个话题展开的：

1. 这个团队的成就。

2. 这个团队需要做些什么来向前推进。

3. 接下来一年的目标。

以下是同某个教室团队有关的讨论内容的一些摘录。发言人是这个教室团队所在园区的园长以及两位定期和这个团队一起开展工作的协调员。

园长：她们仍然在形成团队的过程中。她们现在在做着更多的反省，并且在一起思索她们从孩子们那里得来的想法；她们正在开始真正地去倾听孩子们并和他们交谈；她们也在谈论着每周例会。

协调员乙：她们现在常常会和孩子们一同进行探索。

协调员甲：她们现在对孩子们观察得更细致了。希尔维娅已经在用她在积木区的观察结果质疑她自己之前对于孩子们的看法了。

凯伦：她们需要在哪些地方有所发展？

协调员乙：我希望看到她们更多地记录她们同孩子们一起进行的探索。

协调员甲：她们还需要把她们观察所得的关键部分反馈给孩子们以及

他们的父母。比如说,把她们的记录材料在教室里展示出来。不断地运用这些材料,而不是仅仅把它当作她们自己的学习经历的总结用于她们自身。

凯伦:这看上去有两个目标。

协调员乙:每天都要进行观察、记录和反思,所以这不只是一项特殊的活动。

协调员甲:回到孩子们中间并把她们的想法反馈给他们。

在其他协调员会议上提出的问题的例子

在这两年中所召开的协调员会议上,人们还提出了许多其他问题,这些问题反映了本探索项目在这段时间里所经受的挑战。正如以下这些例子所反映的那样,这些问题中的大多数都涉及协调员如何同每周例会团队一起开展工作。

1997—1998 学年

- 如何让每周例会上的讨论不跑题。
- 如何鼓励教师们把记录材料带到会议上来。
- 如何帮助教师们对孩子们的兴趣做更加深入的思考。
- 教师们受困于她们对孩子的兴趣所作的最初解读,而不是通过同孩子进一步的互动让她们的认识发生变化。
- 有些教师不懂得如何去同孩子们分享不同的视角和观点。

1998—1999 学年

- 凯伦:我们没能做到定期召开团队会议,团队会议间隔两周时间太长了,当会议无法定期召开时会出现工作倒退的情况。我们不能让别的事影响到每周例会,从现在起,只要在一周里没能召开会议,就请告诉我。
- 最终教师们都在收集记录材料了,但她们并不总是知道该如何使用它们。
- 教师们在确认出孩子们的兴趣之后,不容易想到该如何应对。
- 许多教师仍然把瑞吉欧幼儿教育方法视作在一天中的某一时段才使用的方法。换句话说,它仅适用于活动时间(参见第 7 章)而非孩子们在校的全部时间。

- 如何帮助教师们去提出疑问和进行想象。

处理好上述这些类型的问题需要时间。例如，1997—1998学年中有两个问题涉及教师们收集记录材料，把它们带到每周例会上来，以及对孩子们的兴趣进行更深入的思考。到下一年时，这些问题在某种程度上得到了解决。因此，强调的重点变成了帮助教师们学会对记录材料进行解读以及在孩子们的兴趣基础上加以拓展。

意识到意图所在

在快速回顾这两年的协调员会议时我们发现，人们多次提到项目中的每个人意识到他们行动背后的意图的重要性。我们用"意图"一词所指的是一项行动或者一系列行动的目标或者目的。以下是几个例子：

我觉得教师们并不总是明白她们为什么做了某些事情。协调员也许可以建议她们做某些事情，但是如果她们不明白为什么她们要做这些的话，她们难以在这些事情的基础上加以拓展。（协调员）

对于为什么我们正在探索各种材料，或者为什么我们在学年开始的时候要关注孩子们彼此认识的方式这样的问题，我需要给教师们提供更加明确直接的解释。（协调员）

在我看来有些教师觉得存在着一个（用来问孩子的）神奇而正确的问题，而教师们只不过是还不知道要怎么问而已。我们试图让她们思考，当她们问孩子问题的时候她们究竟想要知道什么，她们并不总是明白你所问的问题同你想要知道的东西之间的关联。（凯伦）

我们的目标是，帮助教师们更加清楚地认识到她们收集对话内容和记录观察结果的目的。（协调员）

我希望你们下周能思考一下"每周例会的目的是什么"。（凯伦对协调员们说）

我们在本章的后面将探讨员工们意识到他们的意图为何，以及这一环节如何对这一瑞吉欧探索项目起到了重要作用（参见本章"学习在这一群体中是如何发生的?"一节)。

协调员的专业发展

协调员的专业发展大多是通过协调员会议上的定期讨论得以实现的,在此过程中,他们会分析各类问题并思考应对策略。此外,凯伦也会引入一些活动来促进协调员的发展。

对每周例会的视频剪辑和文本记录进行反思。每个协调员都给他或她引导的一次每周例会录了像,之后该协调员会从录像中选取出两个片段以供在协调员会议上讨论,其中一段出自此次会议"开得很好的"一个时段,而另一段则出自此次会议"举步维艰"的一个时段。与此相类似的另一种活动是,该协调员将他或她担负引导职责的某次每周例会的一部分文本记录拿来供小组讨论。

设想呼应课程。在这一练习中每个协调员都会和一个园长结伴。凯伦给每个组合一个让孩子们进行深度研究的主题,并给他们一周的时间来准备他们的回答。任务包括:

1. 设计一开始的活动。你要创建出怎样的孩子们可能感兴趣的体验?
2. 设想孩子们的反应,并从中解读出兴趣和想法来。
3. 设想接下来的步骤。但你一旦发现他们感兴趣的事物之后,你将如何依此行事?
4. 设想这一研究随后可能的发展方向。

以下是对一对协调员/园长就"住在城里的动物"这一主题所作的回答中可能包含的各类想法的一个概述。

1. 一开始的活动:告诉孩子们他们会到邻近街区去散步以便发现各种不同类型的动物,并且请他们画出他们觉得有可能会找到的动物。把孩子们就他们的画作所说的话记录下来。在全班讨论这些画作的时候,帮助孩子们意识到动物这一术语所指的所有事物,包括昆虫、鸟类、哺乳类等等。为找动物而带他们去散步。给他们装备上一次性相机、放大镜、双筒望远镜,还有绘画材料。为他们从头到尾的评论录音并做笔记。在此次散步之后,请孩子们给他们看到或者听到的动物画画并开展讨论,把交谈的内容录下来。对所绘画作、文本记录以及冲印出来的照片开展进一步的讨论,并把讨论内容录下来。把选取出的散步之前和散步之后的画作在收藏板的不同部位展示出来。

2. 孩子们的反应:孩子们注意到的和记住的最多的动物是那些在动的动物,并且他们还常常会评论它们动得有多快或有多慢。年长的孩子们在散步之后所绘的画作要比散步前更加精细。这些画作表明,他们是如何根据同躯干的关系来注意到动物的腿和翅膀的,这也许暗示了儿童对于动物移动方式的关注。

3. 接下来的步骤:教师请孩子们来开展一项"动物如何移动"的研究。孩子们比较不同动物的移动方式,并且试着把比较结果用动作表现出来。教师们记录下孩子们的反应,并请他们再到邻近街区去走一走以便观察动物的移动方式。她们鼓励孩子们去观察教室里养的宠物,并把别的动物(比如毛毛虫、蠕虫和瓢虫)带到教室来供他们观察。

4. 随后的方向:孩子们发现在许多动物身上有四个帮助它们移动的身体部分(例如,四条腿或者两条腿和两个翅膀)。有些孩子注意到,昆虫不只有四个部分,有些昆虫与其他昆虫相比有更多的部分,或者有些昆虫既有腿又有翅膀而有些则有扭动的肌肉。有个孩子观察到鸟类既用腿和翅膀也用尾巴来移动。孩子们自发地用动作表现出不同动物的移动方式,而且(从用动作表现的运动方式中)"猜出是什么动物"变成了圆圈时间中一个特别受欢迎的活动。一群孩子比较了他们画的所观察到的动物、鱼缸里的鱼、教室里的豚鼠、恐龙还有人,这还引发了人是不是动物这个问题。教师们借助无数次的机会把数字、计数、形状、模式以及测量这样的数学概念整合了进来。

这一练习开启和发展了协调员们和园长们设想教学策略的能力,设计这些教学策略的目的是引发孩子们的兴趣和想法,并帮助他们对此加以拓展。必须想象整个呼应课程过程解放了协调员们和园长们的思想从而使之更富创造性,并且使他们能够更加清楚地思考一个阶段的儿童深度研究可以如何同此后的阶段联系起来。这也帮助他们认识到了,在设想孩子们的研究的可能方向时和同事进行对话的价值。这一练习的总体目标是提升协调员和园长帮助教师们发展同样的一套技能的能力。

和园长的合作

我们在第 10 章中提到过,园长会参与每周例会,同教师就她们的展示板进行对话,并且参加每月例会和在职专业活动。在这一节中,我们将进一步探讨园长们是如何参与本项探索的。

园长们是专业的行政人员而非专业的教育人员。他们的职责是招聘和管理教职员工,管理教室,在教学楼里为公共协会的其他项目提供场所,应对与家长有关的问题,处理器械问题,找人给没来的教师代课,以及撰写同财务、招生、出勤、健康以及社会服务有关的报告。园长们常常会觉得他们的工作让人力不从心。考虑到这些压力,我们要问的是,他们能够在探索瑞吉欧幼儿教育原则的时候发挥怎样的作用?

园长会议每月召开两次。参加这一会议的有凯伦、园长、协调员以及其他总部办公室人员,例如健康及家长参与协调员(参见本章后文中的图 11-1)。到第六年为止(见附录),这一园长会议讨论的只是行政方面的问题而已。从 1996 年秋季开始,凯伦给这一会议添加了一个"教育时段"并开始让大家对瑞吉欧幼儿教育理念进行讨论,这是让园长们更为直接地参与到本探索中所做的一些努力。到此时为止,每个园区平均有两个班级参与到了对瑞吉欧原则的探索之中,因此,有足够的理由让园长们更为直接地参与进来。

在 1997 年到 1998 年间的许多协调员会议上,人们反复讨论了要如何增进协调员同园长之间的合作。急速促成这一变化的因素之一是协调员们对于每周例会后该如何"跟进"的关注(见上文)。在每个园区都需有人同教师们讲清楚该如何执行在每周例会上制订的计划,以及如何把记录材料带到下一周的会议上去。对于那些才开始探索瑞吉欧幼儿教育理念没几年的教师来说,跟进尤为必要。凯伦和协调员们向园长们提议,园长和协调员们在每周例会开始前要召开计划会议,并且在每周例会后要召开汇报会,以便对每周例会进行反思,并且为接下来如何为教师们提供支持制订计划。有一两名园长因为他们的职业经历和兴趣的缘故,轻而易举地就承担起了这一附加出的角色,事实上,他们已经在某种程度上扮演了这一角色了。对其他人而言,要学会做这些就困难一些了。

为了使园长们更多地参与教师发展过程,凯伦还开始向他们提出要求。以下是一个例子:

可以思考的事情之一是,你是否能让教师们讨论她们把记录材料汇总起来的目的是什么。要让她们真正地去思考她们(通过这些材料)想要传递的是什么,为什么要这么做,以及向谁这么做。

本儿童发展项目①的管理体系

图11-1从结构和各部分功能的角度展示了本项目在2001年到2003年间的组织情况。在本项目中,各类人员会一起召开以下五类会议:

- 协调员会议(每周举行,详情见上文)。
- 园长会议(每月召开两次,详情见上文)。
- 管理人员会议(每周举行)。图11-1中所列的除了园长以外的所有行政管理人员都参加这一管理人员会议。在这样的会议上,人们会分享目标和各种活动,对各种活动进行协调,处理责任问题并做报告,分享未来的计划,提升本项目总体的整合程度,以及避免由于各部门各自为政的"筒仓效应"而使项目的工作分崩离析。

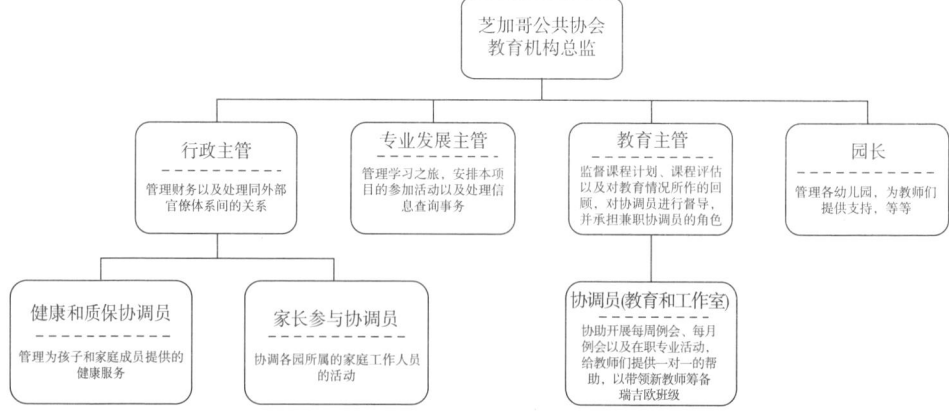

图11-1 2001年—2003年芝加哥公共协会教育机构的管理体系

---

① 即芝加哥公共协会教育机构。(主编注)

- 年度静思会(每年一次)。这个活动在八月开展,为期两天,参与者包括图11-1中所列的所有人员。它的作用是让大家反思过去的一年并对接下来的一年做准备,这一会议的四分之一的时间是用在瑞吉欧幼儿教育探索上的。

- 闭园日(每年一次)。在这每年一次为期一天的活动中,所有本儿童发展项目的雇员都会聚集在一个地方,这一天所有的中心都会关闭。与会人员包括教师、协调员、园长、其他行政管理人员、家庭工作人员、凯伦以及厨房人员、维修人员和办事员。这样的会议强调的是分享瑞吉欧幼儿教育探索的各个方面:对过去和未来做深入的思考,为今后的一年引入一个特殊的关注点,以及倾听每个人的意见。

各交流场景之间的联系

在本章和前一章中,我们已经探讨了本机构中员工进行对话和合作的11种场景:每周例会、教师和协调员或者园长间一对一的交流、班级合作、每月例会、在职专业活动、协调员会议、园长会议、协调员和园长的计划/汇报会议、管理人员会议、年度静思会以及闭园日。在以下的部分中,我们将介绍这11种交流场景是如何彼此联系在一起从而推动本项目的持续运作和发展的。

每个场景都涵盖了多种角色

每一交流场景都把承担着彼此相关职责的员工聚到了一起。举例来说,教师、协调员、园长和家庭工作人员会在每周例会上相聚一堂;教师、家长、园长、协调员、家庭工作人员以及本项目的主管会在每月例会上聚首。每一交流场景的结构及其目的都是为了鼓励参与者进行合作性的对话。

参与多种场景

每个员工都会参与多种交流场景,因此,每个场景的参与者也会参与到众多其他场景之中。表11-1展示了每个场景中涉及的多种角色以及每类员工参与的多种场景。

想法在场景间的传递

因为人们会参与多种交流场景,与会人员会自然而然地把想法从一个场景带到另一个场景去。由此,想法和信息会在教室和每周例会间、每周例会和协调员会议间、协调员会议和每月例会间、每月例会和每周例会间来回传递。例如,新城市中心的一个团队想到了可以让孩子们在班级之间交换黏土制作的礼物并加以了实践(参见第4章中的"礼物"一节)。作为该团队成员的协调员们在一次协调员会议上介绍了这个有关黏土礼物的想法,由此,这一想法通过参加这一会议的其他协调员传递到了本项目的许多团队。此外,在那次会议上,凯伦和协调员们决定让尼亚团队在下一次每月例会上用幻灯片做一个有关黏土礼物活动的报告。这场每月例会报告带来的结果是,许多园区的教师看到了实践过程的细节并把这一想法带回到了她们的每周例会上,这一想法经过人们在每周例会上的深入思考之后演变成了多种不同的形式和改编版本。

表 11-1 每类员工角色涉及的交流场景

交流场景	教师	协调员	园长	家庭工作员	项目主管	教育主管	其他行政管理人员	其他员工
教室	×							
每周例会	×	×	×	×	×*	×*		
一对一交流	×	×	×					
每月例会	×	×	×		×	×		
在职专业活动	×	×	×	×	×	×		
协调员会议		×	×*	×				
计划/汇报会议			×	×				
园长会议		×	×	×	×		×	
管理人员会议		×			×	×	×	

续表

交流场景	教师	协调员	园长	家庭工作员	项目主管	教育主管	其他行政管理人员	其他员工
年度静思会		×	×		×	×	×	
闭园日	×	×	×	×	×	×	×	×

* 参加某些会议

跨园交流

每月例会(参见第 9 章和第 10 章)和在职专业活动(参见第 10 章)把芝加哥公共协会下属的所有园区的员工都聚集到了一起。由于每月例会每次都会在一个不同的园区举行,与会人员可以通过参观彼此的教室,观看展示板以及发现工作室和公共区域如何吸引孩子、家长和参观者来获得想法。

文化连续性

一套共同使用的瑞吉欧幼儿教育原则为在各场景间进行学习提供了共同的参考点。因为每种场景中的交流都涉及共同构建想法、认识/理解、策略以及对引人思考的问题的回答,还因为这些答案中有许多会在各种不同场景中被分享,所以本项目的参与者有一种身处一个学习群体之中的共同体验。

一个学习的群体,一种学习的文化

> 我们需要把自己看作是学习过程的探索者。我们都在努力一起去认识和学习……
>
> 当我们谈论所有这些的时候,我们是在创建我们自己的文化。
>
> ——凯伦·黑格,协调员会议,1998 年 2 月 2 日

一个学习群体是指通过合作来为共同的问题寻找答案的一群人。参与本瑞吉欧幼儿教育探索的人员作为一个学习群体所关注的核心问题是:

> 我们如何在我们所处的环境中贯彻瑞吉欧幼儿教育原则？

我们在前面的部分中把本项目概括为一个结构和一个过程，这一结构和过程是由众多参与者在多种多样有组织的且定期出现的交流场景中的合作构成的。我们现在把我们的注意力转向这一学习群体的文化，即指导行动、思考、感受和意图的那套理念和信条。

这一文化的理念包括诸如倾听、合作、对话、共建认识、提出质疑、记录、回顾、反思和设想这样的行动理念。这一文化中的一个突出的信条同儿童的形象有关，即相信儿童是有能力，富有见地的，等等。这是同儿童的实际状况有关的一条信念。另一条信念是员工们能够以这种方式来看待儿童，这是教师形象的一部分（参见第10章的第一段）。此种文化的这些理念和信条是通过它的语言以及它的参与者的行动清晰地呈现出来的。因此，本项目时常会让员工们对关键术语的意义进行深入思考（参见第10章中"对每年一次的某项在职活动的描述"一节）。

学习在这一群体中是如何发生的？

这一群体中理想的学习过程应当是一个反思—行动—反思的循环过程，这是凯伦经常向教职员工们宣称的一种理想状态。以下是对这一过程的一个正式的设想，但它可以有很多种不同的变化。

这一反思—行动—反思过程始于对某一情况的深入思考，这一情况要么被看作是一次行动的机会（例如，这些孩子们对于生活在地下的动物确实很感兴趣）或者是一个待解决的问题（例如，每周例会正在分崩离析，或者孩子们已经对毛毛虫失去了兴趣）。人们随后会反思同这一机会或者问题有关的情境信息，构建一个行动目标（意图），并且以头脑风暴的方式思考有助于实现这一目标的可能行动。大家通过思考目标和可能行动间的关联使得这两者变得越来越精炼。最终，这一反思过程会让人们做出有关采取何种行动以及如何实施的决定，也就是说，人们会制订一个行动计划。

接下来，这一行动会被实施，且随之而来的是对它的实施情况以及即刻出现的结果的观察。人们会再次进行反思,这次涉及的是对行动的评估、对行动结果的解读(常常辅以记录材料),以及努力去推演出人们从这整个序列中学到了些什么。随后大家会通过进一步的反思来思考接下来的目标和行动策略,并以此推动这一过程进入另一个反思—行动—反思周期之中。

在这一反思—行动—反思循环中,参与者意识到他们的意图起到了关键的作用。人们在一个充分翔实的计划和学习序列中,会对一项行动按设想应当实现的目标有清楚的认识(参见第 2 章的开始部分以及本章上文中"意识到意图所在"一节)。当人们将目标和行动的结果进行对比时,学习就产生了。

主体感得到充分发展的教师(参见第 10 章中"教师的七个发展目标"一节)能够把他或她所采取的行动背后的目标清晰地表达出来,并且能够通过深入思考目标、行动和结果间的关联来学习。

这一反思—行动—反思过程包括同时思考已经发生的事情和可能发生的事情,花时间来谈论它们,以及和同事们一起开展头脑风暴。公共协会的员工有时间在 11 种交流场景中开展这些过程(见表 11 - 1 中的概括),在这些场景中员工们会运用以往的经验对记录材料和观察结果进行解读,他们通过头脑风暴和设想行动策略来计划下一步的行动,而且他们会看到自己的成就并得出新的认知。

在本瑞吉欧幼儿教育探索中,反思过程主要是以合作的方式完成的。循环中的行动部分也很有可能是合作完成的,比如说教师们在教室里一同实施事先计划好的策略,以及凯伦和协调员们一同主持每月例会。

合作学习发生在何处?

本瑞吉欧幼儿教育探索中的反思—行动—反思学习循环常常发生在结对的工作场景中,这种结对场景最为突出的例子之一是每周例会和教室间的结对。对于教室计划的深入思考有很大一部分是在每周例会上开展的,比如说,对于过去一周的记录材料的反思和对接下来一周的计划的深入思考。相应的行动以及其他的反思则是在教室里或者在孩子们的一些别的学习情境中进行的,比如在邻近街区的散步活动中。教师们会将孩子们的反应记录下来并进行思考,而且会把记录材料带到下一次的每周例会上做进一步的反思。

另一组重要的结对场景是协调员会议和每周例会。例如,在协调员会议上想到的同教师们一起开展工作的策略会在每周例会上被尝试。随后,协调员会将对这些行动及其结果所作的观察带回到协调员会议上供大家合作开展反思。

在协调员会议这一方和每周例会以及在职专业活动这一方之间也存在着重要的结对关系。在每种情况下,凯伦和协调员们都会在协调员会议上制订一个计划,在其他的情境中实施并观察它的结果,而且将他们的观察结果和反思带回到随后的协调员会议上以供讨论。

真实的学习过程常常更为松散且不按照上例中所暗示的那种简单学习周期的方式展开。让我们来回顾一下 1997 年 9 月 23 日的那次协调员会议(参见本章前文中的"协调员会议"一节)。凯伦提出了"当你找不到前进的方向时,当你陷入僵局时,你会做什么"这个问题,人们通过头脑风暴的方式设想了四种不同的策略。在这次会议上,没有一个策略被真正转化为行动计划,但是,每个人对于可能的策略都有了更为清晰的意识,员工们在实施某项策略之前通常会多次在头脑风暴活动中听到相同的策略。

学习也可能就发生在行动阶段之前的反思过程之中。例如,我们在第 10 章("每周例会"一节)中介绍了,某个每周例会团队是如何发展出一个策略来拓展孩子们有关城市的最初想法的。看上去在那一情境中发生了三类学习过程。首先,与会者们创建了一项他们可以加以推进的教育策略;其次,他们通过合作性对话了解了发展一项策略的过程;再次,他们认识到构建这样的策略是有可能的而且他们显然受益于一同来做这件事。以上三类学习就发生在反思过程之中。但是,这一反思之所以有意义,是因为人们认识到了它是发生在由反思—行动—反思这一框架造就的更为宽泛的情境之中,且这个框架是这一文化的组成部分之一。

学习在哪里被记录下来?

大量的学习在展示板上以及在每月例会、在职专业活动、闭园日、学习之旅还有研讨会上的报告中被记录下来(参见第10章中的"记录"),另外一种记录学习的媒介是本机构印发的出版物(例如,芝加哥公共协会,2002),最后,学习也会通过教职员工们所著的杂志文章或者书籍中的章节被记录下来和发布出去(Alexander & Cecil, 2003; Haigh, 1997, 2004, 2007)。这些出版物常常是在报告时的所思所想的基础上拓展而得的。

拓展学习群体这一概念

迄今为止,我们所谓的学习群体都是由本项目的教职员工所组成,它可以被拓展到家长和孩子们吗?

家长。本机构同家长发生联系的情境包括家访、接送时间的教室、家长研讨会、在教室里的合作活动(诸如在手的研究结尾时举办的家长—儿童工作坊这样的特殊的活动)以及每月例会(参见第9章)。在所有这些情境下进行的对话突出体现了家长作为这一学习群体的一分子的多种方式。例如,在每月例会上,家长、教师、协调员、园长以及其他人会针对孩子们的画作、同教室中的学习情况有关的报告以及和早期儿童教育有关的问题进行对话。人们在这样的会议上注重的是,尽可能地让家长们在和彼此以及员工们交流的时候更多而且更为频繁地发表他们的意见(参见第9章)。另一个例子是发生在家长、孩子以及教师就张贴在收藏板上的孩子的画作进行对话时,或者他们在作品集之夜对孩子的作品展开对话时的即兴的学习(参见第9章)。

孩子。班级本身就是一个学习群体。这一点在开展深度学习时体现得尤为明显,因为整个班级会以这样或者那样的方式参与到这些学习中去(参见第5章和第7章)。孩子们在教室里不停地走动、参观以及时常加入其他人的活动这一点也使得班级成为一个学习群体。邻近的班级会参观彼此的活动(尤其是有窗户相连的时候),并且开展像第4章中所介绍的"礼物研究"那样的合作项目。

孩子们是如何成为包括员工和家长们在内的学习群体的一部分的?显然,对孩子们的学习所作的记录在员工—家长这一学习群体的对话活动中起到了巨大的作用。更加引人瞩目的是,孩子们会通过他们急切地表达出兴趣,专注地参与合作性学习活动,他们在学习方面的许多主动行为,以及他们富于想象力的表征,参与到这一涉及面更广的学习群体之中。他们所做的贡献使得这一学习群体焕发出生机并且使得它的目的变得清晰可见。

关系。我们已经介绍的学习群体的方方面面都是通过参与者之间持久的人际关系得以实现的。这样的关系是通过合作和对话逐渐形成的,这些合作和对话鼓励人们互相倾听、反思和回应参与者表达出来的动机、感受和想法。因为参与本项目的人士在主动探索和身体力行着瑞吉欧幼儿教育理念,所以他们形成的关系也会体现这些理念以反思性对话带来的愉悦和创造力为基础。这些关系产生于探索过程之中,并且继而创建出一种使得这一探索成为可能的情境。这是一种螺旋式上升的现象。

同其他学习群体的对话

本探索项目的成员会同这一学习群体以外的人士进行各种各样目的明确的交流,而交流的内容正是这一探索所涉及的那些问题,从这一点来看,本探索项目是一个开放的系统。主要的例子有学习之旅、参加外部的研讨会、咨询其他幼儿园,参观瑞吉欧·艾米利亚以及瑞吉欧·艾米利亚教育学家的来访(参见第10章)。员工们在所有这些情境下都会向他人展示他们的想法和活动,并且在他人回应的时候热切地探究他人的观点。这些交流活动能够鼓舞人心,为本项目注入持续的活力,并且为其他学习群体做出贡献。

结　　论

我们在本章中介绍了芝加哥公共协会的早期儿童发展项目的组织结构和过程,以及它们是如何塑造和支持教室里的教学活动以及我们在前面几章中所介绍的教师专业发展的。在本章最后的部分中,我们把本项目的众多方面汇聚在了一起,并展示了它们是如何通过各种交流途径联系起来以及如何由指导和贯穿它们的那些文化理念和信条统一起来的。我们通过将本项目作为一个学习群体来加以分析,试图把握这一项目作为一个整体的结构和文化的动态性及完整性。我们在最后一章中将探讨,我们认为从探索瑞吉欧教育的这一经历中获得的最为重要的一些领悟。

第12章
所得的经验

> 瑞吉欧并非是你应当按照一种固定的方式去做的事情。它是一种思考方式以及一种与儿童一起开展工作的方式。一旦你改变了你思考儿童的方式,你就会开始运用瑞吉欧幼儿教育思想来同他们一起开展工作。
>
> ——芝加哥公共协会的教师

我们从1991年到2003年的芝加哥公共协会的瑞吉欧幼儿教育探索中获得了一些重要的经验,我们想要与你分享这些经验。这些经验包括我们对于瑞吉欧幼儿教育的精髓所作的思考,对于在芝加哥这一社会文化环境中探索这一方法所遇到的现实情况的认识,以及发展有效策略的方法。

我们在本章邻近结尾的部分将运用其中的某些经验,以及源于本书其他部分的经验来为计划在他们自己的环境中探索瑞吉欧教育的领导者提供一组值得考虑的建议。最后,我们想要说一下,为什么我们认为瑞吉欧幼儿教育有极大的价值。

瑞吉欧幼儿教育的精髓

在我们看来,瑞吉欧幼儿教育首先涉及的是一个学习过程,这是一个在学习者共同的兴趣和好奇心的驱使下通过对话来共同构建认识的过程,这一合作过程重视主人公们自身的知识和能力并以此为基础。这一学习过程是目的所在,是关键的考量对象。这一目标适用于所有的参与者:儿童、教师、其他员工以及家长。对儿童而言,对以他们的兴趣为基础的学习过程的突出强调,使得他们能够在诸如阅读、写作、数学和社会情感发展等领域轻易地达到学习标准(参见第8章以及第10章中的"教师以往的经历同瑞吉欧幼儿教育间可能存在的冲突"一节)。

在第1—11章中,我们介绍了在芝加哥公共协会这一环境下有助于推动开展这一学习过程的众多有用的组织结构。这其中包括诸如(为教师的反思和计划过程提供支持的)每周例会和(让教师和家长聚在一起就孩子的学习情况展开对话的)每月例会这样的组织结构,以及像(指导教师如何去推动儿童的深度学习的)呼应课程周期这样的概念性结构。但是,这些结构仅仅是被创建出来用于推动儿童和教师们的学习过程的策略而已。随着时间的推移,这些策略会发生演变甚至于剧烈的变化,但是目标仍然保持不变。最后,因为这一目标旨在供儿童、教师、其他员工以及家长进行持续的学习,所以在瑞吉欧幼儿教育启发下开展的探索项目的持续的演变是根植于它的核心理念之中的。这同样适用于瑞吉欧·艾米利亚,那里的市立幼儿园自身也在经历着一个逐渐但是持续变化的过程。

仔细查看

在上述的学习过程中有一个在介绍瑞吉欧幼儿教育时往往会隐藏起来的至关重要的成分。就我们所知,它没有一个名字。我们称之为"仔细查看某一事物"或者"非常认真地查看某一事物",它体现在诸如回顾、多重视角以及记录这样的瑞吉欧幼儿教育原则之中。"仔细查看"是人们在瑞吉欧幼儿教育下所从事的几乎所有活动的特征。儿童和教师们会仔细查看探究的对象,协调员和管理人员会仔细查看用于支持教师及其发展的策略,教师和其他员工会非常认真和充满敬意地来查看孩子们潜藏着的兴趣、他们的学习策略、他们的问题解决模式以及他们是如何主动地开展活动的。

同世界进行对话

仔细查看某一事物可以被描述为同探究的对象进行一场对话,无论这一对象是什么(参见第4章中的"贾思敏和蚂蚁"一节)。当我们同探究的对象接触的时候,它会通过我们的感官和解读框架以某种方式向我们诉说。我们问它一些问题,而它则常常会给我们一些并不完整的答案;我们会再问一遍这个问题,或者问一些新的问题,而它则会再次向我们诉说。这一过程会在我们考察该对象时如此继续下去。我们发现在瑞吉欧儿童的出版物《儿童、空间和关系》(*Children, Spaces, and Relations*, Ceppi & Zini, 1998)中提到了同对象进行对话的这一观念。

互动和相互联系这两个概念表明,在(以对话为基础的)人际关系和(如果你想要的话,同样也是以对话、理解和身份为基础的)人与客体世界的关系间存在着某种对应。(P.13)

同对象进行对话的这一观念为认识瑞吉欧幼儿学习过程提供了一种简洁的方式,即它是针对和所处世界的共同对话及彼此进行对话的过程。这种对话过程是开放的、包容的和逐渐演变的。

感受/情感如何融入到所有这些之中?

我们以上所说的有关学习过程的方方面面也许看起来都可归入纯认知领域,但事实绝非如此。首先,如果不提在儿童的兴趣中所贯穿始终的感受的话,儿童的兴趣这一概念就没有意义。教师发现儿童兴趣的主要方法之一,就是观察伴随着儿童的行动、反应和体验而来的他们表达出的愉悦之情或者其他情感,并做到感同身受。比如说,我们可以来看看,当儿童自发地用木炭弄出他们的手掌印时,教师们注意到的他们的愉悦之情(参见第5章中的手的研究);还有,当教师们建议儿童可以以小组形式画出他们最喜欢的窗户时,儿童所表现出的愉悦激动之情(参见第2章中的"窗户研究")。

儿童对同朋友及家人的关系有着普遍的兴趣,在这一兴趣中深深弥漫着同他们逐渐发展的身份感联系在一起的那些感受。

此外,在将某人的经历中各元素联系起来的那些思考过程中,感受也是一个主要的成分。我们认为,情感是我们在头脑中建立联系和建构整体的基础,情感给我们的经历赋予了整体性和统一性(Dewey,1934/1958)。进一步来说,建立联系和构建整体这一过程本身就是令人高兴的。

以上有关情感在学习中的作用的评论会对诸多方面产生影响。影响之一是教师们除了会在头脑中和心里为认知方面的活动创建空间外,也会为同儿童的兴趣和思考过程相联系并作为其基础的情感创建空间。教师们随后就能将对于儿童所经历的事件更为完整的认识反馈给儿童,这继而使得儿童对于他们的经历的丰富性有了更加广泛的认识并更能接受这一点。例子之一出现在当卡门的贝壳探索进入到她和教师通过向贝壳上的一个洞口吹气来弄出意想不到的声响并分享这一体验的阶段(参见第2章)。

对反思—行动—反思循环的回顾

我们在第11章中把本项目下的学习过程描述成了反思—行动—反思循环并且详述了它的意义,在本章中我们想要进一步地扩展这一概念。这一反思—行动—反思过程适用于两类学习:"如何"(亦即"怎样")以及"何为"(亦即"是什么")。

- 有关如何的学习涉及的是建构关于如何实现特定目标的认识。例如,学习如何以有助于儿童思考的方式来同他们交流。
- 有关何为的学习涉及的是建构对于世界中的事物的本质的认识。例如,认识到儿童通过他们的画作和口述内容表达出来的兴趣、感受和想法。

有关"如何"的学习常常是在有关"何为"的学习的辅助下进行的。比如说,人们通过观察"何为"儿童使用教室环境的方式来学习"如何"更为有效地来布置这一环境。反过来说,有关"何为"的学习也常常是在有关"如何"的学习的辅助下实现的,例如儿童通过向同伴们学习"如何"制作黏土作品的技巧来参与到展示"何为"小鸡们的需要的活动之中(参见第4章中的"小鸡的社区"一节)。在任一特定的情境下,两类学习中的一类通常会成为总的关注点,而另一类则嵌于其中。

我们认为,这一反思—行动—反思过程既适用于儿童的学习也适用于员工的学习。"小鸡的社区"研究(参见第4章)就是一个例子。

- 反思:教师问"小鸡们在它们房子的外面需要些什么?"在随后的讨论中,孩子们决定制作一辆能够容纳一家子小鸡的汽车。
- 行动:教师带着这群孩子出去看了看附近街区里的汽车,以便他们能以此为模型。
- 反思:孩子们同教师一起讨论了他们看到的汽车并且制订了一个计划。
- 行动:这些孩子们一起制作了一辆黏土汽车。

这一过程包括在行动(制作这辆汽车)和反思(回忆观察结果和制订计划)间的不断的循环往复。

将这一概念既应用于教师的学习又应用于儿童的学习暗示着另一种形式的对应过程(参见第10章)。教师们在他们自身的学习活动中经历和内化这一反思—行动—反思过程的程度,决定了他们在辅助同儿童间的以及儿童彼此之间的反思—行动—反思过程时能有多么坚实的依托。

推动和支持教师的思考和行动

上面所用的反思(深入思考)一词的含义是停下来并退后一步从而花时间来思考已经发生的事情或者想要做的事情的诸多方面。同样被项目中的教职员工频繁使用的思考一词则有着更为特定的含义,即关注于得出某一特定结论的充满活力且全神贯注的心智活动。例如,思考某人计划中的一项活动的确切目标,以及计划中的活动是否能够实现这一目标。这一特殊类型的思考对于教师的学习至关重要(参见第11章中的"学习在这一群体中是如何发生的?"一节)。

除了思考目标和行动之间的关系之外,还有另外两类教师的思考对于本项目具有关键作用:从记录材料中解读出孩子们的兴趣和想法时所作的思考以及以这些解读为基础设想和计划活动时所作的思考。

从记录材料中解读出儿童的兴趣和想法

有些教师会有难以从记录材料中解读出儿童的兴趣和想法的经历。看上去有几种因素会导致这一困难。第一,刚接触瑞吉欧幼儿教育的教师习惯于把记录看作是评估材料(用来确定儿童会做和不会做的事情)而非儿童的好奇心、兴趣以及想法的信息源,这些好奇心、兴趣和想法应当得到珍视并作为进一步拓展的基础;第二,他们常常难以将儿童看作是独立的意识源泉,这一意识源泉不受制于教师们自身的意识,不受制于那些有关儿童应当如何的社会文化理念的说教;第三(同第二点有关),这一过程需要移情想象,即想象另一个人的内心体验的能力,将移情想象应用于一个儿童往往要比应用于一个年纪相仿的成人更为困难。

本项目的成员发现以下支持手段能够有效地推动教师发展解读记录材料的能力:

- 在每周例会上参与致力于解读记录材料的小组对话(参见第10章中的"每周例会"一节)。

- 在每月例会(参见第9章)和在职活动(参见第10章)中以小组形式分析记录材料。

- 时常提醒大家,记录和解读儿童的行动和表征是一种积极倾听的方式。

- 鼓励教师们去反思她们自身的童年经历,以此来帮助她们采用儿童的视角。

- 教师的研究活动,例如跟在某个儿童身后并为他或她想做的事情提供支持。这位教师会记录下这个儿童的行动以及发生的过程,这包括在她努力为这个儿童正在做的事情提供支持时她和这个儿童之间的互动过程。之后,她会对这些记录材料进行反思,同别人讨论这些材料,并且推断出从中能够学到些什么(参见第10章中的"教师的研究活动"一节)。

- 教师们准备有关如何解读儿童的兴趣和想法的报告和展板(参见第10章)。

- 凯伦和协调员们主动地倾听教师们的动机及所思所想,并且鼓励教师们彼此倾听。这体现了某种形式的对应过程(参见第10章),即当教师们被倾听的时候，她们去倾听儿童的可能性更大。

设想和计划

教师们有时会在确定了儿童的兴趣和想法之后，难以找到在此基础上加以拓展的方法。造成这一问题的因素有几个。这一过程需要人们运用想象来设想出可能的活动，这一设想过程取决于教师们首先将她们自身同研究对象联系起来，并以此为基础找出帮助儿童建立联系的方法。最后，此种教育方式内在的高度不确定性可能会有碍于这一灵活的设想过程（Malaguzzi，1998）。在更为传统的教育方式下，学习序列是事先安排好的，而且常常由他人制定。而在瑞吉欧教育下，可以事先安排好的事项非常少，因为它是一个渐成过程，没有配方或者公式可循。即便在每周例会上设计好了下一周的计划，该如何在执行此计划时以儿童的反应为基础加以拓展仍是未定之数。一旦教师们开始容忍不确定性，她们就更能放飞她们的想象并且尝试各种可能。

本项目提供了若干种教师在其中能够获得支持去进行设想和计划的情境，以下是三个例子。

每周例会为教师们的设想和计划过程提供了一贯的支持。例如，我们在第10章中介绍了，某个小组为了拓展儿童有关城市的思考是如何构思出一套策略的。每周例会还有助于减轻教师们在开展呼应课程时由其中的不确定性造成的不适感。首先，通过成为小组中的一员，教师们意识到并非只有她们自身有不确定感；其次，她们知道下周还会有另一次会议来帮助她们继续和儿童一同开展的工作；再次，就儿童对计划中的活动的可能反应做出假设的过程减少了不确定性，因为它让教师们能够想象出可能出现的某些结果（参见第10章中的"每周例会"一节）。其他教师有关呼应课程的报告和展示板有助于教师更好地掌握回应儿童的兴趣和想法的方式（参见第10章中的"记录"和"每周例会"两节）。由此，在获取和分享知识的过程中教师们从彼此身上学到了东西。

在职活动常常会让教师们有如下经历，即以头脑风暴的方式思考如何对解读出的儿童的兴趣做出回应（参见第10章中的"对每年一次的某项在职活动的描述"一节）。

为教师提供的其他支持

每个人都是一名学习者的这种总体态度有助于减轻教师们对于冒险的担忧。凯伦时常会对员工们说"有目标是好事情，实现不了也没关系，重要的是你在前进"这样的话。

协调员们会在对教师提出挑战以促其成长和支持她们应对这一挑战之间寻求一种平衡，这是一种视个人情况而定的微妙而重要的平衡状态。

本项目对于不可避免会出现的额外的挑战抱有一种"能做到"的态度，此种挑战的例子包括教师从一个中心转到另一个中心，班级团队由于中心的关闭或启用而被拆散，市府法规带来的限制，经费的减少，以及提供经费的机构要求增加记录和评估活动（参见第7章）。凯伦在应对这种种挑战时所说的话是：

在每种情况下都要问"我们能做些什么？"而不是"为什么我们什么也做不了？"你需要抱定一种不把变化看成是阻碍其他可能性的负面限制条件的立场。相反，要问"在这些变化和限制的前提下，我们能做些什么"。

本探索项目对于倾听每个人的心声以及接受每个人所处的发展阶段的突出强调，对于教师们采用积极的态度向前发展起到了鼓励作用。

最后，给教职员工们的整体信息认可了她们的学习者身份，并且鼓励她们以一种轻松且内省的方式来开展她们的学习。凯伦告诉她们：

花时间去进行反思，放慢步伐，注意那些你从未发现的细节，建立一个基础，并随后在此之上发展。

给计划向教师们介绍瑞吉欧幼儿教育思想的领导者的建议

以下是为正着手在学前教育环境中开展瑞吉欧探索的教育领导者提供

的一些想法。因为每个园所都有所不同且会经历它自身的渐成过程,所以提供的这些想法只是一系列的可能性而非公式。

在探索瑞吉欧幼儿教育思想的时候,要在头脑中牢记反思—行动—反思、合作以及仔细查看这些过程。以下的建议都是从这些角度给出的。

在对有关瑞吉欧·艾米利亚的读物有所了解并参观了一些正在探索瑞吉欧思想的场所之后,花点时间来看看你的教师们的情况。她们感兴趣的是什么?她们对别的教育和学习方法感到好奇吗?她们头脑里在想些什么?

思考如何在你自身的情境中把瑞吉欧思想最好地展示出来。在展示的时候要使用各种各样的媒介并鼓励员工们就他们的想法和问题展开讨论,请参与者思考儿童的形象以及其他的瑞吉欧原则是如何与此联系起来的,随之而来的问题和对话会反映出大家是怎么想的。通过记录、转换成文本以及随后的回顾,人们可以获得制订下一步计划的想法。

和员工们继续这一对话。创建有助于员工们谈论儿童、学习以及他们自身的组织结构,邀请感兴趣的员工参观正在探索瑞吉欧思想的教育项目。在参观过程中以及参观结束之后,花时间来和他们讨论,让他们有所反应的想法和元素。他们想要在他们自身的情境中尝试哪些事情?这些讨论能够为教师们开头的几步探索提供信息。

把教师们参观其他项目之后提出的想法记录下来很重要,这让全体员工可以在晚些时候回顾她们的想法。随着员工们的逐渐进步,有些一开始看来不可能的想法会变得有可能实现了。

在做所有这些的同时,你要和你所处环境之外的某个人——比如正在开始探索瑞吉欧幼儿教育原则的一位学前教育主管或者一位在运用瑞吉欧幼儿教育思想方面颇有经验的协调员——进行持续的对话以便你进行反思。拥有其他的视角这一点至关重要。

然后,和一组受到瑞吉欧幼儿教育思想的吸引自愿参加的教师一同开展工作。思考员工中有哪些人也许能够推动教师们发展。如果尚有空缺的员工职位,可以重新界定这一职位并且招聘一位推动者来填补它吗?此外,是否有可能建立一种结构,以便定期地为志愿参加的教师提供援助、指导以及最为重要的合作对话的机会?

确认出你以及该志愿团队有兴趣探索的瑞吉欧幼儿教育原则。可以考虑一开始选取一到两项在所有参与的教室中都能被探索的原则,以便为教室及园区间以反思为基础的合作提供共同的关注点。但是,仅仅选取一到两项瑞吉欧幼儿教育原则并不等同于"在探索瑞吉欧幼儿教育"。随着时间的推移将其他原则整合进来从而让你逐步领略所有原则意义重大(参见第1章中的"在芝加哥公共协会幼儿园中探索瑞吉欧幼儿教育原则"一节)。

本公共协会的经验表明,儿童的形象以及学习环境可以是不错的切入点(参见附录中的第4年)。儿童的形象是瑞吉欧哲学的支柱,它为其他的几乎所有方面提供了参考点,它是用来思考教师—儿童关系的概念基础。教师通过倾听和观察孩子们来获知儿童的形象,同儿童的形象有关的工作可以始于教师通过观看录影带来推断孩子们的兴趣和长处。让教师们在教室里跟在一个个孩子身后,以便记录下孩子们各种各样的活动以及同别人对话时的活动,并且推断出这些记录材料所反映的孩子们的学习兴趣。记录的习惯可以通过这种方式被早早地引入。此外,可以鼓励教师们以倾听和拓展儿童的学习兴趣为关注点来开始同孩子们对话。在对这些对话进行录音之后,人们可以制作简短的文本材料并把它带到会议上去。

关注学习环境有以下益处。首先,它是具体的而且相对而言较为直接,因此人们可以看到快速的变化;其次,环境的改进能起到促进的作用。比如说,它能鼓励孩子们以更为专心致志的方式以小组形式开展工作,并且能给予教师们更多的机会在一个时刻只同一组孩子一起开展工作(参见第6章);再次,对环境所做的工作同儿童的形象有着直接的联系,因为它让儿童的身份变得清晰可见,并且提升了儿童在学习中主体性(参见第6章);最后,对环境所做的工作为教师们逐渐认同自身的研究者身份提供了一个极佳的情境。例如,她们会观察儿童是如何使用这一环境的。随后她们会选出一块并未充分发挥效用的教室区域,并反思为什么它没能充分发挥效用。接下来,她们会就她们想要这一环境做些什么制定一系列的目标,并且制订一个改变它的计划。在做出改变之后,她们会依据她们的意图对结果进行反思并且得出结论。在这整个过程中,当教师们记录下她们最初的观察结果,她们所做的改变,以及由此得到的结果时,她们的反思和学习是最有成效的。孩子们的学习动机和兴趣可以激励教师团队继续重建教室环境。

针对儿童的形象以及学习环境这些最初的原则所开展的工作会引发人们思考诸如记录、共同构建认识、回顾、探索各种材料以及表征这样的原则。

你可以如何建立一条途径以便员工们在幼儿园内部进行对话和分享他们的学习所得呢?一种可能是像第9章和第10章介绍的每月例会那样的活动。随着时间的推移,鼓励(已经做好准备的)教师给员工和家长们作报告。这样的报告可以基于相对简单的孩子们的一系列学习,并且可以使用诸如录像带、幻灯片、孩子们的口述记录以及孩子们对话的文本记录这样的记录材料(参见第10章)。教师们通过反思孩子们的学习序列可以学到东西,而教师们对此的看法则同样可以被包括在这些报告之中。人们还可以从报告之后的对话中获得进一步的启发。

凯伦和她的员工们发现,每一学年在继续以前的开创性活动的同时引入一个新的关注点或者开创性活动颇有益处。例如,"作为研究者的教师"成为了某一年的开创性活动,而"同家长的合作关系"则是另一年的开创性活动。这样的关注点起到了激发员工们的探究动机和参与到学习群体之中的动机的作用,当项目主管和员工们分享她持续进行的反思,并同他们以及让他们彼此进行对话的时候尤为如此。

为什么要探索瑞吉欧幼儿教育?

归根结底,探索同早期儿童教育有关的瑞吉欧幼儿教育思想的这一决定是基于某种价值观而做出的。这一价值观看重的是发展儿童的自主能力、合作能力、对话能力、采用多重视角的能力、学习如何建构对于世界丰富的认识的能力以及学习如何向他人表达的能力。

这为什么重要呢?我们相信,这一价值观反映的是对于我们的人性而言具有根本意义的动机和能力。人类这一物种的历史证明了这一点。人类的文化之所以会发展成形,是因为人们同彼此以及世界进行了交流从而造就了新的意义、认识和发明。

此外,还有一个生命质量的问题。既然建构意义和想法的动机和能力对于我们的本性而言具有根本意义,那么当孩子们体验到他们自身是一个积极主动而且具有反思能力的学习主体时,他们就会获得深刻的满足感。而且,这为他们成年后体验各种各样的满足感奠定了基础。

从纯粹实践的角度来看,我们在未来将要面对各种各样的全球性压力,呼唤出现能够从多种角度进行思考和行动,同各种各样的人进行合作,以及构建和表达复杂的认识的人类。换句话说,地球需要的人类是能够从情境、联系、关系以及整体出发进行思考,并且在他们儿时已得到了细心的倾听从而能够在他们步入更为宽广的世界时去接触他人,倾听他人,并和他人进行良好的交流。

我们想要感谢你阅读了此书。此书的写作极大地丰富了我们的思想,而在写作的时候我们心中所想的正是你。我们可以一起来感谢把这份礼物带给这个世界的瑞吉欧·艾米利亚的各市立幼儿园,同时也要感谢,极具创造性并且充满活力地接受了这一礼物并且使得本书成为可能的芝加哥公共协会的员工们。我们为成为这一对话的一分子而感到荣幸。

附录1：
芝加哥公共协会的瑞吉欧·艾米利亚幼儿教育探索项目简史，1991-2003年

在此我们为大家提供芝加哥公共协会在1991年至2003年间进行瑞吉欧幼儿教育探索的有关历史，以作为本书所介绍事件的背景。

第1年和第2年： 1991年5月，凯伦首次出访瑞吉欧·艾米利亚。在随后的2个学年里，她通过幻灯片演示和教师以及其他教职员工分享了她关于那次旅行的体验，并与教师、员工们以小组讨论的方式探讨了有关理念，偶尔她也会举办工作坊活动。

第3年： 1993年的夏天，凯伦带领七名教师以及她的教育协调员在密歇根的特拉弗斯城举办了为期3天的瑞吉欧工作坊，芝加哥公共协会的每个幼儿园各派出了一名教师。在工作坊期间，来自于瑞吉欧·艾米利亚的教育家和美国本土的教师们作了演讲报告。

1993年的秋天，公共协会成立了七个探索瑞吉欧幼儿教育理念的志愿者团队，每个分园各有一个。每个团队由一位主班教师，一位助理教师，分园园长，家庭工作员，以及来自于总部办公室的教育协调员构成。教育协调员负责领导各个团队，并承担联络凯伦与各幼儿园班组的职责。在1993年下半年，凯伦引进了每月例会的模式，这样不同分园的教师们可以聚集一堂，分享经验、想法，并就他们所开展的与瑞吉欧相关的活动提出问题。在1995年的时候，每月例会还邀请了家长加入其中。

不同团队探索的方向各不相同。每个团队都根据一定的瑞吉欧原则开展工作，但是各个团队之间在选择原则进行探索时缺乏一致性。因此，机构存在重点不明确，连贯性缺乏的问题。

第4年：1994年6月，凯伦再次出访瑞吉欧·艾米利亚。她在那里遇到了冈尼拉·达尔伯格(Gunilla Dahlberg)，她告诉凯伦当他们在瑞典的幼儿园决定将关注点放在儿童的形象上之后，接二连三的变化就出现了。当凯伦回到芝加哥之后，她决定和所有的教师一同关注两条原则：儿童的形象与学习环境。

对儿童的形象的关注第一步是让各分园团队观看班级录像，旨在发现儿童的能力。教师们对录像带的第一反应往往是对教师或者班级提出批评，而不是关注儿童。当他们最终开始关注儿童的时候，主导性的趋势是评论儿童身上的不足之处，而不是他们的能力所在。凯伦和协调员们理解教师们的这些反应所折射的是美国早期教育的一种倾向性，即在儿童身上寻找想要纠正的缺点而非可以加强的长处。在接下来的几个月里，每周的团队例会开始关注如何发现儿童身上的长处。他们使用有关班级的录像来观察儿童行动和评论其中所表现出来的能力。在几次这样的会议之后，教师们开始更为细致地观察儿童并且能注意到他们的能力。

那一年的晚些时候，凯伦和协调员开始协同教师们开展学习环境的工作（参见第6章，"教师对于他们班级的反思"）。

第5年：主要精力都投放在儿童的形象以及学习环境上。

第6年：到1996年秋季为止，参与瑞吉欧探索项目的班级数目增至14个。从新学年伊始，就有许多团队对与儿童一起开展深度研究感兴趣。然而，凯伦认为教师们在开始进行深度研究之前还需要三种学习体验：在开始深度研究之前对于材料的探索，以此为当年晚些时候儿童探索所需要的材料打好基础（参见第4章）；对儿童进行观察性研究（参见第10章）；对每周例会中师生对话的脚本进行反思。

第7年：1997年的秋季，参与的班级数目达到了20个，有三位教育协调员以及两位教育工作室协调员。儿童在教室里对各种材料进行的探索仍然是关注的重点，此外还加上了一个关注的阶段，即儿童利用这些材料来进行交流的阶段（参见第4章）。

1998年4月，机构的重点终于转向了深度研究。每个班级团队从四个选项中选择一个主题：城市、朋友、家庭，以及"大学校"（在离开婴幼园之后,许多儿童即将就读的当地的幼儿园)。在这一转变之后出现了诸如"管道研究"和"窗户研究"这样的探索活动(参见第1章和第2章)以及朋友和年龄发展研究(参见第4章)。通过在计划和执行这些深度研究过程中所进行探索和实现的突破,整个机构达到了自身发展的转折点。重点转向深度研究之后,教师要在每周例会中系统性地汇报她们所作的记录这一点就变得尤为重要(参见第1,2,5,以及第10章)。在第7年末的时候,参与这一项目的人员对于如何运用瑞吉欧幼儿教育原则已有了大致的概念,尽管仍有待进行更为深入细致的探索。

第8年:又有10个班级自愿加入对瑞吉欧教育的探索,这使得班级总数增加到了30个,包括一些婴幼儿以及学龄儿童的课后托班。探索的焦点仍然是儿童的形象,学习环境,对于材料的探索,倾听/观察,记录以及深度研究。

第9年:1999年秋天,(芝加哥公共协会所有幼儿园中)10个仍未参与这个瑞吉欧探索项目的班级被邀请加入。凯伦考虑到这些班级的教师可能会感到孤立,而且这些班级可能会在教育质量上落后于其他采纳瑞吉欧理念的班级。因此,机构所有的40个班级现在都参与探索瑞吉欧幼儿教育理念,包括26个学前班,6个婴幼儿班,以及8个课后托班。

第10、11和12年:从2000年到2003年,教师们继续遵从并探究瑞吉欧幼儿教育原则。到2000年,最初的协调员小组已经被新的成员所替代,协调员人数仍然是五个。在这期间,为了达到新的联邦政府标准,机构对于阅读/写作能力以及评估活动提出了更多明确的要求。教师作为研究者日益成为一个关注主题。

附录 2：
瑞吉欧幼儿教育精选译丛常用专业词汇解释[①]

婴幼园(Asilo Nido, or Nido)：为 3 个月到 3 岁儿童提供的全日制保/教中心。

评审员(Assessore)：市长下属的管理所有公立教育的市政官员。

瑞吉欧儿童之友国际组织协会(Associazione Internazionale Amici di Reggio Children)：是一个依靠志愿者的非营利组织。该组织与瑞吉欧儿童、瑞吉欧市属幼儿园和婴幼园合作并推动多个行动倡议。

艺术教室(Atelier)：源于法文的一个名称，历史上指艺术家的工作室。这个词由马拉古奇选用，特指包含各种材料资源、供所有儿童和成人使用的校内艺术工作室（或画室）。"微型艺术教室"是在课室内，或和课室相连的小型空间。和中心艺术教室设置相似或不同的材料资源，并同样为大家开放。"微型艺术教室"使小组的儿童在不论是否有教师参与的时候都可以对材料进行探索。

艺术教师(Atelierista, Studio teacher [美])：有视觉艺术或表达性艺术背景的负责艺术工作室的教师。通常为其他教师的课程开展和课程记录提供支持；支持儿童和成人在建构知识的复杂过程中发展各种表达性"语言"。

劳瑞兹·马拉古奇国际中心(Centro Internazionale Loris Malaguzzi)：劳

[①] 本词汇表部分词汇和解释源自《儿童的一百种语言》第 3 版，Edwards, C. P., Gandini, L. & Forman, G., 2012. 为帮助中文读者较容易地理解丛书的内容，我们针对内容编写了这个词汇表。（主编注）

瑞兹·马拉古奇国际中心位于瑞吉欧·艾米利亚市内。专为(来自世界各地的)专业人士以及儿童、青少年、家庭所用,可进行学习、培训、研究,设有报告厅、展览厅、档案和教育研究中心、艺术工作室、多个研究和创作空间、一所幼儿园和小学、自助餐厅、书店及瑞吉欧儿童组织的办公室。

幼儿委员会(Consigli Infanzia Citta):这是由家长、市民和教育工作者选举产生的,为某个婴幼园或幼儿园服务的顾问委员会。这些顾问委员会向社区幼儿委员会协调组(the Intercouncil)选派代表。

合作幼儿机构(Cooperative Early Childhood Program):这是得到法律认可的,由私人组织建立的正式提供幼儿服务的机构。

总监(Direttore):市立婴幼园和幼儿园总监。这是一个由专业人士担任的公务员职位。负责整个市立婴幼园和幼儿园系统,保证对儿童和家庭的市立教育服务的廉正和质量。

纪录或教学档案(Documentation):这是瑞吉欧幼儿教育体系中一个重要和独特的组成部分。它由教师在课室中通过观察、笔录、录音、摄影、录像、收集儿童典型作品等手段记录儿童的学习过程。教师们借以对儿童的学习过程进行分析、反思、分享、评估、设计进一步教学。它既是瑞吉欧幼儿教育中"持续性的项目设计式教学"不可或缺的过程,也是瑞吉欧教师的研究过程。在中文翻译文献中,有时针对某一个具体的教学过程也用**记录**以表示具体记录和用以表示统称的区别。

呼应课程(曾译为"**生成课程**"Emergent Curriculum):此教学实践和概念源于美国(Jones,1971;Nimmo & Jones,1992)。指以与儿童经验相关的问题、兴趣为课程计划出发点的课程过程。它并不是一个具有预设内容或主题的"课程",而是教师在对儿童在游戏和互动中所反映的经验、兴趣和想法的不断观察和分析判断的基础上做出教学计划和实施,继而又以观察和分析判断为基础做出下一步的计划和实施这样一个循环往复、螺旋式的与儿童所反映出的经验、问题、兴趣和认知相呼应的教学过程。它的内容紧扣具体班级的儿童和教师的生活经验和问题,可以涉及任何认知领域,而非来自概念化的某年龄阶段儿童的发展特点。它的理论基础是进步教育和社会建构主义,与瑞吉欧的理论基础极为接近。美国的幼教工作者常用此概念来解读瑞吉欧的幼教实践,但两者的社会、文化来源是不同的。

幼儿园联合会(Federazione Italiana Scuole Materne,**简称 FISM**):罗马天主教下辖的组织。

瑞吉欧艾米利亚幼儿园和婴幼园学会(Istituzione Preschools and Infant-Toddler Centers of the Municipality of Reggio Emilia,**常简称为学会**):这是对市立幼儿园和婴幼园市属公共机构负有直接管理责任的组织。它同时也负责处理与其他类学校,如公私合作的学校,意大利天主教幼儿园协会的下属园所和国立幼儿园之间的协调关系。

教学协调员(Pedagogista):教学协调员对幼儿园和婴幼园的工作提供专业支持。发挥顾问、资源提供和课程协调的作用。丰富教师的专业成长,对他们和家庭的关系给予支持,并促进教师、管理者和其他(与幼教)利益相关者之间的联系。

项目式学习(曾译为"方案教学",Project Approach):在西方教育中广泛应用的项目学习在西方教育史中有其长远的历史渊源。"项目式学习"则在北美的丽莲·凯兹教授(Lilian Katz)和西尔维亚·查德(Sylvia Chard)教授1980年代末著述出版后在幼儿教育中流行起来。它为教师提供了一种在三个阶段的框架中支持儿童对他们热衷的学习问题做深入研究的教学方法。虽然教学进程有一个框架,但是教师必须持续地关注儿童的学习过程和由此产生的新的问题,并依此对教学的计划加以调整、跟进。由于英文"Project"一词用得极为广泛,在许多不同教学方式里对围绕某一问题、兴趣或主题持续进行的学习过程都可称为"项目",所以对中文读者有时会产生困扰。瑞吉欧幼儿教育也把他们儿童进行的某一特定学习过程称作"项目",但这和"项目式学习"(亦译作"方案教学")不可混为一谈。

持续性的项目设计式教学(Progettazione):这是来源于意文的词汇。为了尽量保证瑞吉欧幼教界创造这个概念时所赋予的内涵,在英文著述中都保留了意文原文而不是简单地翻译成一个英文词汇。Progettare(动词)指在工程技术中设计、计划或预测的意思。名词 Progettazione 用在教育的情境中指具有弹性的教学计划初始于对教学工作的假设(这包括教师的发展,和家长、社区的关系等因素),但在实际的开展过程中服从于修改和方向的改变。在瑞吉欧教育中该概念是特别对立于那种重视预设的教学(Programmazione)提出的。预设教学意味着那些事先预设好的课程,内容和过程。

瑞吉欧儿童(Reggio Children):全称是瑞吉欧儿童,即保卫和促进所有儿童的权利和潜能的国际中心,因此亦译作**瑞吉欧儿童国际中心**。这个组织由劳瑞兹·马拉古奇设计并于1994年以公司形式合股成立。它由市政府和艾米利亚—罗马那地区政府多数控股,并有其他公共的机构和私人控股(包括家长和教师)。它的目标是通过讲座,会议,学习考察团,记录,出版,发行书刊、录像和其他媒体产品,来促进对瑞吉欧·艾米利亚教育哲学的研究和学习,并以此和世界上的教育家们及教研机构保持开放的交流渠道。

雷米达(ReMida):这是由市政府支持,由瑞吉欧儿童之友国际协会的志愿者管理的一个创造性回收物品中心。该中心收集本地区工厂中那些丢弃的边角料,并为婴幼园、幼儿园、游戏中心、工作坊等等提供资源。它旨在使不同的力量之间产生一种联系——在文化、学校和工业界——并在协同的接触中产生新的资源。

市立幼儿园(Scuola dell'Infanzia Municipale):它向义务教育之前的3—6岁儿童提供全日制的教育和保育。

国立幼儿园(Scuola dell'Infanzia Statale):它向义务教育之前的2.5—6岁儿童提供教育和保育。

参考文献

Alexander, C., & Cecil, J. (2003). Evolution of learning through observation, interpretation, and documentation. *Innovations in Early Education*, 10(3), 9–17.

Au, K. H. (1997). Ownership, literacy achievement, and students of diverse cultural backgrounds. In J. T. Guthrie & A. Wigfield (Eds.), *Reading engagement: Motivating readers through integrated instruction* (pp. 128–148). Newark, DE: International Reading Association.

Bakhtin, M. M. (1984). *Problems of Dostoevsky's poetics*. Minneapolis: University of Minnesota Press.

Bakhtin, M. M. (1986). *Speech genres and other late essays*. Austin: University of Texas Press.

Bakhtin, M. M. (1990). *Art and answerability*. Austin: University of Texas Press.

Ceppi, G., & Zini, M. (Eds.). (1998). *Children, spaces, relations*. Reggio Emilia, Italy: Reggio Children.

Chicago Commons. (2006). *Adaptations of the Reggio Emilia approach: Deeply rooted in theory and practice*. Chicago: Chicago Commons Association.

Dewey, J. (1958). *Art as experience*. New York: Capricorn Books/Putnam. (Original work published 1934)

Duke, N. (2000). For the rich it's richer: Print experiences and environments offered to children in very low- and very high-socioeconomic status first-grade classrooms. *American Educational Research Journal*, 37(2), 441-478.

Edwards, C., Gandini, L., & Forman, G. (Eds.). (1998). *The hundred languages of children* (2nd ed). Greenwich, CT: Ablex.

Freire, P. (1985). Reading the world and reading the word: An interview with Paolo Freire. *Language Arts*, 62(1), 15-21.

Gandini, L. (1998). Educational and caring spaces. In C. Edwards, L. Gandini, & G. Forman (Eds.), *The hundred languages of children* (2nd ed., pp. 161-178). Greenwich, CT: Ablex.

Gandini, L. (2001). Documentation as a tool for promoting the construction of respectful learning. In L. Gandini and C. Edwards (Eds.), *Bambini: The Italian approach to infant toddler care* (pp. 124-132). New York: Teachers College Press.

Haigh, K. (1997). How the Reggio approach has influenced an inner-city program: Exploring Reggio in Head Start and subsidized child care. In J. Hendrick (Ed.), *First steps toward teaching the Reggio way* (pp. 152-166). Upper Saddle River, NJ: Prentice Hall.

Haigh, K. (2004). Reflections on changes within our learning and living environment at Chicago Commons. In J. Hendrick (Ed.), *Next steps toward teaching the Reggio way* (pp. 197-209). Upper Saddle River, NJ: Pearson.

Haigh, K. (2007). Exploring learning with teachers and children: An administrator's perspective. *Theory and Practice*, 46(1), 57-64.

Halliday, M. L. K. (1994). The place of dialogue in children's construction of meaning. In R. B. Russel, M. R. Ruddell, & H. Singer (Eds.), *Theoretical models and processes of reading* (4th ed., pp. 70-82). Arlington, VA: International Reading Association.

Holquist, M. (1990). *Dialogism: Bakhtin and his world*. New York: Routledge.

Johnson, M. (1987). *The body in the mind: The bodily basis of meaning, imagination, and reason*. Chicago: University of Chicago Press.

Malaguzzi, L. (1998). History, ideas, and basic philosophy. In C. Edwards, L.

Gandini, & G. Forman (Eds.), *The hundred languages of children* (2nd ed., pp. 49-97). Greenwich, CT: Ablex.

Meisels, S.J., Dichtelmiller, M. L., Jablon, J. R., & Marsden, D. B. (2001). *Developmental guidelines for four year olds: Work sampling for Head Start*. Ann Arbor, MI: Rebus.

Olds, A. R. (2001). *Child care design guide*. New York: McGraw-Hill.

Reggio Children. (2005). *I cento linguaggi de bambini/The hundred languages of children*. [Documentation of the Hundred Languages of Children traveling exhibit, Italian and English text]. Reggio Emilia, Italy: Reggio Children.

Rinaldi, C. (1998). Projected curriculum constructed through documentation—Progettazione. In C. Edwards, L. Gandini, & G. Forman (Eds.), *The hundred languages of children* (2nd ed., pp. 113-125). Greenwich, CT: Ablex.

Rinaldi, C. (2001). Documentation and assessment: What is the relationship?. In Project Zero/Reggio Children, *Making learning visible: Children as individual and group learners* (pp. 78-89). Reggio Emilia, Italy: Reggio Children.

Rinaldi, C. (2006). *In dialogue with Reggio Emilia: Listening, researching, and learning*. London and New York: Routledge.

Roopnarine, J. L., & Johnson, J. E. (1993). *Approaches to early childhood education* (2nd ed.). New York: MacMillan.